Sabine Schnabowitz

Friedens
KÄMPFERIN

Von Krisen und Gottvertrauen an der türkisch-syrischen Grenze

SCM

Stiftung Christliche Medien

SCM Hänssler ist ein Imprint der SCM Verlagsgruppe, die zur Stiftung Christliche Medien gehört, einer gemeinnützigen Stiftung, die sich für die Förderung und Verbreitung christlicher Bücher, Zeitschriften, Filme und Musik einsetzt.

Einige Namen im Buch wurden zum Schutz der Persönlichkeit geändert.

Die Autoreneinnahmen für dieses Buch wird der CVJM Schlesische Oberlausitz e. V. für syrische Kinder in Syrien und der Türkei einsetzen.

© 2022 SCM Verlagsgruppe GmbH
Max-Eyth-Straße 41 · 71088 Holzgerlingen
Internet: www.scm-haenssler.de; E-Mail: info@scm-haenssler.de

Soweit nicht anders angegeben, sind die Bibelverse folgender Ausgabe entnommen:
Lutherbibel, revidiert 2017, © 2016 Deutsche Bibelgesellschaft, Stuttgart

Weiter wurden verwendet:
Neues Leben. Die Bibel, © der deutschen Ausgabe 2002 und 2006 in der SCM Verlagsgruppe GmbH Witten/Holzgerlingen

Bildnachweis:
Alle Bildrechte liegen bei Sabine Schnabowitz, außer:
Sarah Yona Zweig: S. 4 unten, S. 5, S. 6 oben
Birte Wieda: S. 8 unten

Lektorat: Christiane Kathmann, www.lektorat-kathmann.de
Umschlaggestaltung: Mathea Kitzki, Hildesheim
Titelbild: © Jonas Kinski Photography, www.jonaskinski.de (Porträt); © Unsplash, Daniel Burka (Gebäude)
Autorenfoto: © Lena Benecke
Satz: typoscript GmbH, Walddorfhäslach
Druck und Bindung: GGP Media GmbH, Pößneck
Gedruckt in Deutschland
ISBN 978-3-7751-6104-6
Bestell-Nr. 396.104

Inhalt

1 — Loslassen 5
2 — Die unendliche Treppe 19
3 — Paranoia – oder wem kann man vertrauen? 35
4 — Ein zweiter Anfang und ein zweites Ende 53
5 — Über Nacht 69
6 — Fünf Fische 83
7 — Leute wie dich wollen wir hier nicht 95
8 — Berlin – meine Hoffnung 103
9 — In die Höhle der Löwen 119
10 — Salam – Frieden in stürmischen Zeiten 137
11 — Terrorist oder harmlos? 157
12 — Die Welten verschwimmen 175
13 — Unberechenbar 195
14 — Mehr wert als Gold 215
15 — Ein Ende mit Schrecken 241

16 — Die Wüste lebt 261

17 — Wunder über Wunder 275

18 — Loslassen – immer wieder 281

Danke! 285

Türkische und arabische Vokabeln 289

Anmerkungen 290

1
Loslassen

»Was ist denn los? Warum geht der Flieger immer noch nicht auf die Startbahn?«, fragte ich mich selbst. Langsam wurde ich nervös. Es war der 7. Dezember 2011. Draußen war es dunkel und es regnete in Strömen, während ich mich im halbwarmen Flieger in meinen Schal einkuschelte und darauf hoffte, bald schlafen zu können. Inzwischen waren wir schon fast eine Stunde hinter dem Abflugplan, das würde den Leuten, die mich mitten in der Nacht am Flughafen von Gaziantep abholen sollten, sicher nicht gefallen. Wahrscheinlich würde die erste Begegnung dadurch etwas getrübt, um es einigermaßen positiv auszudrücken. Meine Laune sank immer weiter in den Keller und die Angst, schon zu Beginn in Gaziantep einen schlechten Eindruck zu hinterlassen, nahm zu.

Die Stimmung im Flugzeug war so gar nicht nach Abflug. Die Lichter waren zwar längst aus, aber alle liefen laut telefonierend mit ihren Handys auf dem Gang herum. Hier und da wurden Beutel mit Pistazien und anderen Leckereien durch die Sitzreihen gereicht und die Lautstärke der Gespräche stieg immer mehr. Dann kam eine Durchsage auf Türkisch, von der ich kein Wort verstand. Mein Sitznachbar erklärte mir, dass zwei Passagiere nicht zum Boarding erschienen waren, ihr Gepäck aber aufgegeben hatten. Nun musste dieses Gepäck im Bauch des Flugzeugs ausfindig gemacht und zurück zum Flughafen transportiert werden. Danach sollte es aber gleich losgehen, deshalb sollten sich alle schon mal hinsetzen und anschnallen.

Wir beide taten das sofort, die übrigen Passagiere blieben jedoch von der Durchsage völlig unbeeindruckt, liefen weiterhin herum und telefonierten lautstark.

Eine Flugbegleiterin versuchte, für Ordnung zu sorgen. Leider erfolglos. Sie startete erneut eine Durchsage. Wieder ohne Erfolg.

Schließlich kam eine Durchsage auf Deutsch von einer tiefen, sehr ernsten Männerstimme: »Hier spricht der Pilot. Schalten Sie sofort alle Handys aus, setzen Sie sich hin und schnallen Sie sich an. Sonst ist hier gleich was los!«

Ich war völlig überrascht und wusste nicht, ob ich lachen oder doch lieber Angst haben sollte. Bisher hatte ich noch nie erlebt, dass ein Pilot so eine ruppige Ansage machte, um eine Meute unter Kontrolle zu bringen. Aber immerhin zeigte diese Wirkung.

Wenn das in Gaziantep auch so lief, wäre das Leben dort auf jeden Fall nicht langweilig. Alles fühlte sich jetzt schon ganz anders an als bei der Reise vor einem Dreivierteljahr mit meiner Oma nach Antalya.

Antalya im Februar – das war ein besonderer Urlaub gewesen. So etwas hatte ich bisher noch nie gemacht, fünf Sterne all-inclusive wäre mir im Traum nicht eingefallen – aber meiner Oma schon, und sie hatte mich eingeladen. Allein wollte sie ungern eine Flugreise wagen, da sie die Schilder am Flughafen nicht mehr so gut sehen konnte. Ich war es bis dahin eher gewohnt gewesen, auf Abenteuerreise zu gehen, mit dem Rucksack durch Schweden oder irgendwohin, wo ich etwas Sinnvolles tun und Menschen helfen konnte.

Dass diese Reise ins Luxushotel die abenteuerlichsten Folgen haben würde, ahnte ich nicht.

Da es im Februar nur wenige Urlauber gab und das Meer nicht wirklich zum Baden einlud, war es in Antalya anfangs ziemlich langweilig. Das große Hotel wirkte nach ein paar Tagen gar nicht mehr so riesig und spannend wie beim ersten Eindruck. Auch das Büfett, bei dem man Tag und Nacht schlemmen konnte, hat irgendwann seinen Reiz verloren. Eher hatte ich bald das große Bedürfnis, mich zu bewegen, um der vielen Völlerei wenigstens ein bisschen entgegenzuwirken. Also ging es immer den Strand hoch und runter, morgens joggend, mittags spazierend.

An einem Nachmittag, meine Oma hatte sich wie gewohnt nach dem Essen zum Mittagsschlaf hingelegt, spazierte ich wieder alleine am Strand entlang. Diesmal wollte ich Muscheln sammeln. Vielleicht konnte ich damit meiner Oma und der alten Dame, die immer mit uns um acht Uhr am Frühstückstisch saß, eine kleine Freude machen. Es dauerte nicht lange, bis ich fündig wurde. So lief und lief und sammelte und sammelte ich, bis ich viel weiter den Strand entlanggelaufen war als je zuvor. Schön sah es hier aus, und endlich kam auch mal ein bisschen Sonne raus.

Als ich mich gerade für eine kleine Pause auf einem großen Stein niederlassen wollte, funkelte mir eine besonders große bunte Muschel entgegen. Sie war so viel schöner als all die anderen in meinen bereits stark gefüllten Händen. Nur wie sollte ich sie aufheben? Ich hatte ja keine Hand mehr frei.

Plötzlich war es, als wenn mir eine Stimme sagte: »Lass los, was du dir angesammelt hast. Ich will dir etwas Besonderes geben.«

Ein paarmal schon hatte es diese Momente in meinem Leben gegeben, die alles verändert hatten. Gott war, seit ich etwa fünfzehn Jahre alt war, ein fester Bestandteil meines Lebens und daran, dass er zu mir reden konnte und wollte, hatte ich keine Zweifel.

Nun stand ich vor der Entscheidung, die Stimme ernst zu nehmen und tatsächlich die Muscheln fallen zu lassen oder den Gedanken einfach beiseitezuschieben. Dass es hier nicht nur um Muscheln ging, sondern eine Symbolik dahintersteckte, war mir sofort klar. Aber was genau das war, wusste ich noch nicht.

Die Neugierde überwog, ich ließ die Muscheln fallen, nahm die eine besondere in die Hand und setzte mich auf den großen Stein in die Sonne. »Was meinst du Gott? Was willst du mir sagen? Hier bin ich nun und hab endlich Zeit, dir, und nur dir, zuzuhören.« Das waren meine Gedanken, mein inneres Gebet.

Prompt kam eine Antwort: »Lass los, was du dir in Deutschland angesammelt hast, und komm in die Türkei. Ich will dich hier gebrauchen.«

Diesen Gedanken fand ich ein bisschen schräg. Ich konnte ja kein Wort Türkisch und Ahnung von diesem Land hatte ich auch keine, denn das Fünfsternehotel in Antalya war sicher nicht repräsentativ für die Türkei und abgesehen von den Spaziergängen am Strand hatte ich bisher kaum was vom Land gesehen. Ich war wirklich nicht prädestiniert für so eine Aufgabe.

Apropos – was für eine Aufgabe überhaupt? Was sollte ich alleine als Frau in so einem fremden Land? Mit diesen vielen Fragen ging ich teils betend, teils kopfschüttelnd, aber auch in freudiger Spannung zurück ins Hotel. Meine schöne Muschel hielt ich fest in der Hand verschlossen.

Der Spaziergang hatte länger gedauert, als ich gedacht hatte, denn meine Oma war längst nicht mehr im Bett, sondern saß Kuchen essend in der Hotellobby. Sie hatte sich gewundert, wo ich war, und sich große Sorgen um mich gemacht, da sie den einheimischen Männern gegenüber etwas misstrauisch war. Vielleicht sollte ich ihr besser nicht von der wundersamen Begegnung am Strand erzählen.

Am Abend wurde es plötzlich etwas lauter im Hotel. Aus dem gläsernen Aufzug heraus sah ich in der Lobby eine Truppe junger Leute. Ich fragte mich, was die wohl hier in dieser, ich hätte fast »Seniorenresidenz« gesagt, zu suchen hatten.

Als der Aufzug im vierten Stock anhielt, stiegen weitere junge Leute zu. Sie sprachen gebrochenes Englisch miteinander, schienen alle aus verschiedenen Ländern zu kommen und hielten mich witzigerweise für eine von ihnen. »Und wo kommst du her?«, fragten sie mich.

»Deutschland«, war meine Antwort.

»Ahh, aus Deutschland sind ja nicht so viele dabei. Und wo arbeitest du?«

»Ähhh ... in Deutschland?«

In mir stiegen immer mehr Fragen auf – aber bei der bunten Truppe um mich herum scheinbar auch.

»Nein, wo arbeitest du in der Türkei?«

»Mhhh, gar nicht. Ich mache hier nur Urlaub.«

Sie lachten über sich selbst und das Missverständnis. Schnell erklärten sie mir, dass sie eine Gruppe von EFDlern seien, die hier im Land für mehrere Monate einen Freiwilligendienst machten und in diesem Hotel eine Schulung bekamen. Manche von ihnen arbeiteten in Schulen, andere sollten Schildkröten am Strand schützen und wieder andere arbeiteten bei Umweltschutzprojekten.

»Das könntest du ja auch mal machen«, schlugen sie mir vor.

Der Europäische Freiwilligendienst war mir nicht unbekannt, zumal eine junge Frau aus Italien uns gerade als EFDlerin im Schulklub in Kodersdorf unterstützte. Daher wusste ich auch, dass man einen solchen Dienst leider nur bis zu einem Alter von maximal 27 Jahren machen konnte. Als ich dies sagte, wurde ich jedoch eines Besseren belehrt: »Nein, nein. Man kann das jetzt bis einschließlich dreißig Jahre machen. Das wurde gerade erst vor ein paar Wochen geändert.«

Nun war ich überrascht und sofort fügte sich in mir das Puzzle des Tages zusammen. Wäre das nicht ein guter Einstieg in Land, Kultur und Sprache? Immerhin war der Europäische Freiwilligendienst ein vertrauenswürdiges Dach, wo man versichert war und sogar ein kleines Taschengeld bekam!

Der Urlaub mit meiner Oma ging bald zu Ende. Zurück im vergleichsweise eisigen Februar in Deutschland klemmte ich mich sofort nach dem mühsamen Entzünden des Kachelofens, meiner einzigen Heizmöglichkeit im Görlitzer Altbau-WG-Zimmer, hinter den Computer und recherchierte, wer, wo, wie, wann und wie lange man einen Europäischen Freiwilligendienst in der Türkei machen konnte.

Es schien gar nicht so kompliziert zu sein. Auf der Türkei-Karte mit den Stellenangeboten fiel mein Blick gleich auf die Stadt Gaziantep im Südosten an der syrischen Grenze. Eigentlich war an der Stadt nichts Besonderes. Von Krieg in Syrien war Anfang 2011 noch keine Rede und Gaziantep erschien keineswegs eine bedenkliche Region. Vermutlich war es weit genug weg von jeglichen Touristenhotels, in denen jeder türkische Kellner fließend Deutsch, Englisch und Russisch sprach – also ein guter Ort, um mal so richtig in der Türkei zu sein.

Ich war mir sicher, dass der Europäische Freiwilligendienst keine christlichen Projekte in einem muslimischen Land haben würde, aber ich hatte die Hoffnung, in der Ein-Millionen-Stadt Gaziantep selbst Christen zu finden.

Mit einem Klick öffnete sich das Bewerbungsformular für ein Projekt des EFD. In Windeseile war es ausgefüllt und mit einem weiteren Klick abgeschickt. Nach gerade mal dreißig Minuten kam schon die persönliche Antwort: »Wir würden uns sehr freuen, dich in Gaziantep begrüßen zu dürfen.«

Dass diese Begrüßung neun Monate später mitten in der Nacht stattfinden würde, hätte ich jedoch nicht erwartet und ich war mir den gesamten vierstündigen Flug über nicht so sicher, ob die Leute sich nun immer noch so auf mich freuten.

Mit etwas mehr als zwei Stunden Verspätung und einem knurrenden Magen stieg ich um drei Uhr morgens die Treppen vom Flugzeug hinunter in eine mir völlig fremde Welt. Es war genauso kalt wie in Deutschland und es wehte ein eisiger Wind. Schnell lief ich über das Flughafengelände dem Gebäude mit der offenen Tür entgegen, immer der Menschenmasse aus dem Flugzeug hinterher. Die Schlange an der Passkontrolle war lang und es ging nur schleppend vorwärts. Von allen Seiten schienen die Leute mich zu beobachten und über mich zu tuscheln.

Schließlich fasste sich einer ein Herz und sagte mit lauter Stimme in gebrochenem Englisch zu mir: »This is Gaziantep.« Er musste erst kurz überlegen, bevor er weitersprach: »Here no holiday. Dangerous. Better Istanbul, Antalya.«

In dem Moment wurde mir anders zumute. Ich versuchte meinerseits zu erklären, dass es für den Ratschlag zu spät war und ich ja nun hier gelandet sei. Um uns herum schien kein weiterer Reisender Englisch zu verstehen, aber alle lauschten mucksmäuschenstill dem Gespräch und starrten mich mit großen Augen an. Es war ein komisches Gefühl, der einzige Ausländer zu sein.

»What do you want here?«, erkundigte er sich.

Was willst du hier? Diese Frage stellte ich mir inzwischen selbst. In der Ausschreibung der EFD-Stelle stand, dass ich mit Blinden und mit Straßenkindern Mosaike bauen würde, dass ich in Grundschulen Englisch unterrichten sollte und dreimal die Woche türkischen Sprachunterricht bekommen würde. *Vorausgesetzt, die Person, die mich am Flughafen abholen soll, steht auch um diese Uhrzeit noch draußen und wartet auf mich,* schoss es mir durch den Kopf. Ein

Schreck durchzuckte mich: *Und was, wenn nicht?* Langsam bekam ich Panik.

Nachdem ich unter den skeptischen Blicken der Grenzpolizisten endlich die Passkontrolle hinter mich gebracht hatte, musste ich nur noch mein Gepäck auf dem scheinbar einzigen Fließband des Flughafens finden.

Dann war ich so weit, um mich zwischen den Massen an kopftuchtragenden älteren Damen und mit viel Sperrgepäck beladenen Männern nach draußen schieben zu lassen. Kaum an der frischen Luft hörte ich schon meinen Namen: »Sabine!« »Sabine!« »Sabine!« Es waren gleich mehrere Stimmen.

Mir fiel ein Stein vom Herzen. Ich war nicht mehr alleine!

Eine ganze Horde junger türkischer Leute kam gut gelaunt zu mir gestürmt und nahm mir mein Gepäck ab. Nachdem sie es in einen Kleinbus verladen hatten, baten sie mich, einzusteigen. Im Bus saßen noch mehr gut gelaunte Leute und die Musik war so laut, dass es mir schwerfiel, die Namen zu verstehen. Einer, der besonders gut Englisch konnte, stellte sich mir als Co-Manager des Projektes vor und erklärte mir, dass alle bis gerade eben Party gemacht und getrunken hatten, um mich anschließend gemeinsam am Flughafen abzuholen. Es war absolut kein Problem, dass ich zu spät kam.

Ich war erleichtert, wobei ich noch mal einen Blick auf den Fahrer warf, um zu sehen, ob denn wenigstens er nüchtern aussah. Und ja, das tat er.

Die Atmosphäre in dem Kleinbus war eine völlig andere als gerade eben noch im Flughafen, wo man mir so viel Angst gemacht hatte. Auf der circa dreißigminütigen Fahrt versuchte ich, so viel wie möglich durchs Fenster im durch orangefarbene Laternen beleuchteten Gaziantep zu erkennen. Es sah staubig aus und ärmlich. Viele kleine Buden mit heruntergelassenen Rollläden, die nicht so wirkten, als würden dort tatsächlich Leute einkaufen gehen, standen dicht an dicht. Ich konnte es kaum erwarten, bei Tageslicht alles zu erkunden – aber sicherlich nicht alleine. Irgendwie hatte ich doch Respekt vor den Warnungen in der Schlange am Flughafen. Das mulmige Gefühl hatte mich noch nicht so ganz verlassen.

Nachdem mir mein Zimmer zugewiesen worden war, fiel ich um kurz nach vier Uhr todmüde ins Bett. Aber an Schlaf war nicht zu denken. Hier gab es nämlich im Gegensatz zu den Buden am Straßenrand leider keine Rollläden. Das orangefarbene Licht der Straßenlaterne schien direkt in mein Fenster und ließ mich vielmehr im Zimmer umherstarren und denken: *Was mache ich hier bloß? Ob das so eine gute Idee war, nach Gaziantep zu gehen?* Außer dem Bett gab es nichts, absolut nichts in dem Zimmer. *Werde ich es schaffen, hier ein Jahr zu leben?*, fragte ich mich.

Als ich endlich einschlief, wurde ich bald wieder vom sehr lauten Gebetsruf der Moschee nebenan aufgeschreckt. Im Urlaub mit meiner Oma hatte ich das auch schon mal gehört, aber da schien es so viel weiter weg als jetzt. Und warum mitten in der Nacht? Würde das jetzt jede Nacht so gehen? »Natürlich, gewöhn dich dran, Sabine«, sagte ich zu mir selbst, drückte das Kissen auf meinen Kopf und versuchte, noch einmal einzunicken. Stattdessen knurrte mir der Magen und mir fiel auf, dass ich einen Riesenhunger hatte. Ich hatte ja quasi die Nacht durchgemacht, ohne einen Bissen zu essen. Frühstück gab es erst um neun Uhr, wie mir der Co-Manager auf der Fahrt vom Flughafen zum EFD-Haus gesagt hatte. Bis dahin musste ich es noch irgendwie aushalten. Also war es besser, ich versuchte, noch ein wenig zu schlafen.

Als es endlich neun Uhr war, stand ich bereits im Esszimmer – als Einzige. Es sah auch nicht so aus, als würde hier irgendwer Frühstück vorbereiten. Ich lief ein bisschen durch die weiteren Räume, guckte mir Listen, Briefe und Postkarten an der Pinnwand im Flur an, fand ein paar deutsche Türkischlernbücher und versuchte, mir die Zeit zu vertreiben, bis endlich um elf Uhr die ersten Stimmen zu hören waren. Deutsche Stimmen. Zwei junge Frauen kamen die Treppe herunter, begrüßten mich freundlich und stellten sich als Marlene und Jennifer vor. Nach einem kurzen Small-Talk war meine erste Frage direkt die nach dem Frühstück, das es doch eigentlich um neun Uhr geben sollte.

Sie schmunzelten und erklärten: »Hier macht sich jeder sein Frühstück selbst, du kannst dich einfach am Kühlschrank bedienen.«

Das war an sich eine gute Nachricht, aber verwundert war ich schon ein wenig über die Info, die mir nachts gegeben worden war.

»Tja, das sind die sprachlichen und kulturellen Missverständnisse«, versuchten mich meine beiden Mit-EFDlerinnen zu besänftigen. »Und wir können dir sagen, es wird auch im Laufe des Jahres nicht viel anders werden.«

Nach einem eher deutschen Frühstück bestehend aus Schokomüsli mit Äpfeln und Bananen, aber immerhin mit einem gut gefüllten Bauch, konnte ich der Herausforderung, mich auf eine neue Kultur einzulassen, schon wieder etwas freudiger entgegensehen.

Zurück in meinem leeren Zimmer sortierte ich meine Sachen aus dem Koffer in ein leeres Wandregal. Dort war immerhin Platz, um ein paar Kleidungsstücke unterzubringen. Alles, was ich nun besaß, war in diesem alten Koffer und dem kleinen Handgepäck. Ich war gespannt, wie es mir gelingen würde, für so lange Zeit so reduziert zu leben. Es fühlte sich aber auch irgendwie gut an, mit so wenig unterwegs zu sein.

Ehrlicherweise muss ich gestehen, dass das nicht mein gesamter Besitz war. Obwohl die Ansage am Strand in Antalya gelautet hatte, dass ich alles loslassen sollte, was ich mir angesammelt hatte, konnte ich das trotzdem noch nicht zu hundert Prozent. Wenn ich in einem Jahr zurück in Deutschland wäre, dann brauchte ich doch wenigstens wieder meine Waschmaschine, meinen Kühlschrank und mein Auto, so hatte ich gedacht. Während ich viele andere Dinge tatsächlich verschenkt oder beim Sozialen Möbeldienst abgegeben hatte, hatte ich diese drei, in meinen Augen sehr wertvollen Dinge, nur verliehen. Irgendwie ließ sich das meinem Gewissen gegenüber gut rechtfertigen. Und die Kisten mit den Büchern und persönlichen Dingen, die auf dem Dachboden der Kirchgemeinde in Kodersdorf eingelagert waren, auch.

Es klopfte an meiner Tür. Die beiden deutschen Mädels kamen herein und fragten mich, ob ich gerne mit ihnen nach Kahramanmaras fahren wolle. Was auch immer das war, ich hatte große Lust, in ihrer Gesellschaft etwas von der Umgebung zu entdecken. Zuerst guckte ich mir die beiden jedoch noch mal genauer an, um zu erahnen, was man bei so einem Ausflug wohl anziehen sollte. Beide waren europäisch in Jeans und Winterjacke unterwegs, daher brauchte ich mir wohl keine Sorgen zu machen, ob ich vielleicht einen Rock oder gar ein Kopftuch bräuchte.

Marlene war mit ihrem Auto aus Deutschland gekommen und mit diesem fuhren wir nun eine Dreiviertelstunde nördlich in die zauberhafte Stadt Kahramanmaras. Allein der Weg dorthin, bei laut dudelnder türkischer Radiomusik, vorbei an weitem, bergigem, kargem Land und kleinen Dörfchen mit spitzen, raketenähnlichen Minaretten, war wie das Eintauchen in eine neue Welt.

In Kahramanmaras angekommen entdeckte ich überall Eisrestaurants, die mitten im Dezember geöffnet waren, denn genau das ist das berühmte Markenzeichen der Stadt, das »Kahramanmaras-Eis«, das aus besonderen Zutaten aus den Bergen hergestellt wird. Wir setzten uns in ein traditionelles Eiscafé mitten in der Marktstraße und bekamen weißes Eis im Block serviert und dazu, statt einem kleinen Löffel, Messer und Gabel in eine Serviette eingewickelt. Der Geschmack überzeugte mich zunächst nicht so, aber von der Tatsache, dass es hier so viel Neues zu entdecken gab, war ich hellauf begeistert.

Ich war sehr dankbar, dass ich mit Marlene und Jennifer unterwegs sein durfte. Sie sprachen beide schon richtig gut türkisch und bewegten sich völlig frei und selbstbewusst in diesem mir noch sehr fremden Land. An ihrer Seite fühlte ich mich bei diesem ersten Ausflug ins türkische Leben gut aufgehoben und hatte auch nicht den Eindruck, dass wir besonders angestarrt wurden.

Das einzig Seltsame war, als wir mitten in Kahramanmaras an einer roten Ampel standen und alle Autos hinter uns erbost hupten. Als dann sogar einer ausstieg und wutentbrannt an unsere Fahrerscheibe klopfte, gab Marlene tatsächlich bei Rot Gas. Alle anderen Autos fuhren dann auch bei Rot hinter uns her. »Wieder was gelernt«, lachte Marlene laut und wir machten uns auf zu einer traumhaften Rückfahrt nach Gaziantep.

In der Abenddämmerung leuchteten die leicht mit Schnee bepuderten Berge rosa. Als es Nacht wurde, sahen wir, dass sich über den nun dunkelblauen Bergen auch der tief orangefarbene Mond verdunkelte. Wow, eine Mondfinsternis! Und noch dazu sahen wir zwei Sternschnuppen!

»In welchem Märchenland sind wir denn hier gelandet?«, fragten wir uns.

»Sabine, du hast es gut. Du hast ja noch ein ganzes Jahr hier vor dir. Warte erst mal, bis der Sommer kommt. Das ist so schön!«, sagte Marlene ein wenig wehmütig, weil ihr selbst nur noch wenige Wochen blieben.

Am Wochenende waren alle anderen Bewohner des Hauses entweder im Rückzugsmodus oder verreist gewesen, was vielleicht erklärte, warum Marlene, Jennifer und ich den Frühstücksraum am Sonntag für uns allein gehabt hatten. Aber Montagfrüh sollte der EFD-Alltag für alle wieder starten und nun traf ich endlich alle wichtigen Personen für meinen Einsatz hier.

Meine wesentlich jüngere »Mentorin« rief mich ins Büro, stellte sich kurz vor und führte mich dann zum »Boss«. Ahmed, genauso alt wie ich, war der Leiter des Projektes. Er war freundlich, aber sehr bestimmt. Als Erstes sprach er an, dass ich doch bitte der Entsendeorganisation in Deutschland noch mal sagen solle, sie möchten bitte bald das Geld für mich an ihn überweisen. Wie das alles beim EFD mit den Finanzen abgewickelt wurde, wusste ich nicht, aber natürlich versprach ich, noch am selben Tag meiner Entsendeorganisation in Görlitz Bescheid zu sagen. Dann ging es ein wenig um das, was sie mit den 25 Freiwilligen so alles machten und zuvor schon gemacht hatten und dass es ein entspanntes und lockeres Leben im Haus war und bleiben sollte. Wie ich mich darin einbringen könnte oder was meine Begabungen sind, war nicht unbedingt gefragt. Das war ungewohnt für mich als Deutsche, noch dazu als ausgebildete Jugendreferentin, schließlich hatte ich einiges an Erfahrung in der Jugendarbeit zu bieten. Aber ich konnte es auch als eine gute Erfahrung sehen, einfach mal mitzumachen.

Zum Abschluss wünschte er mir schöne sechs Monate in seinem Haus. »Oh, hab ich da richtig gehört? Das sollte wohl ein Scherz sein? Ich habe ja in Deutschland einen EFD-Vertrag für ein Jahr unterschrieben«, wandte ich erschrocken ein.

Wenig beeindruckt erwiderte er, da sei ihm wohl ein Fehler passiert. Er habe für mich nur sechs Monate bei der Nationalagentur des EFD Türkei beantragt. Das ließe sich nun leider nicht mehr rückgängig machen. Aber wenn ich am Ende länger bleiben wolle, fände sich sicher irgendwie eine Lösung.

Das war erst mal ein Schock für mich. Klar, Fehler können passieren. Aber nach sechs Monaten schon wieder heimzufliegen, kam mir absurd vor, wenn es wirklich Gott war, der mich da in die Türkei gerufen hatte. Was und wo war jetzt überhaupt noch zu Hause? Meine Waschmaschine, mein Kühlschrank und mein Auto waren jedenfalls quer über die Republik verteilt. Außerdem hatte ich meine Arbeit im Schulklub in Kodersdorf gekündigt, um hier zu sein. Hatte ich tatsächlich für gerade mal sechs Monate alles zu Hause loslassen sollen?

Nochmals musste ich loslassen von meinen Plänen, wenigstens für ein Jahr in der Türkei zu sein. Die Aufenthaltsgenehmigung hatte ich zwar bereits bis Dezember 2012, aber wo sollte ich bleiben und was sollte ich tun, wenn ich das EFD-Haus verlassen musste? Fragen über Fragen.

Ich wollte trotzdem versuchen, diese sechs Monate mein Bestes in dem Projekt zu geben. Es blieb mir ohnehin nichts anderes übrig, als abzuwarten, wie sich die Dinge entwickelten, ja, und zu beten, dass Gott gute Lösungen schenken würde.

2
Die unendliche Treppe

Inzwischen waren schon zwei Wochen ins Land gegangen. Kurz vor Weihnachten fiel Schnee, Schnee, Schnee in Gaziantep. Alle waren völlig aus dem Häuschen, denn es hatte seit acht Jahren keinen Schnee mehr in der Stadt gegeben. Vorsichtig wagten sich einige Kinder aus der Nachbarschaft auf die Stufen vor ihren Mehrfamilienhäusern, um die Winterlandschaft von Nahem zu betrachten. Auf der Straße sah man so gut wie niemanden mehr. Nur ein paar mutige Männer liefen mit ihren Motorradhelmen die zugeschneiten und natürlich nicht geräumten Straßen entlang.

Ich fand es witzig, dass es völlig selbstverständlich war, ohne Helm Motorrad zu fahren, aber bei Schnee auf der Straße so viele Leute ohne Motorrad, aber mit Motorradhelmen zu sehen waren. Ich konnte es mir nicht verkneifen, ein Foto davon zu machen.

Schon seit Beginn meiner Pläne, in die Türkei zu gehen, war es mir ein wichtiges Anliegen gewesen, andere Christen in Gaziantep zu finden. Von Görlitz aus hatte ich viel im Internet recherchiert, doch bei der Google-Suche »Christen Gaziantep« stieß ich immer auf Zeitungsartikel, in denen berichtet wurde, dass christliche Gemeinden in Gaziantep von der Polizei gestürmt und Pastoren verhaftet worden waren. Der einzige Buchladen, in dem christliche Bücher und sogar Bibeln in den Regalen gestanden hatten, war nach einem Bombenanschlag nie wieder eröffnet worden. Das war nicht gerade ermutigend. Andererseits waren diese Artikel schon mehrere Jahre alt und ich wollte die Hoffnung nicht aufgeben, dass es in einer Ein-Millionen-Metropole, deren ursprünglicher armenischer Name »Aintap« noch dazu »Quellen des Lobpreises« bedeutet, irgendwo Christen gab. Die Suche ging deshalb auch in Gaziantep auf meinem Bett mit dem Laptop weiter.

Immer wieder stieß ich bei meiner Recherche auf einen Namen und eine E-Mail-Adresse, die westlich klangen. Ich fasste mir ein Herz und schrieb an diese Adresse. Ich stellte mich vor, erzählte, dass ich neu in Gaziantep sei und auf der Suche nach Christen war. Gewagt, gewagt! Aber noch am gleichen Tag kam eine Mail zurück, die mich beruhigte und Hoffnung weckte: »Hey Sabine. Wie schön, dass du schreibst. Wir sind eine kleine Hauskirche in der Huseyinstraße 7 und würden uns sehr freuen, wenn du am Sonntag um elf Uhr zu unserem Gottesdienst kommen möchtest.«

Große Freude überkam mich. Das bedeutete, dass ich noch in der gleichen Woche auf Glaubensgeschwister stoßen würde! Was für eine Weihnachtsvorfreude!

Aber diese Woche hatte noch mehr Spektakuläres zu bieten. In der gleichen Nacht hatte ich einen ziemlich abgefahrenen Traum. Man träumt ja öfter mal interessante Dinge und das meiste erledigt sich schon wieder mit dem Aufwachen. Aber es gibt auch diese besondere Art von Träumen, die man sich am liebsten sofort aufschreiben möchte, weil man das Gefühl hat, dass sie eine Bedeutung für das Leben haben könnten. Und so einen Traum hatte ich.

In meinem Traum wollte ich jemanden, den ich noch nicht kannte, in einem Mehrfamilienhaus in der Wohnung oben unterm Dach besuchen. Ich stieg die Treppen nach oben, aber ein Stockwerk zu früh hörten die Treppenstufen einfach auf und schlossen mit einer kleinen Mauer ab. In meiner Not klingelte ich bei den Bewohnern dieses Stockwerkes. Eine ältere, sehr vertrauenswürdig wirkende Dame öffnete. Ich fragte, warum denn die Treppe hier aufhörte, wenn es doch weiter oben noch eine Wohnung gab. Die Frau zeigte mit ihrem Finger auf die Wand und sagte: »Wenn man genau hinsieht, findet man eine Konstruktion in der Wand aus alten Stühlen. Über die kann man sich bis zum nächsten Stock hochhangeln.«

Tatsächlich! Jetzt, wo sie es sagte, sah ich es auch. Es sah nicht besonders stabil aus und wirkte auch nicht ungefährlich. Aber wenn das der Weg war, dann wollte ich es versuchen. Ich machte mich ans wackelige Werk. Etwa bei der Hälfte des Weges wurde ich wach. Ich lag im Bett und wusste: Das war es! Es gab einen Weg für mich, in der Türkei zu bleiben, den ich jetzt noch nicht sehen konnte. Es gab hier ein Ziel für mich, das ich nur noch nicht kannte.

Es kam noch verrückter. Zum Abschied von meiner vorherigen Arbeitsstelle in der Mittelschule Kodersdorf bei Görlitz hatten mir die 24 Lehrkräfte einen Adventskalender geschenkt. Jede Person hatte eine Filzsocke befüllt. Als ich nun nach diesem intensiven Traum aufstand und die zwanzigste Socke leerte, war ich völlig platt. Die Kunstlehrerin hatte mir ein kleines Bildchen gemalt. Auf der Rückseite stand der Titel des eigens erdachten Gemäldes. Er lautete: »Die unendliche Treppe«. Diese Kunstlehrerin war bekennende Atheistin. Doch ihr Bild passte perfekt zu meinem Traum.

Sprachlos und doch übervoll von Eindrücken und Gedanken setzte ich mich sofort an meinen Laptop und schrieb meinem Mentor und Begleiter vom CVJM Schlesische Oberlausitz eine ausführliche Mail. Zunächst erzählte ich ihm, dass hier in der Organisation ein Fehler wegen des EFD-Vertrages gemacht worden war und ich nur sechs Monate statt einem Jahr bleiben sollte. Dann schrieb ich ihm von dem Traum und dem Adventskalender und davon, dass ich glaubte, dass Gott einen Plan hatte. Ziemlich bald hatte ich eine ermutigende Antwort von ihm: »Wir haben dich ja vom CVJM nicht nur für den EFD entsandt, sondern wir glauben, dass Gott dort längerfristige Pläne für dich hat.«

Eigentlich glaubte ich das ja selbst auch. Aber ich brauchte die Erinnerung von anderen, damit mir die Gewissheit nicht wieder flöten ging. Der CVJM war zwar nicht mehr mein Arbeitgeber, aber sie wollten mich trotzdem aussenden, und damit verbunden weiterhin für mich beten und mich geistlich begleiten. Es tat gut, in diesem Sinne nicht allein unterwegs zu sein.

In unserem Team von europäischen Freiwilligen war ich physisch zwar fast nie allein unterwegs, geistlich gesehen aber oft sehr einsam. Im EFD-Haus gab es ganz andere Themen. In Gesprächen mit den Freiwilligen ging es eher um Partys, Reisen, kulturelle Unterschiede, Sprache, Konflikte im Haus und natürlich besonders auch um die Freiwilligenarbeit und darum, wie man am besten seine verrückte türkische Grundschulklasse beim Englischunterricht in den Griff bekommen konnte. Das war keine einfache Aufgabe.

Die ersten Tage durfte ich einfach bei den anderen im Unterricht dabei sein, aber dann war ich selbst an der Reihe. In der Grundschule im sozialen Brennpunktstadtteil Yukaribayir sollte nun ebenfalls Englischunterricht gegeben werden. Jetzt war mir schon anders zumute, als ich als Neuling ein neues Unterrichtsfach starten sollte. Jeder Tipp und jede Idee von meinen Weggefährten waren mir herzlichst willkommen. Gott sei Dank war ich für meine erste Stunde in Begleitung eines türkischen Jugendlichen, der für mich übersetzte.

Es war schon seltsam, plötzlich vor einer Klasse mit vierzig bis fünfzig Kindern zu stehen, von denen die meisten noch nie einen Ausländer gesehen hatten und deren Sprache ich nicht verstand.

Zuerst kam wie immer die Frage nach meinen Haaren. »Sind die echt? Wie macht man das?«

Meine Dreadlocks waren extrem außergewöhnlich in Gaziantep, wahrscheinlich war ich sogar die Einzige mit so einer Frisur. Um vom Thema abzulenken und vor allem auch vom Türkischen ins Englische überzuleiten, versuchte ich mich an meinem ersten Tag mit englischen Liedern, zu denen man Bewegungen machen konnte. Dass das viel zu viel Unruhe in so eine Klasse bringen würde, war mir leider nicht bewusst. Noch dazu ließ ich bei meiner Liedwahl leider kein Fettnäpfchen aus, sondern stolperte direkt hinein mit dem Lied »I've got peace like a river«. Ich zeigte den Kindern das internationale Zeichen für »peace«, also Frieden, indem ich Zeige- und Mittelfinger in V-Form nach oben streckte. Die Kinder, die fast alle kurdischer Herkunft waren, brachen in lautes Grölen und Jubeln aus. Mein türkischer Helfer ermahnte mich, dass das Zeichen in Schulen verboten sei, da es das Zeichen der kurdischen Autonomiebewegung ist. Ups. Na gut, wenigstens hatte ich nun auch das gelernt.

Ich versuchte, wieder Ruhe in die Klasse zu bringen, und dachte mir ein anderes Zeichen für Frieden aus. Die Hand aufs Herz zu legen ist doch auch ein schönes Zeichen für Frieden – vielleicht sogar ein schöneres.

Von Deutschland wusste ich, dass Grundschullehrer immer mal den »Schweigefuchs« nutzen, um Ruhe in ihre Klasse zu bringen. Dazu schließt man alle Finger mit dem Daumen zu einem spitzen Mund zusammen und sagt »MUND ZU«. Dann streckt man den Zeige- und den kleinen Finger nach oben, sodass ein Fuchsgesicht entsteht, und sagt »OHREN AUF«. Die Wörter dazu hatte ich sogar in Vorbereitung für meine Stunde extra auf Türkisch auswendig gelernt.

Der Erfolg dieser Methode war allerdings mehr als miserabel. Wieder brachen die Kinder in lautes Schreien und Lachen aus und mein Helfer musste mich erneut ermahnen: »Sabine, dieses Zeichen ist absolut verboten. Es ist das Zeichen der Grauen Wölfe, einer extrem nationalistischen Vereinigung.« Ach du grüne Neune. Jetzt stand ich mit beiden Beinen tief im Fettnäpfchen. Ich bat den Helfer, den Kindern meine Unwissenheit zu erklären, und entschuldigte mich vielmals. Meine Autorität hatte ich in dieser Klasse allerdings völlig verloren.

War ich kulturell wirklich so unerfahren und naiv? Vielleicht war es gut, gleich in den ersten beiden Wochen auf den Boden der Tatsachen geholt zu werden. Ich nahm mir vor, mich beim nächsten Mal besser vorzubereiten und vor allem mehr nachzufragen, was ging und was nicht. In den nächsten Schulen und Klassen lief es besser, aber bei dieser einen Klasse hatte ich für immer verspielt und wurde zu jeder Stunde mit lautem Jubeln und Schreien begrüßt, als würde ein Komödiant den Raum betreten.

Endlich Weihnachten. Mit viel Enthusiasmus machte ich mich am Sonntag, dem 25.12.2011, um kurz vor elf Uhr auf den Weg zu der kleinen Hauskirche. Überraschenderweise lag sie gerade mal 400 Meter von unserem EFD-Haus entfernt. Das konnte doch kein Zufall sein! Ich hatte mich schon gesorgt, wie ich denn überhaupt in so einer großen Stadt ohne klares Bussystem von A nach B kommen sollte. Aber die Huseyinstraße lag tatsächlich »nur einmal ums Eck«.

Umso gewisser, dass sich alles zusammenfügte und Gott einen großen Plan haben musste, stiefelte ich also durch den Schnee den Berg nach oben. Es ging einmal leicht rechts um eine Kurve und dann war das Ziel schon fast erreicht. Fast, wohlbemerkt. Da sprachen mich nämlich von einem alten Auto zwei Männer an und fragten, wo ich denn hinwolle. Als ich sie verdattert anschaute, sagten sie sogleich, dass sie Polizisten in Zivil seien.

»Ach so, na dann«, dachte ich, »dann kann ich es ja ehrlich sagen.« Der Ausspruch »Die Polizei, dein Freund und Helfer« war gut in meinem deutschen Kopf verankert.

»Ich gehe zur Kirche«, antwortete ich lächelnd.

»Zur Kirche also«, meinten sie ebenfalls lächelnd, aber es war eher ein siegessicheres Lächeln, so ein Lächeln nach dem Motto: Haben wir dich also erwischt!!! O weia, hatte ich da etwas Falsches gesagt?

»Reisepass, Aufenthaltsgenehmigung!«, forderten die beiden nun. Sie notierten sich meine Daten mit Kugelschreiber auf einer abgegriffenen Liste, auf der schon viele andere Namen standen. Danach durfte ich weitergehen. Es ging noch mal zwanzig Meter rechts runter, dann stand ich vor der Hausnummer 7, immer noch im Blickfeld der beiden Polizisten. Die Metalltür war offen und ich ging hinein.

Da ich niemanden entdeckte, ging ich die Treppen hoch. Bei jedem Stockwerk betrachtete ich die Wohnungstür mit der Frage: »Könnte es hier wohl sein?« Im letzten Stock wusste ich, dass ich richtig war, denn es hing ein Weihnachtskranz aus Plastik an der Tür. Wer sonst, wenn nicht Christen, würde sich in der Türkei so was an die Tür hängen? Ich klingelte und zog schon mal die Schuhe aus, wie man es hier überall machte. Das noch fast leere Schuhregal vor der Tür war eine gute Erinnerung daran.

Im nächsten Moment ging die Tür auf und ein breites Lächeln strahlte mir entgegen. »Hey Sabine, ich bin Sungjin«, begrüßte mich die Gastgeberin, eine etwa 45-jährige Koreanerin. Mit »Merry Christmas« und einer geschwisterlichen Umarmung wurde ich willkommen geheißen und herumgeführt.

Zuerst ging es in einen mittelgroßen Raum, der mit gemusterten Teppichen ausgelegt war. Blaue Plastikstühle waren präzise angeordnet. Vor den Reihen stand ein Notenständer und hinter diesem ein Mann mit grau meliertem Haar und einer Gitarre in der Hand. »Das ist mein Mann Peter«, stellte Sungjin vor.

»Hey Sabine, wir haben dich schon erwartet. Großartig, dass du gekommen bist«, begrüßte mich Peter. Sein Akzent verriet mir gleich, dass er aus den USA stammte. »Du kommst aus Deutschland, oder? Der Gottesdienst geht in etwa einer Stunde los. Du kannst dir in Ruhe alles anschauen.«

Hatte er zuvor in seiner Mail nicht geschrieben, dass es um elf Uhr losgehen würde? Egal. Ich sollte mich wohl daran gewöhnen, nicht allzu genau auf die Uhr zu schauen.

Als Erstes erzählte ich ihm mein Erlebnis mit den Polizisten unten auf der Straße. Wer weiß, was das für die Gemeinde bedeuten könnte, dass ich so ehrlich gesagt hatte, dass ich zur Kirche gehe. Ich hoffte sehr, dass ich in meiner Naivität nicht großen Schaden angerichtet hatte. Aber Peter lächelte nur und meinte: »Na, dann stehst du jetzt also auf der Liste der Christen in der Stadt. Mach dir keine Gedanken. Da stehen wir alle drauf. Die Polizei versucht nur, uns zu beschützen... und na ja... vielleicht auch einfach ein bisschen zu gucken, was wir so machen. Oft kommt einer von den beiden unten hoch und sitzt in der letzten Ecke mit im Gottesdienst. Vielleicht gefällt es ihm ja auch bei uns. Er hört jedenfalls fast immer bis zum Schluss zu.«

Peter und Sungjin hatten viele Geschichten zu erzählen. Sie waren inzwischen dreizehn Jahre in der Türkei, davon zehn Jahre in Gaziantep. Ihre drei Kinder waren hier geboren und gingen in türkische Schulen. Die beiden hatten die Gemeinde gegründet, in der sich, wie ich gleich feststellen würde, die verrücktesten Mafiatypen, schrägsten Vögel und auch schicksten türkischen Ladys vereinten. Ich war beeindruckt.

Beeindruckt war ich auch von der Einfachheit der Räumlichkeiten. Abgesehen von den Plastikstühlen, dem Notenständer und einem kleinen Regal für Liederbücher und Bibeln gab es in der Wohnung keine weiteren Möbel. Alle anderen Räume waren ebenfalls mit gemusterten Teppichen ausgelegt, an den Fenstern hingen Vorhänge, sonst war nichts darin. Sungjin lachte und meinte: »Ja, da hat man nachher nicht so viel aufzuräumen. Wenn es nur bei uns zu Hause auch so wenig gäbe.« Jetzt erst wurde mir klar, dass sie nicht hier wohnten, sondern die Räume tatsächlich nur für die Gemeinde genutzt wurden.

Um halb eins füllten sich die Räume nach und nach mit Leben. Kurz vor eins ging dann der Gottesdienst los. Er lief komplett in türkischer Sprache ab. Ich spitzte die Ohren wie der Schweigefuchs, um wenigstens hier und da ein Wort aufzugreifen und zu erahnen, was das Thema war. Tatsächlich konnte ich herausfinden, dass es um den Fischzug des Petrus ging. *Balik*, das Wort für Fisch, kannte ich schon und *Petros* klang nicht viel anders als bei uns. Auch wenn ich sonst nicht viel verstand, konnte ich mir doch als geistliches Futter für den Alltag mitnehmen, dass es sich lohnt, auf Gott zu vertrauen, auf sein Wort hin die Netze noch einmal auszuwerfen und bei Misserfolgen nicht gleich aufzugeben. Nach dem Gottesdienst aßen wir mit allen um eine Plastiktischdecke kniend Döner und redeten. Als ich gehen wollte, stoppte mich Peter und bot mir an, mich mit dem Auto heimzubringen. Ich erzählte ihm, dass es nur 400 Meter zu Fuß zu meiner Unterkunft waren. Er war sprachlos, dann meinte er: »Was für ein Wunder. Direkt um die Ecke?«

Dennoch bestand er darauf, mich nach Hause zu fahren, weil es schon dunkel wurde und die Huseyinstraße in einer sehr gefährlichen Gegend lag. Ich willigte ein und verließ mit Peter, seiner Frau und den drei Kindern als Letzte die Hauskirche mit dem sicheren Gefühl, dass ich hier Heimat finden konnte. Die Familie war mir auf Anhieb sympathisch und ich hätte noch ewig im Auto ihren Geschichten von der Entstehung der Gemeinde lauschen können. Schade, dass der Heimweg so kurz war!

Es war so faszinierend zu hören, wie Gott sie hier in der Stadt schon seit vielen Jahren gebrauchte und wie die einzelnen Leute zur

Gemeinde gekommen waren. Natürlich war es nicht immer einfach und sie hatten auch viele schwere Zeiten erlebt. Von Peter und Sungjin konnte ich viel lernen, und trotzdem schwebten sie nicht irgendwo weit oben, sondern waren real, authentisch und konnten über sich selbst lachen.

Im Auto fiel Sungjin plötzlich ein: »Der Gottesdienst war heute gar nicht weihnachtlich. Wir haben ja Weihnachten noch nicht mal erwähnt. Das haben wir völlig vergessen.« Stimmt, sie hatte mich zwar mit »Merry Christmas« begrüßt, aber das war es dann auch schon gewesen mit Weihnachten. Und ich selbst hatte vor lauter Aufregung, Begeisterung, Neugierde und Neuem gar nicht mehr auf dem Schirm gehabt, dass ja Weihachten war. Eigentlich ist genau dies das Tolle an Gott und auch an der Bedeutung von Weihnachten. Er kommt uns nah, zieht in unseren schlichten Stall ein und verändert alles, ob wir das auf dem Schirm haben oder nicht.

»Sungjin, für mich war es ein wunderschönes Weihnachten, ich freue mich so, euch kennengelernt zu haben und zu eurer Gemeinde kommen zu dürfen. Danke für eure unkomplizierte Einladung und euer Vertrauen«, sagte ich von ganzem Herzen mit einem Bein schon aus dem Auto.

Sie antwortete: »Gut, dass du jetzt zu uns gehörst. Nächstes Jahr stellen wir eine Krippe auf und feiern richtig.« Die Kinder winkten noch durch die beschlagenen Autoscheiben, dann waren sie weg.

Aus dem EFD-Haus dröhnte laute Musik. Als ich über die immer noch mit Schnee bedeckte Treppe ins Haus kam, war klar, dass hier gerade voll die Party stieg. Ahmed, unser Chef, hatte etliche Flaschen harten Alkohol zur Feier des Tages – damit war Weihnachten gemeint – mitgebracht und alle europäischen und türkischen jungen Leute tranken und tanzten, was das Zeug hielt. Selbstverständlich war ich keine Spielverderberin und tanzte und feierte mit, obwohl ich eigentlich gerade aus einer so anderen Stimmung kam.

Irgendwann entdeckte ich Marlene strickend in der Küche und gesellte mich zu ihr. Sie war immer der absolute Ruhepol im Haus und ich unterhielt mich sehr gerne mit ihr. Sie fragte mich, wo ich denn den ganzen Tag seit früh morgens gewesen wäre. Ich erzählte ihr die Geschichte und offenbarte damit, dass ich Christin bin. Zu meiner Überraschung fand sie das nicht seltsam oder etwa schlimm. Im Gegenteil. Sie wollte sogar gerne mal mit in die Gemeinde kommen und es gefiel ihr so gut, dass es nicht bei einem Mal blieb. In Deutschland hatte sie sich nicht für Kirche interessiert, aber in Gaziantep eine Hauskirche zu erleben, war auch wirklich etwas anderes.

So ließen wir Weihnachten für uns noch recht besinnlich in der Küche ausklingen, bevor am nächsten Tag die Woche wieder mit einem normalen Schulmontag begann.

Wie fast immer in meinen bisherigen drei Wochen in der Türkei stand ich recht früh auf, so gegen sieben Uhr. Als Erstes war ich mit Marlene im Park joggen, dann frühstückten wir zusammen unser Müsli nach deutscher Art und danach bereitete ich meine Englischstunden für die Einsätze in den Grundschulen am Nachmittag vor. Meine Stunden hatte ich alle schon bis ins Detail geplant und war startklar zur Abfahrt, da rief mich Ahmed in sein Büro und erklärte: »Sabine, du fährst nicht mehr mit in die Grundschulen. Ich brauche dich ab sofort für ein spezielles Projekt in einer Schule für Hochbegabte namens BILSEM, und zwar täglich.«

Ich war entrüstet, wollte protestieren, diskutieren, doch er fuhr schon fort: »Sabine, du wirst es lieben. Du wirst da allein hingehen. Das wird dein Projekt. Sie brauchen jemanden wie dich. Außerdem bist du noch am längsten von allen derzeitigen Freiwilligen hier. Die anderen gehen ja alle in wenigen Wochen. Die Neuankömmlinge kann ich da nicht sofort hinschicken. Aber dein Türkisch ist schon so gut ... und außerdem habe ich dem Direktor versprochen, dass er schon heute mit dir rechnen kann.«

Also war ich um den Finger gewickelt. Was blieb mir auch anderes übrig, als einzuwilligen? Und reizvoll fand ich es irgendwie auch. Trotzdem wollte ich wenigstens einmal pro Woche noch an einer normalen Schule bleiben. Das Los fiel auf eine Grundschule im berüchtigten Stadtteil Cinderesse, was so viel heißt wie »Tal der Dämonen«. Hier lebte auch Mustafa aus der Gemeinde. Der ältere Mann war wohl früher ein Mafioso gewesen und legte auch heute noch einen ziemlich rauen Ton an den Tag. Trotzdem wurde er in der Gemeinde von allen liebevoll Dede genannt – Opa. Später bekam ich mit, dass er in der Gemeinde immer wieder dafür warb, dass wir doch alle aktiver in seinem sehr armen und gefährlichen Stadtteil werden sollten. Deshalb freute ich mich sehr, dass ich jeden Donnerstagvormittag dort unterrichten durfte, wenn auch mit jeweils siebzig Kindern pro Klasse. Eine Herausforderung und ein Ort, an dem ich sicher viel lernen würde!

»Und übrigens Sabine – du müsstest bis heute Abend dein Zimmer räumen. Das wird jetzt mein Büro. Dein Bett wird zu der Freiwilligen aus Georgien mit reingestellt.«

Kurz war ich getroffen von der Willkür und dem fast schon entmündigenden Ton, in dem das alles geschah. Hier merkte ich wieder einmal, wie sehr ich als Deutsche es doch gewohnt war, wenigstens ansatzweise gefragt und mit auf den Weg genommen zu werden, anstatt einfach vor brutale und sofortige Tatsachen gestellt zu werden. »Eine gute Übung in Sachen Demut«, sagte ich mir innerlich und versuchte, mir nicht anmerken zu lassen, dass ich seine Art und Weise und überhaupt seinen Leitungsstil ziemlich daneben fand. Wenn ich daran dachte, wie wir im CVJM in Kodersdorf immer versucht hatten, alles möglich zu machen, damit die Freiwillige aus

Italien sich wohlfühlte und ja nicht das Handtuch schmiss... Hier war es nun fast eher andersrum.

»Alles klar, Ahmed«, sagte ich und erhob mich, als klares Signal, dass ich jetzt lieber gehen würde. Er schrieb mir noch schnell die Adresse der BILSEM-Schule auf und schon zischte ich ab in mein Zimmerchen, das ich wenigstens noch für ein paar Stunden haben würde.

Während alle anderen schon aus dem Haus waren, um zu ihren Schulen gebracht zu werden, packte ich mit gemischten Gefühlen meine wenigen Sachen zurück in die Koffer. Ich war schon dreißig Jahre alt, eine gut ausgebildete Jugendreferentin und Gemeindepädagogin mit Berufserfahrung, verwitwet und durch viele Höhen und Tiefen des Lebens gegangen. Warum wurde ich hier so respektlos behandelt?

Aber war es wirklich respektlos? Oder war nur mein seltsames »Leiter-Ego« angekratzt? War ich es einfach nicht mehr gewohnt, mich unterzuordnen, weil ich die letzten Jahre immer das Sagen hatte? Hatten sich andere unter meiner Leitung vielleicht manchmal genauso gefühlt?

So viele Gedanken kamen in mir hoch, die ich aus mir selbst heraus gar nicht hätte beantworten können. Also fragte ich Gott: »Wer bin ich, und vor allem, wie bin ich in deinen Augen? Hat das einen Sinn, dass ich gerade durch so eine Zeit gehen muss?« Eine Antwort kam nicht gleich, aber in mir formulierte sich das Gebet weiter: »Gott, verändere du mich so, dass du mich gebrauchen kannst. Hilf mir, mit den Menschen und ihrer Art umzugehen und mich nicht von ihrem Gehabe erschrecken zu lassen. Hilf, dass mein Blick auf dich gerichtet bleibt und ich meine Aufgaben mit Frieden im Herzen und Freude erfüllen kann.« Das tat gut. Jetzt war es irgendwie abgegeben.

So wie ich die gepackten Koffer an der Zimmertür stehen lassen konnte, konnte ich auch das Gespräch mit Ahmed hinter mir lassen und mich sogar mit etwas Vorfreude auf den Weg zur BILSEM-Schule machen.

―――

Alleine, nur mit der Adresse und dem Namen des Direktors in der Hand, ging ich los. Mein Weg führte durch den Grünstreifen voller Parks mitten in der Stadt. Einen schöneren Weg gab es sicher nicht in Gaziantep. Und die Schule lag mitten in Kavaklik, ein über und über mit Bäumen durchzogenes Viertel, das es so ebenfalls kein zweites Mal in der Stadt gab. Als ich die Schule betrat, fiel mir auf, wie ruhig es hier war und wie gut es roch. Der Sicherheitsmann, der sofort höflich fragend auf mich zukam, geleitete mich zu dem Raum, in dem der Direktor gerade unterrichtete, und klopfte an.

»Oh weh, ob das so gut ist, den Unterricht zu stören?«, dachte ich. Von Fettnäpfchen wollte ich mich ja eigentlich fernhalten. Aber nun war es zu spät. Ein freundlicher Mann öffnete von innen die Tür und lud mich ein, hereinzukommen. Er stellte sich als Herr Harun vor und sprach ein wunderbar verständliches Englisch, das Beste, das ich bisher in Gaziantep gehört hatte. Dann bat er die fünf Kinder im Raum, sich alle einzeln auf Englisch vorzustellen, bevor ich an der Reihe war.

Die Augen der Kinder leuchteten und man sah ihnen an, dass sie gespannt und hoch konzentriert versuchten, jedes Wort zu verstehen, das ich sagte. Herr Harun fragte anschließend: »Wer hat alles verstanden?«, und sogleich gingen alle Arme wie der Blitz nach oben. Er redete weiter auf Englisch und erklärte mir, dass diese Kinder alle bereits einen Schultag an ihren normalen Schulen hinter sich hatten. Zu BILSEM kamen sie jeden Tag zusätzlich. Sie waren aus einer langen Liste von besonders begabten Kindern ausgesucht worden, um zusätzlich gefördert zu werden, weil sie das Potenzial hatten, später einmal Firmenmanager und Regierungspersönlichkeiten zu werden. Das Schönste war: BILSEM wird vom Staat finanziert, sodass auch Kinder aus armen Familien Zugang zu dieser Fördermöglichkeit haben.

Weiter erklärte Herr Harun, dass es ihm persönlich am wichtigsten war, dass die Kinder sich bei BILSEM nicht langweilten. Alle zwanzig Minuten sollten die Lehrer nachfragen, ob sich jemand langweilt, und dann gegebenenfalls das Thema wechseln.

»Und Sie sehen ja jetzt schon, warum es wichtig ist, dass sie hier sind, Frau Sabine. Die Kinder sind begeistert. Genau diese Begeisterung wollen wir. Und wir wollen, dass die Kinder einen weiten Horizont bekommen. Sie haben hier alle Freiheiten, können auch gerne von Ihrer Kultur, Ihrer Religion alles mit einbringen.«

»Huch, hab ich da gerade richtig gehört?«, fragte ich mich innerlich. War ich immer noch in der gleichen Stadt? In Gaziantep? Oder war das hier ein völlig anderer Planet? Die Arbeit an dieser Schule fing schon jetzt an, mir Spaß zu machen.

Dass Ahmed mich so grob meiner vorherigen Aufgabe entrissen hatte, machte mir nun nicht mehr so viel aus. Ich hatte wohl vergessen, dass Gott immer nur das Beste für mich im Sinn hat.

3
Paranoia — oder wem kann man vertrauen?

Eines Tages fuhren wir mit der Hauskirche zu einem kleinen idyllischen Seitenfluss des Euphrats. Auf dem Weg durch das grüne Tal trafen wir auf Ziegenhirten, liefen vorbei an frischen, sprudelnden Quellen, die irgendwann später in den Euphrat fließen würden, und staunten über die rot-braunen Felsformationen, die das Tal einrahmten. An einem kleinen gestauten Wasserbecken breiteten wir Picknickdecken aus. Hier wurden drei, aus meiner Sicht, »ältere« Männer aus unserer Gemeinde getauft.

Obwohl wir weit weg von jeglicher Zivilisation waren, blieb das Ganze nicht unbeobachtet und wenige Minuten später versammelten sich Männer aus den umliegenden Dörfern vor uns in dem Tal. Sie schrien etwas in unsere Richtung, stellten sich in einer Reihe auf und beteten. Danach griffen sie nach großen Steinen und fingen an, uns zu attackieren. Mustafa Opa, der älteste und bestimmteste Mann unserer Gemeinde, ging, ohne zu zögern, und scheinbar furchtlos zu ihnen hin und redete mit ihnen. Daraufhin zogen sie sich tatsächlich zurück. Kurze Zeit später jedoch sah ich einen von ihnen hoch über uns einen riesigen Steinblock in Bewegung setzen. Direkt unter ihm im Tal stand Peter mit seinem vierjährigen Sohn Eliah. Vor Aufregung konnte ich nur mit den Armen rudern und stammeln: »Weg da, Peter!« Er schnappte seinen Sohn, sprang über den kleinen Bach und schon prallte hinter ihm der Felsbrocken auf den Boden.

Wir standen alle unter Schock, packten unsere Sachen und versuchten, so schnell wie möglich aus dem Tal herauszukommen, immer wieder den Blick nach oben gerichtet. Für die frisch Getauften war es ein sehr herausfordernder Einstieg in ihr neues Leben als Christen.

Auf dem einstündigen Heimweg im Kleinbus erzählten einige andere Männer, was sie ihr Leben als Christen bereits gekostet hatte. Fast alle hatten ihre ursprünglichen Arbeitsplätze verloren, weil die Polizei ihre Arbeitgeber vor ihnen gewarnt hatte. Mustafa erzählte, dass seine Frau und seine Kinder und viele Nachbarn gegen seinen Glauben sind. Er hat sich selbst getauft, weil es in Gaziantep noch keine Gemeinde gab, als er anfing, an Jesus zu glauben, nachdem er in der Bibel gelesen hatte. »Ich lasse mir nicht den Mund verbieten«, betonte er mit Nachdruck.

Ich wusste, dass das, was ich an diesem Tag mit unserer kleinen Gemeinde erlebt hatte, mir noch lange in Erinnerung bleiben und Auswirkungen auf meinen eigenen Glauben haben würde. Auch wenn diese Gemeinde nicht sehr viele Mitglieder hatte, so war doch jeder Einzelne von ihnen ein großer Glaubensheld und ich konnte es kaum erwarten, mehr von ihren Geschichten zu hören.

Unter der Woche ging ich jeden Nachmittag zu BILSEM, der Schule für besonders begabte Kinder. Und es gab keinen Tag, an dem ich das nicht gern getan hätte. Allein der Hin- und Rückweg durch die grünen Parks waren ein Genuss. An diesem Tag allerdings sollte mein Rückweg etwas nach hinten, bis spät in den Abend hinein, verschoben werden, denn Peter und Sungjin hatten mich zu sich nach Hause eingeladen. Ihre Wohnung lag nicht einmal fünf Minuten von der BILSEM-Schule entfernt. Ich fand es genial, dass ich in dieser Großstadt fast alles zu Fuß und somit völlig selbstständig erledigen konnte. Es fühlte sich total gut an, neben dem Leben im Haus mit den Freiwilligen auch noch etwas anderes zu haben. Vor allem konnte ich bei Peter und Sungjin immer alle Fragen stellen, die sich bei mir im Laufe der Woche so anstauten.

An jenem Abend hatte ich besonders kuriose Fragen, denn an diesem Tag war in der Schule etwas Seltsames passiert. Zunächst war es ein ganz normaler Tag gewesen. Ich hatte in der Pause mit den Kindern draußen Double-Dutch gespielt, eine besondere Seilspringart, bei der sich zwei Leute gegenüberstehen und zwei sehr lange Seile im Wechsel zur Mitte schlagen. Dadurch ergibt sich ein doppelt so schneller Rhythmus wie beim normalen Seilspringen. Von außen in die Mitte können ein, zwei oder drei Kinder gleichzeitig springen und dabei sogar ein paar Tricks machen. Das machte allen Kindern Spaß, egal, wo ich mit den Seilen hinkam. Aber bei den BILSEM-Kindern hatte ich das Gefühl, es sei fast lebensnotwendig, dass ich täglich meine Seile dabeihatte. Sie hatten ja nichts als Schule den ganzen Tag und bekamen ständig eingetrichtert, dass sie mal die höchsten Stellen im Land einnehmen würden. Wenigstens für diese paar Minuten im Springseil konnten sie Kinder sein. Sie liebten es. Und ich liebte es, dass sie es liebten. Dann ging es in die nächste Unterrichtsstunde.

Ich hatte immer freie Wahl, wo ich mit dazukommen wollte. Verantwortung hatte ich nur für ein paar wenige Englischstunden pro Woche. Ansonsten war ich für den Spaß, die Horizonterweiterung und die Ausländerquote zuständig. Ich entschloss mich dieses Mal, in den Computerunterricht zu gehen. Der zuständige Lehrer freute sich sichtlich über meine Anwesenheit und begrüßte mich herzlich. Das Computer-Kabinett war der größte Raum der Schule und enthielt für jeden Schüler einen eigenen Schreibtisch mit PC.

Der Lehrer zeigte den Kindern zunächst einige Dinge am Computer, brachte ihnen bei, wie man verschiedenste Tasten der Tastatur verwendet, und gab ihnen eine Aufgabe, mit der sie für eine Weile beschäftigt sein würden. Dann wandte er sich mir zu und fragte auf Englisch sehr direkt, für wen ich denn eigentlich arbeiten würde. Die Betonung lag auf »eigentlich«. Klar kam ich von diesem Haus für Europäische Freiwillige. Aber sicherlich arbeitete ich doch eigentlich für den deutschen Geheimdienst, so war seine Vermutung.

Mein Gesicht muss in diesem Moment sehr lustig ausgesehen haben. In meinem Kopf ratterte es: Sollte das ein Scherz sein? Ich hatte noch nie gehört, dass es einen deutschen Geheimdienst gibt. Gab es so was nicht nur in Action-Filmen? Im Ernst, wozu braucht Deutschland bitte einen Geheimdienst? Und wenn, warum sollten sie dann jemanden wie mich schicken? Und warum an eine Schule? Diese Fragen konnte ich ihm so natürlich nicht stellen. Aber irgendetwas musste ich ja antworten. Also stotterte ich: »Ähm nein, ich wusste gar nicht, dass es so etwas gibt.«

Er lachte laut und fragte seinerseits, ob ich ihn veräppeln wolle. Dann meinte er mit gesenkter Stimme: »Im Ernst. Du würdest damit hier wunderbar reinpassen. Jeder der Lehrer vertritt eine andere Ideologie, Politik oder Gesinnung. Wir haben einen von den Bozkurtlar, also den Grauen Wölfen, den Nationalisten, einen von der PKK, also der Kurdischen Arbeiterpartei, einige von der Regierungspartei und auch einige von der Gülen-Bewegung.«

Nicht alles von dem, was er da erwähnte, sagte mir was. Ich gestand ihm, dass ich von einigen Gruppen hier gerade zum ersten Mal hörte, und fragte ihn, ob es dann nicht viele Unstimmigkeiten im Lehrerkollegium gäbe, wenn hier so viele verschiedene Interessen vertreten seien. »Nein, gar nicht. Offiziell weiß man ja nichts voneinander und jeder wahrt die Etikette. Immerhin arbeiten wir in BILSEM und jeder gibt sein Bestes.«

Krass, dass er mich in solch heikle Informationen eingeweiht hatte, wo ich ja gerade erst neu dabei war. Ich versicherte ihm nochmals, dass ich nicht für irgendjemanden arbeitete und dass ich dazu auch viel zu wenig Ahnung hätte. Ich sagte ihm, dass ich Christin bin und an Gott glaube und dass das in meinem Leben eine Rolle spielt. Aber abgesehen davon, ginge von mir keine Gefahr aus. Er lächelte und an seinem Lächeln konnte ich nicht erkennen, ob er mir das abnahm und sich darüber freute oder ob er glaubte, er wisse mehr, als ich preisgab.

Die Kinder hatten ihre Aufgaben längst erledigt und waren zum Computerspielen übergegangen, weil sie unsere Unterhaltung nicht stören wollten. Aber nun war die Schule ohnehin aus. Alle verabschiedeten sich höflich und verließen das Klassenzimmer. Auch die Lehrkräfte kamen aus den verschiedenen Räumen heraus und knipsten die Lichter aus. Ich musste mich zusammenreißen, um nicht jede und jeden zu mustern und mich zu fragen, für wen er oder sie wohl hier arbeitete. Alle waren super freundlich und total sympathisch, daher konnte ich mir gar nicht vorstellen, dass sie so unterschiedliche Ansichten vertraten.

So verabschiedete auch ich mich höflich mit allen Formen, die ich im Türkischen schon kannte, und machte mich auf den Weg zu Sungjin und Peter. Unterwegs versuchte ich, mich an die Namen der Gruppierungen zu erinnern, die der Lehrer genannt und von denen ich zum ersten Mal gehört hatte. Gleich wollte ich Sungjin und Peter davon erzählen und war gespannt, was sie dazu sagen würden.

Das Gebäude stand genau am westlichen Ende des grünen Parkstreifens, der sich durch die Innenstadt schlängelte. Perfekte Wohnlage, hier ließ es sich bestimmt gut aushalten! Der Kapici öffnete mir die Tür. Kapici sind so eine Art Hausmeister, die im Erdgeschoss von Gebäuden wohnen und sich um die Sauberkeit der Flure und die Sicherheit der Anwohner kümmern.

Sungjin stand schon an der Wohnungstür und begrüßte mich. Sie hatte den Kapici gerade beauftragt, Lahmacuns für die Familie zu bringen.

»Wow, das gehört mit zu der Arbeit von einem Kapici?«, fragte ich verwundert.

»Ja, unser Kapici bringt uns öfter was und wir geben dafür Trinkgeld. Aber komm erst mal rein. Die Kinder erwarten dich schon sehnsüchtig.«

So war es. Die Kinder waren begeistert von meinem Besuch und zeigten mir gleich die ganze Wohnung, natürlich ihre Zimmer zuerst. Und last but not least den Balkon, der direkt über einer großen, belebten Kreuzung hing und von dem man einen Logenblick auf den Park hatte. Ich fühlte mich sofort richtig wohl bei ihnen. Plötzlich zwitscherte ein Vogel. Irgendwie kam mir das Zwitschern bekannt vor.

»Das ist nur die Klingel«, sagte die Tochter.

»Das wird der Kapici mit den Lahmacuns sein«, rief die Mutter. Witzig, so eine ähnliche Klingel hatten wir im EFD-Haus auch. Sungjin bemerkte meinen Blick und lachte: »Diese Klingeln gibt es überall in der Türkei.«

Als Nächstes setzten sich alle in hektischer Eile um den großen, runden Küchentisch aus Holz und Peter warf die Ladung mit gestapelten Lahmacuns in die Mitte. Dazu gab es ganze Büschel Petersilie und aufgeschnittene Zitronen.

»Sabine, das wird dir schmecken! Die Füllung hat meine Frau selbst gemacht. Ist wirklich super lecker.«

»Wie kann sie die denn selbst gemacht haben? Die Lahmacuns hat doch der Kapici gerade gebracht«, fragte ich verblüfft.

»Das funktioniert hier so, dass man das Fleisch mischt und würzt und in einer Schüssel zum Bäcker bringt. Der macht dann die Lahmacuns daraus. Unser Kapici hat meine Mischung zum Bäcker unten an der Ecke gebracht und sie dann später abgeholt«, erwiderte Sungjin. Ich war beeindruckt. Was für ein interessantes System! Und die Lahmacuns schmeckten vorzüglich.

Nach dem Essen verzogen sich die Kinder in ihre Zimmer oder vor den PC im Arbeitszimmer, um zu spielen, und ich konnte endlich mit all meinen Fragen herausplatzen. Ich erzählte meinen Gastgebern von dem Gespräch mit dem Lehrer in BILSEM und fragte, was denn die Bozkurtlar und die Gülens seien und warum es so besonders sei, dass manche Lehrer zur Regierungspartei gehörten.

Die beiden klärten mich über alle Bewegungen und Verschwörungen auf. Sie erzählten mir, wie Erdogan seine Macht ausweitete, und welche seltsamen Begegnungen sie selbst schon gehabt hatten.

»Die Bozkurtlar sind die Nationalisten«, erzählte Peter. »Sie mögen keine Ausländer und keine ausländischen Einflüsse hier im Land, um es kurzzufassen.«

»Oh, dann werden mich die Lehrer, die da dazugehören, also sehr hassen?«, fragte ich irritiert dazwischen.

»Nicht unbedingt«, antwortete Peter. »Jeder gehört hier eben irgendwo dazu, aber versteht selber oft gar nicht, wieso.«

Nun redete Sungjin weiter: »Die einflussreichste Bewegung ist sicherlich die Gülen-Bewegung. Gülen und Erdogan waren früher mal sehr eng befreundet und sind auch ähnliche Typen. Jetzt kämpfen sie allerdings gegeneinander und beide wollen am liebsten die Weltmacht. Gülen hat viele einflussreiche Anhänger. Gezielt setzt er auf Bildung, gibt Stipendien und sorgt dafür, dass seine Schützlinge in hohe Positionen im Land kommen. Besonders unter den Polizisten gibt es sehr viele Gülenisten. Gülen selbst lebt in Amerika, aber er zieht seine Fäden hier und weltweit, besonders auch in Afrika.«

Das war alles sehr interessant und absolut neu für mich, aber eigentlich war es mir auch ein bisschen egal. Was hatte ich damit zu schaffen, wenn irgendwelche alten Männer ihre Machtspielchen trieben? Aber es war gut, das mal gehört zu haben, um beim nächsten Gespräch nicht ganz so dumm dazustehen.

»Und findet ihr das nicht auch lächerlich, dass der Lehrer dachte, ich würde für den deutschen Geheimdienst arbeiten?«, fragte ich leicht belustigt.

»Oh nein, damit ist hier leider nicht zu spaßen«, sagte Peter. »Man ist hier generell misstrauisch und vermutet hinter jedem Fremden erst mal einen ausländischen Agenten. Sie können sich einfach nicht vorstellen, warum man sonst nach Gaziantep kommen sollte.«

Sungjin wandte ein: »Es ist auch normal, dass man hier einfach ein bisschen paranoid wird und erst mal keinem mehr traut. Du bist ja neu hier und gehst noch sehr freundlich auf jeden zu. Bewahre dir das! Aber Peter und ich wissen manchmal schon nicht mehr, wem wir noch vertrauen können und wem nicht. Selbst in der Gemeinde haben wir schon so viel erlebt. Und jedes Mal, wenn junge türkische Männer in der Gemeinde auftauchen und Interesse am christlichen Glauben haben, sind wir ein wenig skeptisch oder sogar verängstigt. Hast du mitbekommen, was vor zwei Jahren in Malatya los war?«

Ich schüttelte den Kopf und hörte gebannt weiter zu.

»Eine Gruppe junger Männer wollte mehr über die Bibel erfahren und kam regelmäßig zum Bibelstudium. Ein Deutscher und zwei türkische Christen haben sich regelmäßig mit ihnen getroffen und wurden dann von ihnen getötet. Diese jungen Männer gehörten vermutlich zu den Nationalisten.«

Mir blieb das Herz stehen. Sofort dachte ich an die drei, vier jungen Männer die zu unserer Gemeinde kamen und mit denen sich Peter und Mustafa, unser ehemaliger Mafioso aus Cinderesse, regelmäßig zum Bibellesen trafen. Einmal war ich donnerstagabends auch dabei gewesen. Aber ich hatte ehrlich gesagt eher Angst vor Mustafa, der mit seinen lautstarken Beiträgen und seinem Hämmern auf den Tisch eine völlig neue Art und Weise des Bibelstudiums vertrat.

Nach dem, was Sungjin da gerade erzählt hatte, fragte ich mich, bei wem ich vorsichtig sein müsste. »Wie gut kennt ihr denn die Jugendlichen in der Gemeinde?«, fragte ich nach.

»Nun ja, eben eigentlich gar nicht. Sie sind wie aus dem Nichts aufgetaucht. Aber weißt du, Sabine, wenn wir Angst vor den Menschen haben, dann müssen wir eigentlich unsere Koffer packen und gehen. Wir haben hier einen Auftrag von Gott, und den versuchen wir zu erfüllen, so gut es geht und so lange es eben dauert. Wir müssen vorsichtig sein, aber nicht ängstlich.«

Leichter gesagt als getan. Alleine wenn ich an den Heimweg dachte, wurde mir schon mulmig. Inzwischen war es wirklich spät und nicht nur winterlich dunkel, sondern Nacht. Ich bedankte mich überschwänglich bei den beiden. Nicht nur für das schöne Essen, die vielen Antworten auf meine seltsamen Fragen und die Einladung überhaupt. Ich war einfach von Herzen dankbar, dass es diese Familie in Gaziantep für mich gab und ich so viel von ihnen lernen durfte. Als ich meine Jacke an der Tür anzog, zog Peter seine auch an.

»Peter fährt dich natürlich nach Hause«, erklärte Sungjin. Das nahm ich diesmal dankend, ohne Einwand und heilfroh an.

Die Gefühle fuhren auch in den kommenden Monaten weiter Achterbahn. Irgendwie lebte ich hier in der Türkei zwischen einem Disneyfilm mit den herrlichsten Landschaften, Hamams wie aus Tausend und einer Nacht, dem köstlichsten Baklava und den gastfreundlichsten Menschen. Und auf der anderen Seite in einem Psycho-Thriller aus Verfolgungswahn und Verschwörungstheorien. Ein bisschen Action-Movie war auch dabei.

Der Abschied von Marlene fiel mir schwer, aber auch mit den neuangekommenen Freiwilligen konnte ich schöne Wochenenden verbringen und gemeinsam unterwegs sein. Nun gab es zwar kein Auto mehr, aber dafür reisten wir fast jedes Wochenende per Anhalter quer durch die Osttürkei nach Mardin, Urfa, Harran, Diyabakir und sogar in eine kleine Stadt namens Batman. Es waren traumhafte Landschaften und spannende Menschen, die es hier zu entdecken gab.

In Harran zum Beispiel, der Ort, an dem Abraham und Jakob eine Weile gelebt hatten, schien alles noch genauso wie vor Tausenden Jahren. Überall sah man kuppelförmige Lehmhütten, hier und da stand ein Kamel vor der Tür und es führten nur unbefestigte Sandpisten von Haus zu Haus. Plötzlich rief eine Frau mit lila Glitzerkopftuch durch die Gitter ihres Fensters: »Gel, gel, çay icelim.«

Ich verstand, dass sie mir und meinen beiden Begleiterinnen Tee anbieten wollte. Vermutlich wollte sie uns was verkaufen, auf jeden Fall würde sie Geld wollen, so dachte ich. Aber egal. Wir hatten nichts weiter zu tun und es wäre sicher spannend, eine Einheimische kennenzulernen. Also ließen wir uns darauf ein und betraten ihr Haus, ohne Schuhe verstand sich. Wir tranken Tee und sie redete wie ein Wasserfall, obwohl wir so gut wie nichts verstanden. Mit Händen und Füßen und Fotos erzählte sie uns ihre Lebensgeschichte, davon, dass ihr Mann nun eine zweite Frau hatte und nur noch sehr selten zu ihr kam. Normalerweise wohnten hier die Zweit- und Dritt- und manchmal sogar Viert-Frauen alle unter einem Dach. Aber damit war Ayshe, so hieß sie, nicht einverstanden gewesen. Und damit hatte sie das fast schlechtere Los gezogen, dass sie nun mit ihren drei Kindern so ziemlich auf sich allein gestellt war. Wir konnten es nicht fassen und waren mit ihr traurig über diesen Zustand. Am

Ende wollten wir unseren Tee bezahlen und jede von uns zog einen Fünf-Lira-Schein hervor.

Ayshe wehrte empört ab: »Das geht gar nicht. Wir sind doch Freundinnen. Außerdem könnte jeder Gast ein Engel sein. Kommt bitte bald wieder. Ich bin hier so einsam.«

Das mit den Engeln kam mir bekannt vor. In der Bibel, in Hebräer 13,2 (NLB) steht: »Vergesst nicht, Fremden Gastfreundschaft zu erweisen, denn auf diese Weise haben einige Engel beherbergt, ohne es zu merken!« Eigentlich sollte das in Deutschland, als christlichem Land, auch zu unserer Kultur gehören. Aber mir ist das in der Osttürkei wesentlich öfter begegnet. Tatsächlich besuchte ich Ayshe noch viele Male und irgendwann konnte auch ich von Herzen sagen: »Wir sind Freundinnen.«

Je wärmer es wurde, umso schöner wurde es, wie Marlene es mir prophezeit hatte. Überall blühten die Pistazienbäume und es roch herrlich in den Parks von Gaziantep. Die Menschen kamen immer mehr aus ihren Häusern, und wo man hinsah, wurde gepicknickt. Bis spät in die Nacht war Leben auf den Straßen. Viele stellten sich Plastikstühle vor die Haustür und knabberten Sonnenblumenkerne, während sie zuschauten, was sich auf der Straße zu später Stunde so alles abspielte. Alle Ecken der Stadt, die mir im Winter noch so unheimlich erschienen waren, verloren ihre Furcht einflößende Wirkung. Auch in mir selbst kehrte mehr Ruhe und Frieden ein. Ich hatte meinen Platz in BILSEM und in der Gemeinde gefunden. Ich war innerlich und äußerlich angekommen.

Je wärmer es wurde, desto näher rückte allerdings auch das Ende der sechs Monate im EFD-Haus. Das wiederum nahm mir jegliche Ruhe und Frieden. In meinem Kopf herrschte ein ziemlicher Sturm.

Täglich fragte ich mich, wie es ab Juni weitergehen sollte. Ahmed hatte anscheinend den gleichen Fehler wie bei mir mit weiteren Freiwilligen gemacht, denn Anfang Mai hing eines Morgens an der Pinnwand ein Zettel, auf dem stand: »Für alle, die länger hierbleiben wollen, als der EFD bewilligt wurde. Es ist kein Problem, wenn ihr eine Woche länger bleibt, aber mehr geht nicht. Die eine Woche ist schon ein Zugeständnis meinerseits. Ahmed.«

Das hieß also, dass Ahmed nicht unbedingt nach einer Lösung für mich suchen würde. Kurz war ich enttäuscht, aber andererseits war dieses EFD-Haus auch nicht wirklich ein Ort, an dem ich noch viel länger hätte bleiben wollen. Schon verrückt, wie ich zuvor von Deutschland aus überlegt hatte, dass ich lieber einen »sicheren« Start mit Versicherung und Taschengeld als Einstieg in die Türkei wählen sollte. Ich wusste nun, dass das nicht die Dinge sind, die echte Sicherheit geben können. Vielmehr waren es die Gemeinde und allen voran Sungjin und Peter, die mir mit ihrer elterlichen Art und ihrer prägenden Sicht auf Gott ein viel stärkeres Gefühl von Sicherheit gaben.

In der Gemeinde war zu diesem Zeitpunkt gerade richtig was los, denn eine Gruppe von zehn jungen Leuten aus Hawaii war spontan angereist. Peter rief mich an und lud mich ein: »Komm und lerne sie kennen. Das sind tolle Leute.«

Ein Pastor aus Antalya hatte Peter den Vorschlag gemacht, sie zu uns nach Gaziantep einzuladen. Sie kamen von einer Art Bibelschule auf Hawaii und machten gerade eine Tour durch die Türkei, um den Gemeinden hier und da zu helfen. In den Gemeinderäumen gab es genug Platz für sie, wenn auch nur auf dünnen Schaumstoffmatten auf dem Boden. Als ich zur Huseyinstraße kam, um sie zu treffen, konnten sie schon von ihrem ersten Wunder in Gaziantep berichten. »Es ist unglaublich. Wir haben gerade eben im Internetcafé unten an der Straße einen Jungen wieder getroffen, mit dem wir letzte Woche in Antalya Fußball gespielt haben. Er war dort bei Verwandten zu Besuch, lebt aber eigentlich in Gaziantep. Er wird heute Abend zu unserer Veranstaltung in die Gemeinde kommen und seine Freunde mitbringen. Du wirst doch da sein, Sabine, oder?«

Die jungen Leute wollten eine Woche lang tagsüber Leute in der Stadt, an der Uni und in den Parks kennenlernen und sie jeweils für abends in die Gemeinde einladen. Was sie dann genau abends vorhatten, wusste ich nicht.

An diesem ersten Abend gab es eine Abschiedsparty im EFD-Haus für einen der Freiwilligen, der seinen Dienst beendet hatte. Deshalb konnte ich erst am zweiten Abend dabei sein. Ich staunte nicht schlecht, als ich zur Gemeinde kam. Die Bude war rappelvoll mit jungen Kerlen, bei denen ich mir ziemlich sicher war, dass sie eher von den exotischen jungen Amerikanerinnen angezogen worden waren als von irgendetwas anderem. Sie sangen lauthals die amerikanischen Lobpreislieder mit und hörten brav den Geschichten und Predigten zu – und das an jedem weiteren Abend der Woche.

Auch für mich wurde die Woche zu einem geistlichen Highlight. Nicht weil die Gruppe so toll war – obwohl sie das war –, sondern vielmehr, weil ich in dieser stürmischen Phase, wo ich nicht wusste, wie es mit mir weitergehen würde und wo ich hinsollte, so hungrig nach einer Antwort von Gott war. Jeden Abend lag ich ihm während der schönen Lobpreis- und Gebetszeiten in den Ohren und bat ihn, mir Zeichen zu geben. Einen Abend hatte ein türkischer Mann, etwas älter als ich, einen inneren Eindruck für mich. Er sah, wie ich mit einer Gießkanne über eine Wiese ging und goss. Während ich weiterging, gingen hinter mir wunderschöne Blumen auf, obwohl ich es nicht mehr sehen konnte. Ein herrliches Bild! Aber was das für mich konkret bedeuten sollte, konnten weder er noch ich feststellen. Ich nahm es im Herzen fest verschlossen mit und blieb so unschlüssig wie zuvor, ob ich in der Türkei bleiben sollte oder nicht.

Doch an einem Nachmittag in dieser Woche bekam ich eine Mail, die eine klitzekleine Kehrtwende brachte. Lena, eine entferntere Freundin aus der westlichsten Stadt Deutschlands, schrieb, dass sie den Eindruck hatte, dass sie mich finanziell unterstützen sollte. Wohlbemerkt hatte ich nie zuvor nach Unterstützung gefragt und hoffentlich auch nicht den Eindruck erweckt, ich hätte das nötig. Aber sie schrieb so felsenfest überzeugt und nannte direkt die Summe von monatlich fünfzig Euro, dass ich nicht wusste, wie ich dem widersprechen konnte. Ich ließ es erst mal sacken.

Am Abend in der Gemeinde dankte ich Gott innerlich für dieses scheinbare Zeichen. Aber gleichzeitig gab ich mir selbst und auch Gott zu bedenken, dass fünfzig Euro schlussendlich nicht zum Leben reichen würden. Nach weiteren Spenden zu fragen, war nun überhaupt nicht mein Ding. Das würde ich keinesfalls tun. Gut, dass sich Gott von mir nicht so einfach kleindiskutieren ließ und mich weiter lockte. Am nächsten Morgen hatte ich schon wieder eine Nachricht von einer guten Freundin aus der östlichsten Stadt Deutschlands, also aus Görlitz, wo ich zuletzt gewohnt hatte. Und die eine Freundin kannte zu dem Zeitpunkt die andere noch nicht, es gab also keinerlei Absprachen. Nun kann man es sich schon denken. Auch sie schrieb, dass Gott ihr ans Herz gelegt hatte, mich monatlich zu unterstützen. Ich musste beim Lesen ihrer Nachricht laut lachen, und zwar über mich selbst. War ich so begriffsstutzig, dass Gott es mir doppelt sagen musste? Er wollte mich in der Türkei haben und ich sollte mir keine Gedanken über meine Versorgung machen.

Am Ende dieser tief greifenden Woche war in mir mehr Klarheit, dass ich bleiben würde, wie auch immer das aussehen sollte. Ich wollte vertrauen, dass Gott vollenden würde, was er mit mir begonnen hatte, und ich wollte anfangen, an seiner Hand vertrauensvoll mitzulaufen, anstatt auf mehr und mehr Zeichen zu warten.

Gerade da schenkte Gott mir trotzdem noch ein Zeichen oder vielmehr eine Bestätigung inklusive erweiterter Herausforderung. Peter und Sungjin hatten immer viele Besucher aus der ganzen Welt. Und so kamen, während das Team aus Hawaii da war, auch noch zwei amerikanische Familien von Zypern zu Besuch. Deshalb veranstalteten Peter und Sungjin bei sich zu Hause ein großes Abendessen für alle ausländischen Gäste, aber auch für alle Gemeindemitglieder. Die Wohnung war rappelvoll.

Plötzlich kam Peter zu mir und sagte: »Unsere Freunde aus Zypern haben dich gesehen und haben den Eindruck, dass sie für dich beten sollen. Kannst du kurz mitkommen?«

Wir gingen in eines der Kinderzimmer und die beiden Männer legten umgehend ihre Hände auf meinen Kopf und fingen an zu beten. Mir wurde schwindelig. Es war die gleiche Art Sturm in mir, wie ich ihn schon seit Wochen täglich verspürte. Dann wurde es ruhig und einer der beiden sagte: »Gott will dich hier in der Türkei haben. Du bist am richtigen Platz. Aber es wird nur für eine kurze Zeit sein. Dann will er dich auf ein neues Gleis setzen. Er wird dir ein Team zur Seite stellen und du wirst in den angrenzenden Ländern unterwegs sein.«

Ich war sehr berührt davon, dass sie aus dieser Masse von Menschen an dem Abend in Peters Wohnung ausgerechnet für mich hatten beten wollen. Und wie sie mir zusagten, dass ich in Gaziantep am richtigen Platz sei, ohne irgendetwas von mir zu wissen, war beeindruckend. Aber das mit den angrenzenden Ländern fand ich schon ein wenig übertrieben. Ich konnte gerade mal einigermaßen Türkisch. Für angrenzende Länder bräuchte ich ja noch Arabisch und Persisch! Nein, das schien mir unmöglich. Aber ich bewahrte ihre Worte in meinem Herzen und ließ mich nun noch mehr auf den Gedanken ein, tatsächlich in Gaziantep zu bleiben – wie auch immer das aussehen sollte.

Die Gruppe aus Hawaii und auch die beiden Familien von Zypern reisten weiter. Ich war gespannt, wie es jetzt mit den vielen jungen türkischen Männern, die die hawaiianische Gruppe »angeschleppt« hatte, weitergehen würde. Peter fragte mich, ob ich nicht ab sofort bei der Jugendgruppe donnerstagabends mitarbeiten und vielleicht auch mal ein Thema vorbereiten könnte. Ich dachte, dass er vielleicht die Hoffnung hatte, dass es einige der Jugendlichen weiter in der Gemeinde halten könnte, wenn wenigstens noch eine Ausländerin dabei wäre, wobei ich wesentlich älter und deutscher war als die hübschen Amerikanerinnen. Trotzdem sagte ich zu. Allein schon Peter zuliebe.

Am ersten Donnerstag nach dieser besonderen Woche kamen tatsächlich sechs der jungen türkischen Männer wieder. Sie waren zwischen siebzehn und zwanzig Jahren jung, einer war tätowiert und hatte wuschelige Haare, die anderen kamen eher schick im Hemd. Ich öffnete ihnen freudestrahlend die Tür zu den Gemeinderäumen und warnte sie in der Küche noch vor, dass sie keine Angst vor unserem Mustafa Opa zu haben brauchten. Das war auch gut so, denn an diesem Abend gab Mustafa wirklich alles, um die Jugendlichen auf Mark und Bein zu prüfen. Er schrie, sprang auf, haute mit beiden Fäusten auf die aufgestellten Plastikklapptische, sodass alle Teegläser umflogen, während er vom »Wahren Leben als Christ« erzählte. Bei jedem Ausholen hielten die Jugendlichen ihre Teegläser erneut fest und guckten mich mit weit aufgerissenen Augen an. Diese Szene blieb uns allen noch lange in Erinnerung.

Mustafa sagte auf dem Heimweg im Auto zu Peter und mir: »Das war wichtig heute Abend. Wenn sie trotzdem wiederkommen, dann sind sie ehrlich.« Gleich am Sonntag darauf kam einer der Jungs mit einem tief bläulich-lila Auge wieder. Er erzählte, wie er am Donnerstagabend von der Jugendgruppe nach Hause gegangen war und sein Onkel ihn bereits vor dem Gebäude der Gemeinderäume abgefangen und ihm eine deftige Ohrfeige verpasst hatte. Inzwischen hatte sich in der Nachbarschaft herumgesprochen, dass sich dort Christen trafen, und dem Onkel gefiel es gar nicht, seinen Neffen aus dieser Tür spazieren zu sehen. Mustafa klopfte ihm anerkennend auf die Schulter und sagte: »Du bist ein Mann.« Ein schüchternes Lächeln huschte über das Gesicht des Jugendlichen, der Orhan hieß.

Anfangs konnte ich mir die vielen türkischen Namen nicht so gut merken. Aber als Orhan, sein Bruder Serkan sowie Deniz, Mustafa, Hüseyin und Mert immer wieder kamen, waren sie mir schnell vertraut.

Sungjin und Peter freuten sich, dass ich zu den Jungs einen guten Draht hatte, und so fragten sie mich eines Abends in ihrer Küche am runden Holztisch: »Sabine, könntest du dir vorstellen, hier in Gaziantep zu bleiben, wenn dein EFD zu Ende ist, um ein Jugendzentrum zu eröffnen?«

Wow, was für eine Frage! Natürlich konnte ich mir das vorstellen. Nichts lieber als das! Mir war nur nicht klar, wie so etwas möglich sein könnte.

»Wir würden mitmachen«, erklärten Peter und Sungjin strahlend. »Wir träumen schon lange davon, aber haben damit überhaupt keine Erfahrung. Du schon.«

Sie boten mir an, dass ich erst mal bei ihnen einziehen könnte, wenn ich aus dem EFD-Haus rausmusste. Im Sommer würden sie sowieso für drei Monate außer Landes sein und ich könnte dann einfach in ihrer Wohnung wohnen. Vielleicht würde sich ja in der

Zwischenzeit schon ein Ort auftun, wo wir das Jugendzentrum starten könnten. Und dann könnte ich dort direkt mit einziehen.

Das klang alles sehr traumhaft und machte mich richtig froh. Auch wenn der Plan, ein Jugendzentrum zu eröffnen, noch in unerreichbarer Ferne zu sein schien, so gab es doch wenigstens endlich ein Ziel. Und noch dazu ein gemeinsames mit Peter und Sungjin.

Nun konnte ich mit einer neuen Leichtigkeit durch diesen Sommer gehen.

4

Ein zweiter Anfang und ein zweites Ende

Am Ende meiner EFD-Zeit Anfang Juni 2012 ging ich voller Feuereifer ans Werk, um mich auf das vorzubereiten, was kommen sollte. Peters und Sungjins Wohnung war dafür bestens geeignet, zumal sie sogar eine Klimaanlage besaßen. Das war für mich richtiggehend Wellness bei einer unerträglichen Sommerhitze von über vierzig, teils sogar fast fünfzig Grad. Es war überhaupt ein völlig neues Lebensgefühl, außerhalb des EFD-Hauses zu wohnen. Ich wollte die Zeit nutzen, um mehr Türkisch zu lernen. Mein Türkisch war zwar ganz okay, aber definitiv ausbaufähig. Besonders wenn ich jetzt etliche Behördengänge und Verhandlungen mit Vermietern vor mir haben würde, wollte ich gewappnet sein. Daher büffelte ich vormittags nach dem Frühstücken, Joggen und Beten einige Stunden türkische Vokabeln.

Der Direktor von BILSEM und einer weiteren Grundschule in der Nähe baten mich, nach den Sommerferien auch ohne EFD wiederzukommen und weiter Freizeitangebote und Englischunterricht bei ihnen zu gestalten. Diese offene Tür wollte ich sehr gerne nutzen. Ich hatte zudem das Gefühl, es wäre gut, in der Nähe dieser beiden

Schulen Ausschau nach einem geeigneten Ort für ein Jugendzentrum zu halten.

Direkt hinter der Hofmauer der BILSEM-Schule hatte ich ein kleines, aber nettes leer stehendes Geschäft entdeckt, das sich als Café eignete. Früher war es eine Apotheke gewesen. Vorne gab es eineinhalb Ladenräume, durch einen Durchgang kam man in eine Küche, ein Bad und ein weiteres Zimmer. Als ich davorstand und das Gebäude betrachtete, kamen drei Jugendliche, die ich aus der Schule kannte, Küpra, Batuhan und Emir, dazu. Der Apotheker der Apotheke nebenan gesellte sich auch dazu. In der Osttürkei befinden sich oft viele Apotheken oder überhaupt Geschäfte der gleichen Art in einer Straße, nach dem Motto: Konkurrenz belebt das Geschäft.

Der Apotheker merkte schnell, dass ich Deutsche bin. Aufgrund seiner Verwandtschaft in Deutschland, die bis zum Vortag noch zu Besuch in Gaziantep gewesen war, hatten wir gleich Anknüpfungspunkte. Dann ging es um das Café. Er erklärte, den Laden könne ich vergessen. Schon seit drei Jahren würden Leute versuchen, ihn zu mieten, aber es gäbe dafür zu hohe Auflagen von der Stadt wegen der angrenzenden Schulen. Ich versuchte, ihm zu erklären, dass das in meinem Fall geradezu perfekt passen würde, weil ich an ein Jugendcafé gedacht hatte und in der BILSEM-Schule und der gegenüberliegenden Grundschule arbeitete.

Er antwortete: »Ein Café? Das ist verboten in der Nähe von Schulen.«

Ich erklärte: »Nein, nicht ein Café in dem Sinne. Eher ein Ort zum Spielen.«

Er: »Spielen? Nein, das ist verboten in der Nähe von Schulen.«

Der Apotheker dachte sicher an die vielen Cafés, in denen türkische Männer Tag und Nacht sitzen und um Geld Karten spielen. Als ich ihm erklärte, was ich zuvor in Deutschland gemacht hatte und wie das genau aussehen könnte und dass ich mit der Schule zusammenarbeiten wollte und schon mit dem Direktor »Harun Bey« gesprochen hatte, fingen seine Augen plötzlich an zu leuchten und er meinte: »Ein Hobby-Zentrum also?!«

Ja, nennen wir es doch Hobby-Zentrum.

Er meinte, er hätte von so was schon gehört. In Deutschland gäbe es ja viele davon und die Kinder seiner Verwandten würden auch zu so was gehen. Er holte gleich die Fotos seiner eigenen Kinder aus seinem Portemonnaie und zeigte sie mir stolz. Dann erklärte er, dass er mit »Harun Bey« befreundet sei und wir uns doch am Montag mal alle zusammensetzen könnten, weil doch der Direktor auch mit der Bürgermeisterin befreundet sei und so weiter und so fort. Das klang vielversprechend, auch wenn der Apotheker trotzdem wenig Hoffnung für mich hatte, dass ich in dem Laden etwas Derartiges machen könnte. Ich trank mit ihm und seiner Frau noch einen Tee in ihrer Apotheke und verabschiedete mich bis Montag.

Ich freute mich, denn ich hatte mich bereits richtig in die Räume und die Idee verliebt... zum Wohnen, zum Arbeiten, direkt an der Schule und am Parkstreifen der Stadt und genau zwischen allen Freunden und Kindern, die in diesem Stadtteil wohnten. Es wäre absolut perfekt!

Am Montag ging Harun Bey, also der BILSEM-Direktor, gleich in der Mittagspause mit mir zu dem Laden und meinte sehr wohlwollend: »Für den Preis finden wir noch was Größeres. Hier passen doch die vielen Kinder und Jugendlichen, die zu dir strömen werden, gar nicht rein.«

Ich dachte, er wolle mich nur vertrösten und mir wie einem kleinen Kind ein bisschen gut zureden. Aber er sollte recht behalten. Nur eine Straße weiter, direkt an der Hauptverkehrsstraße »Orducadessi«

zwischen Universität und Innenstadt, gab es eine freie Wohnung. Sie war wesentlich größer und zugleich wesentlich günstiger und eignete sich bestens für ein Jugendzentrum. Sie hatte drei große Räume mit Zugängen zu zwei großen Balkons, ein türkisches Bad mit einer steinernen Waschschüssel und einem Wasserhahn, eine Küche mit einem besonderen Schrank oben unter der Decke, der wie ein eigenes Zimmerchen in luftiger Höhe war, eine zusätzliche Abstellkammer, einen Eingangsbereich und natürlich, nicht zu vergessen, eine türkische Toilette, also ein Loch im Boden. Die Wohnung war so groß, dass ich gut darin leben und dort gleichzeitig ein Jugendcafé einrichten konnte. Sonst wohnte im Haus niemand, es waren alles Büroräume, ein Tanzstudio, eine Tierarztpraxis oder einfach Leerstand, sodass wir keine Rücksicht auf Nachbarn nehmen mussten. Und direkt vor dem Haus gab es eine Bushaltestelle, jeder konnte einfach kommen und gehen, auch wenn er nicht in dem Stadtteil wohnte.

»Das Gebäude ist in den Sechzigerjahren gebaut worden und hat eine richtig massive Bausubstanz«, sagte man mir in der Stadtverwaltung. Das war ja eine nette Information, aber eigentlich wollte ich gern wissen, was ich tun musste, wenn ich ein Jugendzentrum eröffnen wollte. Man führte mich daraufhin direkt zum Chef und holte noch ein paar junge Assistenten dazu, die mehr oder weniger Englisch konnten. Ich erklärte, dass ich gerne ein Zentrum für Jugendliche eröffnen wollte, in dem man verschiedenen Hobbys nachgehen, Englisch lernen, gemeinsam kochen und Freunde finden kann.

»Das ist neu«, bemerkte der äußerst wichtig erscheinende Mann hinter seinem breiten Schreibtisch, und wühlte weiter in einer Akte herum. Dann fand er einen Bauplan mit genau dem Gebäude, in dem die Wohnung war, die ich mieten wollte. »Also so eine Idee wie du hatte bisher noch niemand. Aber in diesem Gebäude, das du gerade nanntest, kann das gut funktionieren. Jedenfalls ist es erdbebensicher gebaut.«

»Und würden Sie mir dann eine schriftliche Genehmigung dafür ausstellen?«, fragte ich vorsichtig.

»Man braucht hier keine Genehmigungen. Die Idee ist gut. Fang einfach mal an. Und gib den beiden jungen Leuten hier gleich deine Handynummer. Die können dann auch kommen und ein bisschen besser Englisch lernen«, grinste er und schloss seine Akte mit den Bauplänen wieder.

Nach einigen Verhandlungen mit dem 24-jährigen Besitzer bekamen wir tatsächlich den Zuschlag für diese wunderbare Wohnung. Sungjin und Peter unterschrieben mit mir gemeinsam feierlich den Mietvertrag. Erst jetzt wurde uns klar, wie viel Arbeit noch investiert werden musste, bis diese Wohnung bezugsfertig wäre. Es gab keine Heizung und die Fenster waren so alt und zugig, dass es nur Sinn hatte, eine Heizung einzubauen, wenn man auch alle Fenster und Balkontüren erneuerte. Das klang erst mal nach einem sehr teuren Vorhaben und der Vermieter war nicht bereit, sich daran zu beteiligen. Er bot jedoch an, dass er dafür für mindestens zwei Jahre eine sehr günstige Miete verlangen würde.

Peter und Sungjin waren bereit, einen großen Anteil der Kosten zu übernehmen, aber den Rest musste ich selbst beisteuern. Nun war es also so weit mit dem vollständigen Loslassen. Ich flog für eine kurze Zeit nach Deutschland zurück und verkaufte mein Auto und meine Waschmaschine. Mein Kühlschrank war bei den vielen Aus- und Einzügen in meinem ehemaligen WG-Haus in Görlitz auf mysteriöse Art und Weise verschwunden. Egal. Mit etwas mehr als 4 000 Euro in der Tasche kam ich voller Tatendrang zurück nach Gaziantep. Die Renovierungsarbeiten konnten beginnen. Natürlich musste das Geld auch fürs Leben reichen. Wenigstens für ein Jahr, so dachte ich mir.

Als Nächstes hieß es, auf die Bauarbeiter warten. Eine ganze Woche passierte nichts, trotz mehrfacher Bestätigung des Vermieters, dass sie »heute« kommen würden. Tja, wann auch immer »heute« sein sollte. Kein Arbeiter kreuzte auf und ich verschwendete meine Zeit mit Warten. Dann berief ich ein Treffen mit siebzehn Jugendlichen, die gerne Mitarbeiter des Jugendcafés werden wollten, für Samstag vierzehn Uhr in den noch völlig rohen Räumen ein. Sie sollten schon mal den Ort sehen, Ideen spinnen und sich gegenseitig kennenlernen. Pünktlich um vierzehn Uhr kam nur einer von den Jugendlichen, dafür aber eine Horde Bauarbeiter, die doch tatsächlich gleich anfingen, alle Böden für die Gasleitungen aufzureißen. Es war ein Staub und ein Lärm, bei dem man sich nun wirklich nicht nebenbei mit siebzehn Leuten hätte unterhalten können.

Der Rest der Jugend kam gegen 15:30 Uhr. Wegen der unmöglichen Situation vor Ort verzogen wir uns in den Park und schmiedeten dort fleißig unsere Pläne. Als ich später meinen extra für das zukünftige Mitarbeiterteam gebackenen Apfelkuchen auspackte, standen gleich einige Kinder parat, die mich vom Schulhof kannten. Erfreut erlebte ich mit, wie das zukünftige Mitarbeiterteam alle besprochenen Vorsätze anwandte, die jungen Leute gaben den Kindern was vom Kuchen ab, kümmerten sich rührend um sie und spielten mit ihnen Fußball.

Die angehenden Mitarbeiter waren Jugendliche aus der Gemeinde und ein paar der neuen EFDler, die von meinem Vorhaben wussten. Sie gingen alle mit großer Motivation ans Werk, um das Jugendzentrum zu gestalten, nachdem die Handwerker mit den Fenstern und der Heizung fertig waren. Es halfen so viele mit, dass ich richtig gerührt war. Viele strichen zum ersten Mal, benutzten zum ersten Mal eine Bohrmaschine, wechselten zum ersten Mal eine Glühbirne oder hielten sogar zum ersten Mal einen Putzlappen in der Hand.

Wir hatten echt viel Spaß zusammen und genossen es, gemeinsam beim täglichen Spachteln, Streichen, Putzen und Essen zuzusehen, wie die Räume langsam Gestalt annahmen. Sogar der Stoffverkäufer vom alten Markt, bei dem ich immer mal wieder Hosen hatte nähen lassen, kam, um die Fenster der 150 Quadratmeter großen Wohnung auszumessen, und nähte uns für sehr kleines Geld Vorhänge aus kunterbuntem Stoff.

Es war ein tolles Gefühl, bereits so viele Menschen in der Stadt zu kennen und von so vielen Seiten Unterstützung zu erfahren. Nach wie vor durfte ich bei Peter und Sungjin wohnen, auch wenn sie längst aus Amerika zurück waren. Ich fühlte mich bei ihnen gut aufgehoben. Wir quatschten oft bis tief in die Nacht hinein und spannen Ideen für das Jugendcafé.

Nebenbei musste ich mich mit Behörden herumschlagen. Zuerst, um eine Steuernummer zu bekommen. Die brauchte ich, um die Adresse in meiner Aufenthaltsgenehmigung ändern zu lassen. Die Adressänderung stand sowieso an, da ich ja längst nicht mehr im EFD-Haus wohnte. Und ohne die Adresse des Jugendzentrums in meinem Aufenthaltsbüchlein hätte ich auch kein Wasser, keinen Strom und kein Gas bekommen können. Außerdem musste ich ein Bankkonto eröffnen. Ich hätte mir vorher nicht vorstellen können, wie chaotisch und langwierig das werden würde. Der Papierkram dauerte zwei Wochen. Überall gab es ewige Wartezeiten. Oft musste ich zur Mittagspause das jeweilige Gebäude wieder verlassen und nach vierzehn Uhr wiederkommen, um weiter zu warten. Und mehrere Male, wenn ich kurz davor war, endlich dranzukommen, fiel der Strom in den Behörden und ja, sogar in der Bank, aus.

»Tja, da können wir heute leider nichts mehr machen. Ohne Strom funktioniert unser System nicht. Kommen Sie ein anderes Mal wieder«, musste ich mir mehr als einmal anhören. Irgendwann war ich völlig fertig und den Tränen nahe. Ich erklärte, dass ich dann wohl im Winter würde frieren müssen, da ich ohne Adressänderung und Bankkonto kein Gas bekommen würde. Daraufhin nahm sich dann plötzlich ein Angestellter der Bank meiner an und es lief schlussendlich doch.

Ähnlich erging es mir mit den Schulen. Nachdem mir der Direktor von BILSEM ja sogar bei der Wohnungssuche geholfen hatte, wollte ich pünktlich zum Schulbeginn nach den Sommerferien pflichtbewusst meinen ehrenamtlichen Dienst antreten. Eigentlich sollte die Schule am ersten September offiziell starten. Aber in den dreimonatigen Ferien war es scheinbar nicht gelungen, alle nötigen Vorbereitungen dafür zu treffen. Es gab noch keine Stundenpläne und keine Schülerlisten. Also hieß es: »Es geht erst nächste Woche los.«

In der kommenden Woche stellte man aber fest, dass es nur zwei Lehrer gab. Also hieß es wieder: »Es geht erst nächste Woche los.«

So rannte ich vergebens mehr als drei Wochen immer wieder zur Schule und traf dabei Schüler, denen es genauso ging und die es ebenfalls kaum erwarten konnten, dass die Langeweile der ewig andauernden Ferien endlich ein Ende nahm. Bloß gut, dass in der letzten Septemberwoche der Unterricht tatsächlich endlich wieder startete und damit auch all meine Pausenhofaktivitäten.

Nur wenige Wochen darauf, und noch bevor wir mit allen Renovierungsarbeiten im Jugendcafé fertig waren, kamen Anfang Oktober zwei tolle Straßenkünstler aus England und Polen, die ich in Deutschland auf einem christlichen Festival kennengelernt hatte. Sie waren ohnehin gerade auf ihrer Europa-Tournee in Istanbul und boten spontan an, mich in Gaziantep zu besuchen und in den beiden Schulen, in denen ich ehrenamtlich arbeitete, Workshops zu geben. Die beiden Direktoren waren sofort einverstanden und begeistert.

Einen Tag fuhren wir auch ins Flüchtlingslager nach Kilis, direkt am Grenzübergang nach Syrien. Es war ein echtes Wunder, dass wir mit Auto und Feuerequipment ins Camp durften, denn eigentlich kam dort sonst keiner so einfach rein. Daher war ich vorab schon mal einen Tag im Lager gewesen, um mich dem Direktor vorzustellen und um Erlaubnis für diesen Tag mit den Feuerkünstlern zu bitten. Seine Offenheit dafür war nicht selbstverständlich.

Wir gaben im Camp von früh bis mitten in die Nacht hinein Workshops, spielten mit den Kindern und sangen mit ihnen fröhliche Kinderlieder. Was mit Protesten im Süden Syriens 2011 begonnen hatte, war mittlerweile in einen landesweiten Krieg ausgeartet. Selbst in Aleppo, im Norden Syriens und nur circa hundert Kilometer von Gaziantep entfernt, gab es Kriegshandlungen und dementsprechend einige Flüchtlingslager entlang der Grenze auf türkischem Gebiet. Es ging zu Herzen, was die Kinder uns an diesem Tag im Camp in Kilis aus ihrem Leben und von der Flucht erzählten. Ein zwölfjähriger Junge konnte fließend Englisch und übersetzte. Die Kinder sprachen darüber, wie die Bomben in Aleppo gefallen waren. Etliche hatten Familienangehörige verloren. Alle waren geflohen, ohne irgendetwas mitnehmen zu können. Und nun waren sie in diesem Camp.

Ein Blick auf ihre Füße sagte mir alles. Die nackten, schmutzigen Füße steckten in abgenutzten, teils eingerissenen Plastiklatschen. Keines der Kinder hatte feste Schuhe, obwohl es bis zum Winter nicht mehr lange hin war.

Abends machten wir eine riesige Feuershow, die zuvor durch die Lautsprecher der Moschee angekündigt wurde. Sogar der Bürgermeister der Stadt kam mit seiner fetten Limousine und bekam als einziger der 2 000 Zuschauer einen Sitzplatz mit Tischchen und Getränk. Bevor die Show losging, riefen alle 2 000 Leute im Chor »Allahu akbar«, also »Gott ist größer« auf Arabisch, und das bestimmt zehnmal hintereinander. Es war zunächst ein wenig beängstigend, aber irgendwie war der Gedanke schön, dass sie es als ein Geschenk Gottes empfanden, dass wir zu ihnen ins Camp gekommen waren.

Nach diesem grandiosen Tag, wo selbst der Bürgermeister erst mitten in der Nacht ganz begeistert das sonst eher ungemütliche Camp verlassen hatte, standen mir hier sicher für die Zukunft alle Türen offen. So dachte ich.

Am nächsten Tag, es war ein Samstag, sollte es in Gaziantep auf dem Schulhof, der zwischen BILSEM und der anderen Grundschule lag, eine weitere Feuershow geben, und zwar mit den Kindern der beiden Schulen, denen wir die Woche über Workshops gegeben hatten. Mit den Direktoren war alles geplant und besprochen. Die Kinder hatten die ganze Woche für die Show geübt und durften ihre Eltern und Freunde zu der Veranstaltung einladen.

Doch am frühen Samstagmorgen rief der Direktor von BILSEM an und sagte: »Es tut mir leid, Sabine. Es kann heute keine Show geben. Wir haben gestern schon über die Lautsprecher auf dem Schulhof allen Kindern Bescheid gegeben, dass es ausfällt. Wir haben vergessen, die Erlaubnis von der Stadt dafür einzuholen.«

Was für eine Enttäuschung, vor allem für die Kinder! Ich rang bis zur letzten Minute mit mir, was ich machen sollte: »Sollen wir die Show trotzdem im nahe gelegenen Park machen und riskieren, dass die Polizei kommt? Oder alles sein lassen und einfach mit den beiden Künstlern ein wenig Sightseeing machen?«

Wir entschieden uns schließlich, zur festgelegten Zeit um achtzehn Uhr zum Schulhof zu gehen und zu gucken, ob trotz der offiziellen Absage doch jemand gekommen war. Als wir zu Fuß und mit dem Equipment bepackt in die Straße der Schule einbogen, sahen wir, dass der Schulhof voller Kinder und Eltern war, die auf uns warteten. Ich erklärte noch einmal die Lage und alle Eltern waren sich einig: »Wir gehen in den Park!«

Im Park wurden es mehr und mehr Leute. Gesetzlich war es verboten, solche Massenansammlungen von Menschen zu provozieren. Deshalb war ich schon ein bisschen aufgeregt, schließlich trug ich die Verantwortung. Aber die Kids waren so froh, ihren Eltern zeigen zu können, was sie gelernt hatten. Die Applauswellen schallten durch den Park. Zum Schluss, als es schon richtig dunkel war, gab es die gigantische Feuershow der beiden Profis, natürlich mit der passenden lauten Musik dazu, die durch den Lautsprecher kam, den die beiden auf ihrer Tour immer dabei hatten.

Mitten in der Show hörte ich völlig überrascht die Gebetsrufe von der Moschee. Ich flitzte sofort zum Lautsprecher und drehte die Musik komplett runter, noch während die beiden tanzten. Das sollte man aus Respekt tun, so viel hatte ich schon gelernt. Meine Künstlerfreunde waren etwas verwundert, aber sie ließen sich nicht irritieren und machten ohne Musik mit ihrer Choreografie weiter.

Später sah ich, dass die Polizei längst gekommen war und hinter der Meute von Eltern über die vielen Köpfe lugte. Sie waren anscheinend fasziniert von der Show und hatten ja auch gesehen, dass wir respektvoll mit ihrer Kultur umgingen und alles friedlich verlief, sodass sie uns nicht am Weitermachen hinderten.

Am Ende kündigte ich noch einmal offiziell die Eröffnung des Jugendcafés an und lud alle herzlich dazu ein. Nicht nur alle Eltern der beteiligten Schülerinnen und Schüler wollten wissen, wie und wo und wann es mit dem Jugendcafé losgehen würde. Auch die Polizisten kamen und sagten, sie hätten auch Kinder – ob die ebenfalls kommen dürften?

Ich war sehr dankbar, dass wir so einen tollen Abend mit den mir ohnehin schon lieb gewonnenen Kindern und deren Eltern haben durften und dazu noch viele weitere Menschen zum Jugendcafé einladen konnten.

Die Eröffnungsfeier am 19.11.2012 rückte immer näher und wir überlegten, wie wir den Ort denn nun eigentlich nennen wollten und wie ein Schild aussehen könte, das wir vorne am Balkon zur Ordustraße hin anbringen wollten. Es war noch einiges vorzubereiten und fertigzustellen.

Ich selbst hatte inzwischen mein Zimmer in den Räumen des noch unbelebten Jugendcafés bezogen und gestaltete es nach Herzenslust. Dabei dachte ich: »Hier wird mir keiner mehr so einfach sagen können, dass ich innerhalb weniger Stunden ausziehen muss.«

Nach allen letzten Vorbereitungen war es endlich so weit. Es gab erst mal eine kleine Mitarbeiterdankesfeier für all die fleißigen Helfer, dann kam der offizielle Auftakt, zu dem alle eingeladen waren. Ich war erstaunt, wie viele Leute bereits am Tag der Eröffnung kamen und besonders auch, wie bunt durchmischt das Völkchen war, das sich in den neuen Räumen einfand. Natürlich kamen die Jugendlichen der Gemeinde, samt Mustafa Opa und einigen anderen Gemeindemitgliedern. Aber es folgten auch etliche Lehrkräfte der BILSEM-Schule sowie manche Kinder und deren Eltern der Einladung. Der Vermieter kam ebenfalls und brachte einige Freunde mit. Selbst die netten Assistenten aus der Stadtverwaltung waren dabei.

Es war ein fröhliches Gewühle zwischen Essen, Musik, einer kleinen Rede meinerseits und ein paar Vorher-nachher-Fotos von der Entstehung des Jugendzentrums, die wir mit dem Videobeamer der Gemeinde an ein weißes Bettlaken projizierten, denn die Wände waren auf Wunsch der Jugendlichen alle pistaziengrün gestrichen.

Getauft wurde das Jugendcafé auf den witzigen und sehr untürkischen Namen »FLITZPIEPE«. Ich hatte den Jugendlichen der Gemeinde so oft von meiner früheren Arbeit in Kodersdorf und dem dortigen Schülerklub namens Flitzpiepe erzählt, dass sie diesen Namen einfach auch für ihr Jugendzentrum in Gaziantep haben wollten. Mir sollte es recht sein. Der Name klang im Türkischen unverfänglich, machte vielleicht neugierig und für mich war er wie eine Brücke in mein altes Leben.

Der Auftakt der Flitzpiepe war gigantisch und genau so sollte es auch weitergehen. Täglich waren die Räume für verschiedene Angebote gut gefüllt. Sungjin gab Koreanischunterricht, ein türkischer Jugendlicher organisierte einen Theater-Workshop für Kinder, ein anderer türkischer junger Mann, der fließend Englisch sprach, gab Englischunterricht und einige afrikanische Studenten aus der Gemeinde boten einen »English Singing Club« an. Ich sorgte immer für das Drumherum und die Zutaten für das Essen am Abend.

Oft saßen wir mit den türkischen Jugendlichen aus der Gemeinde noch bis spät in die Nacht zusammen und führten spannende Gespräche. Manchmal ging es um Situationen vom Tag in der Flitzpiepe oder um Erlebnisse in der Gemeinde. Manchmal ging es um ihre berufliche Situation, Freundschaften oder familiäre Probleme. Manchmal ging es aber auch um den Glauben, um ein Leben mit Jesus oder darum, wer der Heilige Geist eigentlich ist. Es war genial, diesen Ort zu haben, wo wir Leben teilen und gemeinsam tatkräftig an einem Strang ziehen konnten. Hier konnte jeder seinen Platz finden. Auch ich.

Alles lief perfekt, ja geradezu ungewöhnlich harmonisch. Vormittags arbeitete ich in der BILSEM-Schule, zweimal pro Woche gab ich Englischunterricht in der Grundschule nebenan. Am Nachmittag und Abend war ich zu Hause im Jugendzentrum und jeder konnte kommen.

Dann, aus dem Nichts heraus, sagten mir die Kinder aus der Grundschule gegenüber von BILSEM plötzlich, dass ich nicht mehr zu ihnen ins Gebäude kommen dürfte. Das konnte doch nicht wahr sein!

Ich ging hin und fragte beim Schulleiter nach. Der bestätigte dies und meinte, es sei eine allgemeine Verordnung, dass Schulfremde nicht mehr kommen dürften. Natürlich stimmte mich das sehr traurig, aber immerhin konnte ich die Kinder dieser Schule noch auf dem Pausenhof der BILSEM-Schule treffen.

Leider dauerte es jedoch nicht lange und das Gleiche passierte auch dort. Harun Bey, der Direktor, bat mich in sein Zimmer und erzählte mir sehr ehrlich, dass die Polizei bei ihm gewesen war und ihn vor mir gewarnt hatte. Er dürfe mich leider nicht länger das Schulgelände betreten lassen. Was für ein Schock! Was sollte die Polizei gegen mich haben? Das verstand der Schulleiter selbst nicht. Aber er vermutete, dass ich mit den falschen Leuten zu tun haben könnte – jedenfalls aus Sicht der Polizei. Er bedauerte es sehr, mich wegschicken zu müssen, aber er versprach, dass wir in Kontakt bleiben würden.

Ich versuchte, die Fassung zu wahren und mich freundlich von allen Lehrkräften und Kindern zu verabschieden, bevor ich das Schulgelände mit einem Kloß im Hals verließ.

Als ich im Jugendzentrum die Tür hinter mir zuschlug und mich auf mein Bett schmiss, brach ich in Tränen aus und rief: »Gott, warum schließt sich diese Tür? Was sollen die Kinder denken, wenn ich nun nie wieder zu ihnen komme?« Im Laufe der Zeit hatten wir doch schon so tiefe Beziehungen zueinander aufgebaut!

Ich hatte das Gefühl, nun sei alles vorbei, und fiel die kommenden Tage in ein tiefes Loch. Was sollte ich jetzt mit der vielen freien Zeit anfangen?

Nach einigen Tagen gewöhnte ich mich aber daran, vormittags komplett frei zu haben. Ich fing wieder an, in nahe gelegenen Parks zu joggen, und wollte mich intensiver mit dem Alten Testament der Bibel beschäftigen. Eigentlich war es doch auch ein echter Luxus, so viel freie Zeit dafür zu haben!

Eines Morgens klingelte es an der Tür. Durch meinen Türspion konnte ich erkennen, dass drei fremde Männer davorstanden. Ich öffnete zunächst nur einen Spalt und fragte, wer sie seien. Das wollten sie mir allerdings lieber in der Wohnung erklären, auch in meinem Interesse, wie sie meinten. Ein kalter Schauer lief mir über den Rücken. Es wurde noch unheimlicher. Ich bat sie herein und ließ sie auf Sitzkissen rund um einen niedrigen, kreisförmigen Klapptisch Platz nehmen. Sie sagten mir einige Dinge, die ich in den letzten Wochen und Monaten so gemacht hatte, wer bei mir gewesen war, wo ich mit wem unterwegs gewesen war und mit welchem Auto ich wohin gefahren war. Sie meinten, sie seien immer direkt hinter mir. Schluck.

»Und wer sind Sie?«, fragte ich, innerlich eingeschüchtert, aber nach außen bestimmt und fordernd. »Wir sind von der Polizei, Terror-Department. Wir sind hier, um dich zu beschützen. Unser Problem ist, dass es um dich herum langsam unübersichtlich wird. Zu viele Leute gehen im Jugendcafé ein und aus.«

Sie verlangten von mir, eine Liste zu erstellen, mit allen Namen und Telefonnummern der Jugendlichen, die zur Flitzpiepe kamen, und ihnen diese bis Ende des Monats zu geben. Aber ich sollte keinem davon erzählen, sonst würde ihre »Bodyguard Funktion« unwirksam. Sie befürchteten, dass auch böse Leute ins Jugendzentrum kommen könnten, weil es in Gaziantep viele fundamentalistische Islamisten gab.

Ich fragte nach, warum sie zu meinen Freunden und zu Schulen gegangen waren und sie vor mir gewarnt hatten, wenn es nur zu meinem Schutz sei. Doch das stritten sie ab. Dann fragten sie, warum ich ihnen keinen Tee anbieten würde, und schickten mich somit quasi in die Küche. Immerhin konnte ich dort mal kurz durchschnaufen und ein Stoßgebet zum Himmel schicken. Ich war dankbar, dass sie mit keinem Wort in Erwägung zogen, dass ich den Laden dichtmachen und das Jugendcafé schließen musste. Auch wenn es mit Sicherheit nicht nur um meinen Schutz, sondern vor allem um Kontrolle ging und darum, Leute vor mir zu beschützen, so wollte ich ihnen trotzdem möglichst freundlich und in Liebe begegnen. Ich servierte ihnen daher den Tee und ein paar Kekse dazu und wir hatten noch ein wenig Small-Talk, bevor sie wieder gingen.

Dieser Morgen rüttelte mich in vielerlei Hinsicht wach. Auch im Flüchtlingscamp in Kilis sagte mir der Direktor am Telefon, dass ich leider aufgrund neuer Regelungen nicht mehr kommen könnte. Nun verstand ich, warum. Vor allem wurde mir aber klar, dass ich noch viel öfter um Gebetsunterstützung aus Deutschland bitten musste. Wie sonst hätte ich mit all dem umgehen können? Es erforderte wirklich viel Weisheit, und die hatte ich nicht aus mir selbst heraus.

Natürlich schaffte ich es nicht, den unheimlichen Besuch zu verschweigen, sondern erzählte so ziemlich jedem davon. Die Listen mit den Namen und Nummern fing ich gar nicht erst an. Das wäre einem Verrat an den Jugendlichen gleichgekommen, der womöglich noch irgendwelche negativen Konsequenzen für ihre Zukunft gehabt hätte.

Die Polizisten kamen nie wieder zurück, weder wie angekündigt Ende des Monats noch danach. Ich vermutete, dass sie wussten, dass ich keine Listen schreiben würde. Vielleicht hatten sie die Flitzpiepe auch verwanzt, während ich zum Teekochen in der Küche war?!

Doch ich wollte mich nicht von Paranoia überkommen lassen und so lebten wir einfach fröhlich in der Flitzpiepe weiter, ohne uns viele Gedanken zu machen. Einige Kinder von BILSEM und der Grundschule gegenüber kamen regelmäßig nachmittags vorbei und ich war innerlich versöhnt mit der Tatsache, dass die Türen dort für mich nun geschlossen waren.

5
Über Nacht

Das Thema Loslassen ließ mich auch weiterhin nicht los.
»Nun ist er also weg, mein Lieblingspulli. Überhaupt war das mein einziger und allerliebster Kapuzenpulli, noch dazu mit diesem kleinen, schönen, selbst kreierten Herz-Aufnäher. – Egal, der Junge, der ihn jetzt trägt, braucht ihn garantiert viel dringender, als ich ihn jemals gebraucht habe«, überlegte ich, während ich an diesem frühen Morgen in meinem Trägershirt zurück nach Hause lief und hoffte, dass mich keiner in dieser viel zu freizügigen Kleidung auf der Straße sehen würde. In der Flitzpiepe angekommen, mit einem warmen Kaffee in der Hand, ließ mich immer noch nicht los, was ich gerade erlebt hatte.

Es war ein kühler Herbstmorgen 2013. Die Flitzpiepe gab es nun schon seit fast einem Jahr. Wie fast jeden Morgen war ich zum nahe gelegenen Park gegangen, um eine Runde zu joggen. Dort war es früh um sechs Uhr schön ruhig, die Luft war noch frisch und kaum jemand war zu sehen – beziehungsweise ich war für kaum jemanden zu sehen. Aber an diesem Morgen war es anders. Überall zwischen den Bäumen und hinter den Büschen sah man zerfetzte Plastikplanen, alte Decken und zusammengeknotete Schnüre, die versuchten, alles wie eine Art Zelt zusammenzuhalten. Hier und da blinzelten kleine verschlafene Kulleraugen aus verschmutzten Kindergesichtern hinter den selbst gebauten Nachtlagern hervor.

»Oh mein Gott! Das müssen syrische Flüchtlingsfamilien sein!«, schoss mir durch den Kopf.

Sie waren offensichtlich über Nacht in unsere Stadt gekommen. Es waren so viele! Der Park war voll von ihnen. Die meisten schienen noch zu schlafen, aber ein vielleicht dreizehnjähriger Junge kam auf mich zu. Er fiel in seinem zerlumpten T-Shirt vor mir auf die Knie und hielt mir seine geöffnete Hand entgegen. Ich musste mit den Tränen kämpfen. So war mir noch nie jemand begegnet und es erwischte mich eiskalt. Was konnte ich tun? Ich hatte ja nicht mal eine einzige Lira dabei, nur meine Wohnungsschlüssel und das, was ich am Leib trug.

Der Junge zitterte am ganzen Körper, er war völlig durchgefroren. Wer weiß, was er diese Nacht durchgemacht hatte! Von dem, was er sagte, verstand ich nur »Suriye« – Syrien. Er sprach Arabisch und merkte schnell, ich nicht. Aber an seinem Blick konnte ich erkennen, dass er sich nach einem warmen Pulli, wie ich ihn anhatte, sehnte. Wieder einmal kulturell völlig unüberlegt, zog ich meinen Pulli an Ort und Stelle im Park aus, drückte ihm diesen in seine dünnen, verfrorenen Ärmchen und rannte, so schnell ich konnte, nach Hause. Ich hörte ihn noch von Weitem »Thank you, thank you« hinter mir herrufen, dann war ich weg.

Ab diesem Tag sollte sich für mich und für Gaziantep einiges ändern. Die Stadt bekam über Nacht ein neues Gesicht und mehrere Hunderttausend neue Einwohner. Von nun an konnte ich nicht mehr das Haus verlassen, ohne von syrischen Kindern auf der Straße nach Geld oder Essen gefragt zu werden. Ich kam immer mit einem völlig leeren Portemonnaie nach Hause.

Was sollten die Menschen in ihrer Not auch anderes tun, als zu betteln? Staatliche Hilfen gab es zu diesem Zeitpunkt noch keine, genug Arbeit für so viele Menschen auch nicht. Das Land war völlig überrumpelt von dieser Situation.

So konnte es jedenfalls nicht weitergehen, ich hatte ja leider keinen Goldesel zu Hause. Im Gegenteil: Das Geld vom Verkauf meines Autos neigte sich erschreckend dem Ende entgegen. Und das Jugendzentrum musste schließlich auch irgendwie finanziert werden. Aber nichts geben, das ging genauso wenig. In diesem Dilemma befand ich mich ab sofort täglich.

Noch dazu wollten mich meine Eltern in Gaziantep besuchen. Sie hatten bereits im Sommer ihre Flüge gebucht und nun rückte ihre Ankunft näher. Das bereitete mir schon lange Kopfschmerzen, denn bestimmt würden sie die Verhältnisse, in denen ich nun lebte, nicht besonders toll finden. Aus ihrer Sicht war es sicherlich ein Abstieg, dass ich meine akademische Bildung nicht nutzte, um Karriere zu machen, nun alles hergegeben hatte und nicht einmal vernünftige Schuhe trug. Ich war nach süddeutscher Manier nach dem Motto »Schaffe, schaffe, Häusle baue« erzogen worden. Aber dieses Motto passte schon lange nicht mehr zu mir. Ob sie das verstehen würden und den Wert dessen erkennen könnten, wie ich jetzt lebte und was ich tat?

Im Sommer, als meine Eltern mir erzählt hatten, dass sie mich besuchen wollten, war ein absurder Gedanke in meinen Kopf gekommen: »Mach dir keine Sorgen wegen deiner Eltern. Wenn sie kommen, wirst du den Ministerpräsidenten der Türkei treffen, und sie werden stolz auf dich sein.«

Jetzt, einen Tag vor ihrer Anreise, kam dieser Satz noch einmal in mir hoch. Ich schob ihn wieder mit den Worten »völlig absurd« zur Seite und machte mich lieber ans Werk, die Flitzpiepe auf Hochglanz zu bringen. Außerdem kaufte ich mir schnell noch ein paar schöne

Schuhe und ein paar neue Klamotten, was ich seit Jahren nicht getan hatte. Den Kühlschrank füllte ich mit den teuersten Sachen von Migros, während ich sonst nur zu BIM ging, einer günstigen türkischen Supermarktkette. Meine Eltern sollten den Eindruck bekommen, dass es ihrer Tochter richtig gut ging und sie ein »relativ luxuriöses« Leben lebte. Ich wollte mir auf jeden Fall jede Diskussion darüber ersparen, warum ich hier mein Leben »verschenke«.

Am nächsten Abend konnte also das Schauspiel beginnen. Orhan und Mert, zwei Jugendliche aus der Gemeinde, kamen mit mir zum Flughafen, um meine Eltern abzuholen. Ich wollte, dass sie die Jugendlichen direkt lieb gewinnen, und das taten sie auch. Wir verbrachten einen schönen Abend in der Flitzpiepe zusammen und es gab gar keinen Raum und keine Zeit, dass meine Eltern hätten kritische Fragen stellen können.

Am nächsten Morgen zeigte ich ihnen Gaziantep. Als wir uns mittags nach einer ausführlichen Stadtbesichtigung in ein Restaurant setzten, klingelte unerwartet mein Handy. Ahmed, mein früherer Chef aus der Zeit meines Europäischen Freiwilligendienstes, war dran. Es war das erste Mal, dass ich seit meinem Auszug von ihm hörte. Ich hatte gar nicht gewusst, dass er wusste, dass ich immer noch in der Stadt war.

Nach der Begrüßung platzte er recht schnell mit dem Grund seines Anrufs heraus: »Sabine, ich ruf an, weil der Fernsehsender NTV für übermorgen jemanden sucht, der ehrenamtlich mit Jugendlichen arbeitet. Du hast doch so ein Jugendzentrum hier gegründet. Es soll ein Interview mit Erdogan in Istanbul geben. Kannst du hinfliegen?«

Ich war völlig perplex. »Aber ich habe gerade meine Eltern zu Besuch«, wandte ich ein.

»Das ist gar kein Problem«, erwiderte Ahmed. »Die kannst du mitnehmen. Flüge und Hotelübernachtungen übernimmt NTV. Du kannst dir selbst ein schönes Hotel aussuchen.«

Hatte ich ihn richtig verstanden? Passierte das hier gerade wirklich?

Obwohl ich es nicht glauben konnte, sagte ich zu. Nachdem ich einmal tief durchgeatmet hatte, erklärte ich meinen Eltern, was los war. Sie staunten nicht schlecht und waren bereit, mit nach Istanbul zu fliegen. In der Flitzpiepe herrschte helle Begeisterung. Die Jugendlichen waren sich sicher, dass unser Jugendcafé nach dem Treffen in Istanbul in Geld schwimmen würde. Diese Illusion nahm ich ihnen gleich. Die Mädels meinten, ich müsse vorher unbedingt noch zum Friseur und zum Kosmetikstudio und mich auf jeden Fall neu einkleiden. Das kam gar nicht infrage. Ich hatte ja gerade erst neue Klamotten gekauft, das musste reichen.

Am nächsten Morgen flogen wir nach Istanbul, wo ich meine Eltern im Hotel zurückließ. Voller Spannung fuhr ich mit dem Taxi zum Drehort unter der Bosporusbrücke. Ich wurde mit den Worten begrüßt, dass Herr Erdogan leider nicht kommen konnte, weil es einen Bombenanschlag in Antakya gegeben hatte und er schnell dorthin reisen musste. An seiner statt war der Außenminister gekommen. Das war mir sogar fast lieber und nahm mir ein bisschen von der kaum auszuhaltenden Spannung. Mit meinem noch nicht so perfekten Türkisch schaffte ich es irgendwie durch das Interview hindurch und freute mich danach noch viel mehr auf den Aufenthalt mit meinen Eltern in der großen Präsidentensuite des Anemon Hotels, direkt am Galata-Turm. Istanbul – was für eine faszinierende Stadt!

Am nächsten Tag ging es zurück ins normale Leben nach Gaziantep. Einige Leute, die ich in den kommenden Tagen mit meinen Eltern auf der Straße traf, erzählten, dass sie mich im Fernsehen gesehen hatten, darunter auch Lehrkräfte von BILSEM. Einer meinte, ihm sei beim Essen der Löffel aus der Hand gefallen, so überrascht sei er gewesen, mich im Fernsehen zu sehen. Bei der Vorstellung mussten wir alle lachen.

Meine Eltern halfen noch einige Tage fleißig in der Flitzpiepe mit. Meine Mutter kochte Knödel und Gulasch für die ganze Meute im Jugendcafé und mein Vater verbrachte mit den Jungs Stunden beim Schachspielen auf dem Balkon. Mit keiner Silbe kritisierten sie meine Arbeit in Gaziantep. Im Gegenteil. Sie beschenkten mich bei ihrem Abschied, wie so oft, mit einer größeren Summe Geld. Ich freute mich darüber, dass sie mich auf diese Weise unterstützten, und war ihnen dafür sehr dankbar.

Für mich war es immer noch unglaublich, was Gott da im Grunde für eine Riesenshow geboten hatte, einfach nur, um mich vor Diskussionen über meinen Lebensstil zu bewahren. Ich hatte mich mit meiner Art, so zu leben, verletzlich gemacht. Aber Gott hatte gute Ideen, wie er mich in dieser Verletzlichkeit beschützen konnte. Ich dachte, dass er wahrscheinlich wollte, dass ich noch einige Zeit in Gaziantep bleibe.

An einem Abend einige Wochen später lief ich mit einer älteren amerikanischen Dame, die gerade zu Besuch in unserer Gemeinde in Gaziantep war, durch die Stadt. Mit ihren hüftlangen grauen Haaren und ihren strahlend blauen Augen war sie ein echter Hingucker und es dauerte nicht lange, bis sich syrische Kinder um uns scharten. Nicht weit entfernt stand ihre Mutter. Sie versuchte, die Kinder mit tränenerstickter Stimme von uns zurückzuhalten. »Lasst die Leute in Ruhe«, rief sie auf Türkisch.

Wow, Türkisch, das konnte ich verstehen und hatte nun endlich eine Gelegenheit, mit einer syrischen Flüchtlingsfamilie ins Gespräch zu kommen. Ich fragte die Mutter wissbegierig, wie sie denn so schnell die Landessprache hatte lernen können. Ihr Gesicht hellte sich etwas auf und mit einem Lächeln erklärte sie mir, dass sie aus einem syrischen Dorf namens Manbij komme. Dort sind alle Einwohner Turkmenen und sprechen türkisch. Auf meine Frage, warum sie denn gerade weine, erzählte sie mir, dass sie zu spät zur Essensausgabe für Flüchtlinge neben der Polizeistation gekommen waren und es nun nichts mehr gab. Das erklärte auch die leeren weißen Plastikeimer in ihren Händen.

»Neyse – was soll's«, meinte sie und lud uns auf einen Tee zu sich ein. Meine hübsche Begleiterin war sofort einverstanden und freute sich über die Gelegenheit, mehr Einblicke in das Leben der Flüchtlinge in Gaziantep zu bekommen. Ich fragte mich, wo wir wohl hingeführt werden würden. Vorbei an ratternden Motoren und viel Gestank aus den Autowerkstätten des Stadtteils Sahveli landeten wir schließlich in einem dunklen Treppenhaus und sahen erst mal nichts. Senne, so hieß die turkmenische Mutter, entschuldigte sich dafür. »Es gibt leider keinen Strom. Deshalb können wir hier so günstig wohnen.« Mit ein bisschen fahlem Licht von ihrem Handy führte sie uns eine rohe Betontreppe ohne Geländer, aber geziert mit Müllmassen, hoch zu einer Brettertür. Ihre drei älteren Kinder, vermutlich im Grundschulalter, meisterten die Treppe zu meinem großen Erstaunen mit Bravour und weit besser als ich. Die beiden kleinen Mädchen konnten noch nicht selbst laufen und wurden von ihrer Mutter liebevoll links und rechts auf den Hüften hochgetragen. »Was für eine starke Frau!«, dachte ich. Dann waren wir plötzlich drin. Es war immer noch dunkel und wir saßen im Handylicht auf einem bunten abgenutzten Teppich auf dem löchrigen Betonboden. In einer kleinen dunklen Ecke flammte bläuliches Licht aus einer Gasflasche auf.

»So wird also der Tee gekocht«, flüsterte mir meine Begleiterin auf Englisch ins Ohr. Für sie war es ein faszinierendes Erlebnis auf ihrer Tour durch die Türkei. Für mich war es allerdings auch etwas Neues. Und für Sennes Kinder, die uns mit weit aufgerissenen Augen gegenübersaßen, waren wir sicher der interessanteste Besuch seit Langem.

Senne servierte uns den Tee in kleinen, nassen Gläsern und setzte sich zu uns auf den Boden. »Alhamdulillah, Gott sei Dank, wir haben diese Wohnung bekommen. 150 Lira (damals circa fünfzig Euro) im Monat ist zwar viel Geld, aber besser, als mit den Kindern im Park zu schlafen.«

Ich nickte und fragte sie, warum sie denn nicht in ein Flüchtlingslager gegangen seien. Sie riss die Arme hoch. »Oho, das kann sich kaum noch einer leisten«, erwiderte sie energisch. »Wenn man dort einen Platz ergattern will, braucht man schon richtig viel Geld. Inzwischen liegt der Eintrittspreis pro Kopf bei tausend Dollar. Das geht alles unter der Hand.«

Ich war schockiert. Diese Lager wurden doch alle von der UN finanziert. Gab es selbst da keine Gerechtigkeit? Aber das erklärte natürlich, warum so viele Menschen direkt in die Stadt gekommen waren. Sie hatten gar keine andere Wahl.

Senne erzählte uns vom Krieg, von den schwarz gekleideten Männern, die ihr Dorf eingenommen hatten, sie zeigte uns Fotos auf ihrem Handy von zerstörten Häusern, von Leichen ... von ihrem toten Cousin. Ich konnte und wollte das alles gar nicht sehen. Die Kinder guckten mit aufs Handy, verzogen beim Anblick der Toten das Gesicht, aber sie schienen es gewohnt zu sein, solche Fotos zu sehen.

»Wo schlaft ihr eigentlich?«, fragte ich schließlich, um von den Fotos abzulenken.

»Hier auf dem Teppich, auf dem wir gerade sitzen«, sagte Senne.

»Und Decken?«

Sie zeigte, wie sie den Teppich halbierten und dann auf der einen Seite zu siebt schliefen und die andere Seite zum Zudecken benutzten.

»Sehr schlau«, lobte ich, während ich innerlich um Fassung rang. Dann hakte ich nach: »Zu siebt?«

»Ja, mein Mann sucht gerade Arbeit. Er kommt immer spät zurück. Mal gibt es was für ihn zu tun, mal nicht. Hoffentlich bringt er heute ein bisschen Geld nach Hause, damit ich den Kindern vor dem Schlafen noch etwas zu essen geben kann.«

Ach ja, da standen sie ja noch, die leeren Plastikeimer in der dunklen Ecke neben dem Gaskocher. Es war inzwischen spät geworden und Zeit zu gehen. Mein Herz war voll, aber mein Portemonnaie wie so oft in den letzten Wochen am Abend gähnend leer. Wie blöd und auch wie peinlich! So gerne hätte ich besonders dieser Familie, die uns so freundlich zu sich eingeladen hatte, wenigstens eine kleine Erleichterung an diesem Tag verschafft und ihr Abendessen finanziert. Zum Glück griff meine liebevolle Begleiterin wie selbstverständlich in ihre Tasche und holte einen Fünfzig-Lira-Schein heraus. Beim Verabschieden drückte sie ihn Senne in aller Verschwiegenheit in die Hand. Danach kletterten wir, begleitet von Sennes Handylicht, vorsichtig die steile Betontreppe hinunter und hinaus auf die Straße, wo in den Werkstätten zu später Stunde das Leben und Arbeiten anscheinend gerade seinen Höhepunkt erreichte.

Es war gut zu wissen, dass die Kinder an diesem Abend etwas zu essen bekommen würden. Und fünfzig Lira reichten vielleicht sogar, um sie die ganze Woche zu ernähren. Aber was war mit den vielen anderen Flüchtlingsfamilien in der Stadt? Wer würde denen fünfzig Lira geben?

Eine Woche später kam mir eine Idee: Heute würde ich kein Geld verteilen, sondern alle syrischen Kinder und Eltern, die mir begegneten, für samstags zum Essen zu mir ins Jugendzentrum einladen.

Vielleicht würde es ihnen guttun, mal etwas anderes zu erleben. Einen Versuch war es wert.

Aus der Gemeinde waren einige bereit, mitzuhelfen, zu kochen, einzuladen, sich mit den Leuten hinzusetzen oder auch zu übersetzen. In unserer Gemeinde war ein junges syrisches Ehepaar gelandet, die bereits in Syrien Christen geworden waren. Er hieß Armanj und sie Khamlin. Armanj konnte fließend Englisch und war sofort bereit, bei meinem Vorhaben dabei zu sein.

Auch Senne, ihren Mann und die fünf Kinder wollte ich zu diesem kleinen Fest einladen. Ich machte mich daher an jenem Nachmittag auf den Weg zu ihrer Wohnung, um ihnen Bescheid zu geben. Die hellblaue, stets offene Tür mit der Nummer 7 zwischen den schwarzen Rollläden der Werkstätten und der gruselig düstere Treppenaufgang waren mir in lebhafter Erinnerung geblieben und es war nicht schwer, sie zu finden. Sie riefen gleich noch mehrere ihrer syrischen Nachbarn hinzu und so begleiteten sie mich allesamt aufgeregt zum Jugendzentrum.

Es war ein herrliches Fest. Mütter tranken zusammen Kaffee und aßen Kuchen, ließen sich, wie es schien, zum ersten Mal in ihrem Leben verwöhnen und bedienen und genossen es sichtlich. Die Väter saßen zusammen auf dem Balkon, rauchten und wälzten anscheinend schwerwiegende Fragen. Khamlin hatte sich für die Kinder etwas einfallen lassen und eine Ecke mit Bastelsachen und Spielen hergerichtet. Auch junge Erwachsene aus Syrien, die ich zuvor im Park kennengelernt hatte, kamen dazu. Und so wurde es ein kunterbunter Nachmittag und Abend in einem brechend vollen Jugendzentrum.

Am Abend saßen wir noch mit Armanj, Khamlin und einigen Jugendlichen zusammen. Khamlin war ganz erfüllt von der Zeit mit den Kindern. »Es war echt gut, was Gutes tun zu können«, sagte sie mit strahlenden Augen. Gleichzeitig war sie betroffen und erschrocken über das, was sie gesehen hatte. Die Kinder konnten nicht mal einen Stift in der Hand halten, geschweige denn ein Bild malen oder ihren Namen schreiben, obwohl sie schon acht, neun oder zehn Jahre alt waren.

Wir redeten noch bis in die Nacht hinein darüber, was es bedeutet, auf der Flucht zu sein, und wie die meisten Familien nichts hatten mitnehmen können außer dem, was sie am Leib trugen. Einige der syrischen Jugendlichen erzählten, dass sie in Syrien zuletzt auch Deutschen begegnet seien. Diese hätten bei einer neuen Untergruppe der Al-Nusra-Front mitgemacht. Aber sie könnten noch gar kein Arabisch und bräuchten immer Übersetzer.

Einer der Jugendlichen hatte öfter für einen ranghohen deutschen Dschihadisten übersetzt, weil er von allen im Dorf am besten Englisch konnte. Er zeigte mir ein Video von diesem Mann. Langer blonder Bart, »Allahu akbar« schreiend. Mir lief es eiskalt den Rücken runter. Ich wollte nicht weitergucken und bat den Jugendlichen, das auszumachen. Fassungslos fragte ich in die Runde, ob andere so was auch gesehen hätten. Ich sah viele nickende Köpfe. Einer sagte, er habe erst letzte Woche ein Lager am Stadtrand von Gaziantep gesehen, wo Hunderte solcher europäischer Kämpfer lebten und ausgebildet wurden, bevor sie nach Syrien weiterzogen, um dort beim IS mitzumachen. IS? Das alles hörte ich zum ersten Mal und ich konnte mir nicht erklären, warum Leute aus Europa bei so etwas mitmachen sollten.

Während ich das letzte Geschirr zur Küche trug, überspielte mir einer der Jugendlichen einige seiner Handyvideos aus Syrien auf meinen Laptop mit dem Kommentar, dass ich mir das alles noch mal in Ruhe anschauen könnte. Begeistert war ich davon nicht gerade, aber da er nun schon mal dabei war, ließ ich ihn gewähren.

»Wer weiß, wozu es vielleicht mal noch gut sein könnte? Oder könnte es auch schädlich sein?«, schoss mir kurz durch den Kopf.

Aber ich war in dem Moment zu müde, um einen klaren Gedanken zu fassen, und das sah man mir wohl auch an. Langsam erhoben sich die letzten Gäste im Jugendzentrum und bewegten sich in Richtung Tür. Nur zwei standen noch etwas zögerlich in einer Ecke des Flurs: Armanj und Khamlin. Ich verabschiedete zuerst die Jugendlichen, dann wandte ich mich den beiden zu. »War doch ein guter Tag, oder was meint ihr?«

Sie stimmten zu und standen weiter etwas unbeholfen da. Schließlich fassten sie Mut und fragten, ob es denn möglich wäre, also nur, wenn es mich wirklich nicht stören würde, und nur so als Idee, es sei ihnen in den Sinn gekommen, weil sie ja seit Langem nach einer Wohnung suchten und man ihnen als Syrern überall die Tür vor der Nase zuschlug… Ob sie denn bei mir im Jugendzentrum wohnen könnten? Zurzeit wohnten sie noch in der Wohnung einer amerikanischen Familie, die gerade für einige Monate außer Landes war. Aber in einigen Wochen würden diese zurückkehren. Und wohin dann? Und eigentlich wären da noch Armanjs Schwester Layla und sein Cousin Shorash.

Nur wenige Tage zuvor hatte ich von einem anderen syrischen jungen Mann namens Mejid, der das Jugendzentrum regelmäßig besuchte, erfahren, dass auch er nicht wusste, wo er wohnen könnte. Bis dahin hatte er sich monatsweise in einem Billighotel in der Innenstadt eingemietet. Das machten einige Flüchtlinge, die es sich irgendwie leisten konnten, aus der Not heraus. Ein gutes Geschäft für die türkischen Hoteliers, vor allem, weil die Zustände dieser Behausungen nicht sehr hotelmäßig klangen.

Ich fragte Armanj, ob es denn denkbar wäre, dass Mejid einige Wochen bei ihnen wohnen könnte und sie dann alle gemeinsam zu mir ziehen würden, sobald die amerikanische Familie zurück sei.

Im Grunde war das eine ziemlich schnelle und sehr spontane Zusage meinerseits. Armanj zögerte nicht lange und sagte: »Läsch lä?« – Warum nicht.

Nun hatte ich noch eine Frage: »Wärt ihr bereit, hier im Jugendzentrum ein bisschen mitzuarbeiten und vielleicht weiterhin den syrischen Kindern zu helfen, mit Stiften klarzukommen oder einen Arabisch-Kurs für Türken anzubieten?«

»Läsch lä?«, war wieder die Antwort.

Ich hatte das Gefühl, jetzt würde es plötzlich so richtig losgehen. Vor meinem inneren Auge spielte sich schon in den buntesten Farben das blühende Leben mit den syrischen Kindern in unserem Jugendzentrum ab. Wie wir zu sechst hier wohnen würden, war mir zwar noch nicht klar, aber besser, als im Park zu schlafen, war diese wunderbare Wohnung allemal.

6
Fünf Fische

Kaum zu fassen, aber Anfang Dezember 2013 schneite es erneut in Gaziantep und alles war weiß bepudert. In der Flitzpiepe zog mit Räucherhäusel, Adventskalender, Herrnhuter Stern und Deko an den Fenstern richtiggehend Weihnachtsstimmung ein. Alles waren liebevolle Mitbringsel unserer deutschen Besucher der vergangenen Monate. Die Kinder waren begeistert. Und sie waren auch begeistert von der Tatsache, dass der Nikolaus gar nicht aus Amerika stammte, sondern in der Türkei geboren war.

Die syrischen und türkischen Kinder kamen jetzt allesamt fast jeden Tag, weil sie bei der täglichen Adventskalenderziehung mit Rätselfrage dabei sein wollten. Ich hatte den Filzsocken-Adventskalender des Lehrerkollegiums aus Kodersdorf für die Kinder neu mit allerlei Süßkram und Schulmaterial befüllt. Jeden Tag gab es eine Weihnachtsrätselfrage und unter den richtigen Antworten wurde die Socke verlost. Dabei achtete ich darauf, dass bis zum Ende der Adventszeit jedes Kind einmal eine Socke öffnen durfte, und befüllte manche der schon geleerten Socken zweimal, sodass es für jeden etwas gab. Selbst gemachte Weihnachtsplätzchen gab es nach der Ziehung sowieso jeden Tag für die gesamte Meute und alle waren einer Meinung: »Die Plätzchen soll es ab sofort das ganze Jahr über geben, auch noch nach Weihnachten.«

Ja, ich stimmte zu, so schön und gemütlich wie in der Adventszeit sollte es immer sein. Leider sah die Realität im kalten Dezember für die meisten syrischen Kinder anders aus. In den letzten beiden Monaten waren wesentlich mehr syrische Kinder und Jugendliche zur Flitzpiepe gekommen. Sie genossen die warme Wohnung, das Essen, die gemeinsamen Zeiten und halfen aus lauter Dankbarkeit sehr viel mit.

Für sie alle gab es in Gaziantep keinen Platz mehr in den Schulen. Bei ihnen zu Hause, wenn man es denn »zu Hause« nennen konnte, war es oft feucht, kalt und eng. Einige der größeren Kinder waren sehr weit durch Regen und Kälte zur Flitzpiepe unterwegs und konnten nur samstags kommen, weil sie den Rest der Woche mit ihren gerade mal acht, neun, zehn Jahren arbeiten mussten, um ihre Familien zu unterstützen. Illegal natürlich, denn Kinderarbeit ist in der Türkei verboten.

Ich besuchte inzwischen regelmäßig fünf der syrischen Familien, deren Kinder zur Flitzpiepe kamen. Es war traurig zu sehen, wie ihre Kinder draußen vor der Tür im Müll nach Anziehsachen oder Papier zum Bemalen suchten. Solche Bilder hauten mich immer wieder emotional um. Aber gleichzeitig freute es mich, dass wir diesen Familien durch die Flitzpiepe und durch Freunde in Deutschland wenigstens ein bisschen helfen konnten, durch den Winter zu kommen. Mit der Unterstützung zweier Gemeinden in Deutschland war es möglich, den Kindern und speziell zwei besonders armen Familien zu Weihnachten Hilfe in Form von Kohle zum Heizen, Kühlschrank und Waschmaschine zukommen zu lassen.

Merklich verschob sich mein Fokus von der »normalen Jugendarbeit« hin zur Katastrophenhilfe. Erfahrung hatte ich, was das betraf, überhaupt keine. Ich versuchte einfach, jeden Tag zu tun, was mir vor die Füße kam, und hoffte, dass es mir nicht eines Tages auf die Füße fiel.

Peter und Sungjin hatten damit bereits ihre Erfahrungen sammeln müssen. Sie bekamen von ihrer Heimatgemeinde eine größere Spende, um damit Decken zu kaufen, die sie an syrische Familien ausgeben sollten. 350 Decken stapelten sich in den Gemeinderäumen, die irgendwie verteilt werden mussten. Ich weiß noch, wie sehr es mich ärgerte, als ich von einer Managerin der UN hörte, dass sie seit über einem Jahr 20 000 Decken in einer Lagerhalle in Gaziantep lagerten, weil sie nicht wussten, wie sie diese verteilen könnten. Bei dem Gedanken, dass derweil draußen Menschen frieren mussten, überkam mich richtig die Wut über diese aus meiner Sicht »unfähigen« Organisatoren. Aber nun hatten wir in unserer Gemeinde die Chance, das Ganze mal im Kleinen zu erleben. Ich selbst konnte bei der Aktion leider nicht mithelfen, da für das Wochenende eine Jugendkonferenz in Diyabakir geplant war, zu der ich mit Orhan, Serkan und Mert fuhr. Aber Layla und Armanj wollten Sungjin und Peter auf alle Fälle unterstützen und einige andere aus der Gemeinde natürlich auch. Und sie konnten jede helfende Hand gebrauchen.

Am Vormittag der Deckenausgabe standen bereits um sieben Uhr etwa hundert Menschen vor der schmalen Metalltür in der Huseyinstraße. Layla erklärte mit lauter Stimme auf Arabisch, dass sie bitte alle einzeln nach oben kommen sollten, um sich zu registrieren und eine Decke zu bekommen. Je mehr Leute dann mit einer großen durchsichtigen Plastiktasche, in der eine nagelneue Decke zu sehen war, die Gemeinderäume verließen, desto mehr Leute strömten zur Huseyinstraße. Die Leute waren in Not und versuchten, jede Hilfe, die es irgendwo geben könnte, zu bekommen.

Die Nachricht, dass es Decken gab, verbreitete sich wie ein Lauffeuer. Nach kurzer Zeit standen etwa 300 Leute auf der Straße vor den Gemeinderäumen. Es gab Gerangel und Geschrei und die Polizei kam, um das Chaos zu stoppen. Sie sagten Peter und Sungjin, dass die Verteilaktion sofort abgebrochen werden müsse. Aber manche Menschen wollten sich nicht ohne Decke wegschicken lassen. Als sich dann auch noch ein Mann die Hand in der Tür einklemmte und überall im Treppenhaus Blut zu sehen war, waren Layla und die anderen jungen Helfer völlig mit den Nerven fertig. Am Ende blieb ihnen nur noch übrig, die Türen zu verriegeln und in den Gemeinderäumen abzuwarten, bis die Leute aufgaben und nach Hause gingen. Das dauerte. Denn die Leute waren wirklich in Not und bereit zu warten, in der Hoffnung, doch noch etwas zu bekommen. Schließlich musste Peter noch mal die Polizei rufen, damit sie die Straße räumte.

Alle waren völlig verstört von diesem Erlebnis. Sie wollten helfen, aber das war nicht so einfach wie gedacht. Von den 350 Decken lagen immer noch 210 in den Gemeinderäumen. Was nun? Peter beschloss, die Decken mit einem Transporter zu einem kleinen, von syrischen Flüchtlingen selbst errichteten Zeltlager auf einem Feld nahe der syrischen Grenze zu bringen. Dort waren nicht so viele Menschen und die Decken sollten für alle ausreichen. In aller Frühe um fünf Uhr fuhr er los, um möglichst nicht gesehen zu werden. Die Flüchtlinge freuten sich sehr und konnten die Decken gut gebrauchen.

Zurück zur Flitzpiepe. Nachdem der Tierarzt unter uns weggezogen war und sogar der Vermieter selbst sein Büro geräumt hatte, ahnte ich Schreckliches. Es dauerte nicht lange, bis mir zu Ohren kam, dass das Gebäude abgerissen werden sollte.

Obwohl ich einen Mietvertrag für zwei Jahre in den Händen hielt, stand ich plötzlich vor der Tatsache, dass unser heiß geliebtes

Jugendzentrum am 5. März 2014, nach eineinhalb wunderbaren Jahren, dem Erdboden gleichgemacht werden sollte. Bis dahin waren es gerade mal noch knappe drei Monate.

Der Vermieter bedauerte es, aber er erklärte mir, dass es einfach viel lukrativer sei, ein Gebäude mit vielen kleinen Singlewohnungen auf das Gelände zu bauen. Dass wir einen Zwei-Jahres-Vertrag hatten und ich die Heizungsanlage und neue Fenster in sein Gebäude investiert hatte, spielte für ihn keine Rolle. »Verträge bedeuten hier in der Türkei nichts«, erklärte er mir nüchtern.

Auf der Suche nach einem neuen Ort hörte ich überall nur: »Kommst du aus Syrien? Wir vermieten nicht an Ausländer!« Ich überlegte, dass ich vielleicht lieber in dem Viertel, in dem Senne lebte, Ausschau nach einer neuen Wohnung halten sollte. Überhaupt lebten dort alle meine syrischen Freunde, dort war es günstig, sie hatten keine Probleme mit Ausländern und dann hätten es die syrischen Kinder nicht mehr so weit zu uns.

In mir stieg die Frage auf: »Sollten wir dann vielleicht gleich eine Art Schule für syrische Kinder starten?«, doch dieser Gedanke schien mir zu groß. Ich konnte ja nicht mal Arabisch und war innerlich nicht bereit, noch eine Sprache zu lernen. Außerdem würden da noch mehr Kosten auf mich zukommen und gerade war es ohnehin schon knapp. Noch hatten wir diese wunderschöne und sehr günstige Wohnung, in der wir inzwischen zu sechst lebten. Layla schlief bei mir im Zimmer, Armanj und Khamlin lebten im Unterrichtsraum und Shorash und Mejid in der Küche. Mejid kletterte abends immer mit einer Leiter nach oben in den ziemlich breiten, aber nicht sehr hohen Schrank, wo er seine Schaumstoffmatratze und seine Habseligkeiten verstaut hatte und tatsächlich auch schlief.

»Ich glaube, ich bin gerade dabei, Jesus kennenzulernen«, tönte es leise von der Matratze neben mir durch das dunkle Schlafzimmer. »Ernsthaft Layla? Das freut mich so sehr.« Layla selbst konnte noch nicht beten, aber sie bat mich jeden Abend, laut zu beten, bevor wir nach stundenlangem Reden hundemüde einschliefen. Layla war begeistert davon, wie ihr Bruder nun als Christ lebte und wie er von Jesus sprach. Sie war begeistert von dem, was sie in der Gemeinde in Gaziantep und im Jugendzentrum erlebte. Sie war begeistert davon, wie Jesus Leben veränderte und wie Menschen ihm nachfolgten und dabei völlig neue Wege beschritten. Sie löcherte mich jede Nacht förmlich mit Fragen und es störte mich überhaupt nicht. Im Gegenteil. Es ließ auch meine Begeisterung für Jesus neu aufflammen und ich hatte das Gefühl, dass meine Gebete von Nacht zu Nacht intensiver wurden.

Um 7:30 Uhr klingelte der Wecker. Mein Wecker. Meine Aufstehzeit. Ich dachte, wir würden dann alle zusammen jeden Morgen im Park joggen gehen. Layla, Armanj, Khamlin, Shorash, Mejid und ich. Aber das war wohl ein bisschen zu viel des Enthusiasmus. Layla schlug sich ein paar Mal tapfer und auch der sportliche Mejid ließ sich aus dem Bett quälen. Aber für den Rest der Truppe war Frühstück um neun Uhr schon das früheste der Gefühle. Im Rückblick muss ich schmunzeln über meine übertriebenen und im kulturellen Kontext völlig unpassenden Erwartungen. So stolperten wir also immer ein bisschen chaotisch in den Tag, mit knatschigen Gesichtern beim Frühstück, etwas aufgehellterer Stimmung beim anschließenden Bibellesen und oft großer Begeisterung beim Planen und Vorbereiten für die syrischen Kinder am Nachmittag. An den Abenden liefen alle WG-Bewohner schließlich zur Topform auf. Dann kamen die vielen jugendlichen Gäste, es wurde ausgiebig gekocht, bis spät in die Nacht geschnattert und von der Zukunft geträumt.

»Läsch lä?« – Warum nicht?

Ich fing langsam an, mich an den neuen Rhythmus zu gewöhnen, und genoss das WG-Leben und die geteilte Arbeit im Jugendzentrum. Und dass die ersten eineinhalb Stunden jedes Tages mir alleine gehörten, fand ich nach einiger Zeit angenehm entspannend.

Weniger entspannt war ich beim Durchrechnen meines verbleibenden Budgets. Ich hatte noch knapp 300 Euro übrig. Zusätzlich bekam ich monatlich von drei verschiedenen Freunden jeweils fünfzig Euro gespendet. Ob das reichen würde, jetzt, wo so viele Esser im Haus waren und auch die Zahl der täglichen Gäste stetig stieg? Miete, Strom, Wasser und mein Heimflug mussten ja auch noch bezahlt werden. Über Weihnachten wollte ich endlich mal wieder nach Hause fliegen. Da würden Opa und die Eltern mir bestimmt etwas schenken, was dann wieder für eine Weile das Boot über Wasser hielt. Aber was sollte bis dahin geschehen?

Eines Abends klingelte es. Es war Sonntag, also außerhalb unserer Öffnungszeiten für die Flitzpiepe. Die Mutter eines uns gut bekannten Flüchtlingskindes stand in einem langen zerschlissenen Rock vor der Tür und wollte dringend mit mir sprechen. Ich dachte, dass sie sicher Geld brauchen würde, aber sie brauchte mehr als das. Sie suchte eine Arbeit und hatte die Idee, dass sie regelmäßig im Jugendzentrum putzen könnte. Wenigstens mal fragen wollte sie.

Eigentlich lag die Antwort auf der Hand. Das war unmöglich. Zum einen, weil ich nicht die finanziellen Mittel hatte, um nun auch noch jemanden anzustellen, und zum anderen, weil wir zu sechst mehr als genug »Manpower« hatten, um dieses Jugendzentrum, das zugleich unsere WG war, sauber zu halten. Aber komischerweise sagte ich nichts dergleichen zu der armen Frau an der Tür, sondern mir kam eine völlig andere Antwort über die Lippen: »Ich werde darüber beten und sage dir morgen Bescheid.«

»Was gibt es da noch zu beten?«, dachte ich. Aber ich wollte mein Versprechen halten und zog mich in das Zimmer zurück, das ich mir inzwischen mit Layla teilte. Als ich es mir einigermaßen auf meinem Bett zum Beten gemütlich machen wollte, sah ich die noch aufgeschlagene Bibel auf dem Kopfkissen liegen. Am Morgen hatte ich etwas auf der linken Seite gelesen, aber nun fiel mein Blick auf die rechte. Vier Wörter hatte ich dort als Teenager mit Kugelschreiber dick eingekreist: fünf Brote und zwei Fische. Diese Kugelschreiberkringel zogen mich jetzt in ihren Bann.

Plötzlich fiel es mir wie Schuppen von den Augen. So wie Jesus mit fünf Broten und zwei Fischen, die ihm ein gewöhnlicher kleiner Junge gegeben hatte, über 5 000 Menschen satt gemacht hatte, musste auch ich nur das wenige, was ich hatte, Jesus hingeben und er konnte viele damit satt machen. Nun sprudelte das versprochene Gebet geradezu aus mir heraus: »Jesus, wenn ich die paar Euro, die ich noch habe, hingebe, um diese arme Frau anzustellen, dann tue ich das in der Erwartung, dass ich erleben darf, wie du viele Menschen in dieser Zeit hier in Gaziantep satt machst.«

Das Gebet ging weiter und ich merkte, wie mein Herz mehr und mehr anfing, für die geflüchteten Menschen in Gaziantep zu schlagen und zu weinen. Während ich lauthals weiterbetete liefen mir Tränen über die Wangen. Zugleich erfüllte mich eine bis dahin nie erlebte Freude gepaart mit der Gewissheit, dass er, der mir dieses Gebet aufs Herz gelegt haben musste – denn von mir aus konnte ich so nicht beten –, Großes bewirken würde.

Dass ich das kleine bisschen, das ich noch hatte, loslassen sollte, brachte mich innerlich zum Schmunzeln, und fast herausfordernd bot ich Gott in diesem Moment an, ein Buch mit dem Titel »Zwei Fische und fünf Brote« zu schreiben, wenn er aus diesem bisschen, was ich zu geben hatte, tatsächlich viele versorgen würde.

Schon in dieser Woche fing die Frau bei uns als Putzhilfe an. Nach einer Weile war unser Jugendzentrum vermutlich der sauberste Ort in Gaziantep. Natürlich ließen wir sie nicht um uns herum putzen, sondern stiegen immer alle sechs mit ein. Wir drehten die Musik laut auf und hatten alle zusammen großen Spaß. Die Suppe wurde gegen

Ende des Jahres immer mehr gestreckt und ich konnte den günstigsten Heimflug aller Zeiten für gerade mal 46 Euro ergattern.

In Deutschland bekam ich außer von meinen Eltern und Großeltern Weihnachtsgeschenke von vielen Seiten, mit denen ich überhaupt nicht gerechnet hatte. So schenkte mir zum Beispiel eine Dame fünfzig Euro in einem Kuvert und fünf schöne, rot schreibende Kugelschreiber für »die Lehrer«. Ich hatte ihr erzählt, dass wir in der Flitzpiepe syrischen Kindern beibrachten, ihre Namen zu schreiben. Noch waren meine syrischen WG-Mitglieder ja eigentlich keine echten Lehrer. Aber manchmal bekommt man schon im Voraus Mut machende Stärkung für das, was kommen wird. Wie schön war es, nicht mit leeren Händen nach Gaziantep zurückzukehren!

Armanj, Khamlin, Shorash, Layla und Mejid freuten sich riesig über ihr erstes Lehrergehalt von jeweils zehn Euro und den dazu passenden Lehrerkuli. Gemeinsam überlegten wir, nun Nägel mit Köpfen zu machen, tatsächlich eine Art Schule zu starten und einen Lehrplan für die syrischen Kinder zu entwickeln. Salam – also Frieden, sollte unser kleines Schulprojekt innerhalb der Flitzpiepe heißen.

Irgendwie hatte unser erstes offizielles Planungstreffen mit dem Überreichen des ersten »Lehrergehalts« und der roten »Lehrerstifte« etwas Verheißungsvolles, obwohl wir nicht wussten, wie und wo es weitergehen sollte, wenn in nur sieben Wochen unser Gebäude abgerissen würde.

Wir hielten alle die Augen offen auf der Suche nach einer Wohnung. Bevor die vielen Syrer in die Stadt gekommen waren, konnte man in jeder Straße selbst geschriebene Zettel in den Fenstern entdecken mit der Aufschrift »zu vermieten«. Inzwischen war das anders, zum einen, weil viel mehr Wohnraum vermietet war, zum anderen, weil viele Vermieter vermeiden wollten, dass Syrer nach einer Wohnung fragten.

Die Polizei sprach von knapp einer Million syrischen Flüchtlingen in Gaziantep, die somit weit mehr als ein Drittel der Bevölkerung ausmachten. Das Stadtbild veränderte sich zusehends. Plötzlich gab es viele Frauen in Burkas, also voll verschleiert unter schwarzem Stoff, bei denen nicht mal die Augen zu sehen waren. Es bescherte mir ein mulmiges Gefühl, wenn ich einer größeren Anzahl solcher Frauen auf der Straße begegnete.

Wie ich später durch die Medien erfuhr, waren unter eben diesen Burkas auch deutsche und österreichische Mädchen, manche gerade mal fünfzehn Jahre jung, die vom IS über soziale Medien angeheuert worden waren. Ihr Weg führte über den Busbahnhof von Gaziantep in Richtung syrische Grenze bis nach Raqqa. Einmal las ich in den Nachrichten, dass ein deutscher Mann seine Tochter in Gaziantep suchte, und bot ihm per E-Mail meine Hilfe an. Aber mehr als die Augen offen halten konnte ich auch nicht und unter einer Burka hätte ich sie niemals erkennen können.

Dass Gaziantep zu so einem Dreh- und Angelpunkt werden würde, hätte ich mir nie vorstellen können, und nun war ich sozusagen mitten drin.

———

Immer wieder suchte ich den Rat meines Mentors Waldi vom CVJM Schlesische Oberlausitz, der mich gedanklich unterstützte, mich beriet und mir bereits im Voraus viel Mut zu dem Wagnis Türkei gemacht hatte. Er hatte oft eine andere Sicht auf die Dinge. Daher erzählte ich ihm bei einem Skype-Gespräch viel von den Syrern in der Stadt, von den fünf Leuten, die bei mir wohnten und den Kindern halfen, und fragte ihn, was er denn von dem Plan hielt, eine kleine Schule für die syrischen Kinder zu starten.

Waldi kniff die Augen zusammen und runzelte für einige Augenblicke die Stirn. Ich fürchtete schon, er würde sagen: »Lass das mal lieber.« Dabei hatten wir doch schon so viele Pläne geschmiedet, dass es eigentlich kein Zurück gab!

Stattdessen antwortete er sehr bestimmt: »Ja, das ist gut. Aber dann lass das Jugendzentrum los.«

Damit hatte ich überhaupt nicht gerechnet. Nun war ich mir nicht mehr so sicher, ob es gut gewesen war, ihm diese Frage zu stellen, denn das Jugendzentrum wollte ich nicht loslassen. Es war doch irgendwie »mein Baby« und die vielen guten Kontakte zu den Jugendlichen waren so wertvoll. Aber vermutlich hatte Waldi recht. Wenn es wichtig war, dass das Jugendzentrum weiterging, dann würde Gott es anderen Leuten aufs Herz legen, weiterzumachen.

Ab sofort wollte ich mich ganz auf die Herausforderung »Salam« einlassen. Waldi hatte auch schon eine Idee, wo wir dafür Fördermittel beantragen könnten. Beim CVJM Deutschland gab es die Aktion »Hoffnungszeichen«, die genau solchen Projekten im Ausland Unterstützung bot. Außerdem erzählte Waldi mir, dass er in einem Artikel der deutschlandweiten CVJM-Zeitschrift von einem Mann namens James Perry gelesen hatte, der vor circa hundert Jahren Mitarbeiter beim CVJM gewesen war und in Gaziantep begraben liegt. Ich könne ja mal nachforschen, meinte er.

Oh wow, das klang spannend! Das wollte ich gerne tun. Aufgeregt, dankbar, voller Enthusiasmus und Tatendrang ging ich aus diesem Skype-Gespräch heraus. Wie gut es doch war, einen Mentor zu haben!

Dank Internet fand ich schnell heraus, dass James Perry 1919 im Auftrag des CVJM Amerika nach Gaziantep gekommen war und nun auf dem Friedhof des amerikanischen Krankenhauses liegt, direkt am Rand des Stadtteils Sahveli, also dort, wo auch unsere Gemeinde war und Senne und viele weitere Syrer wohnten.

Noch am gleichen Tag ging ich hin und entdeckte zum ersten Mal den ruhigen, parkähnlichen kleinen Friedhof hinter den dicken Mauern, an denen ich schon so oft entlanggelaufen war. Wieso war ich nicht vorher auf die Idee gekommen, ihn mir genauer anzusehen? Da musste mich erst mein Mentor aus Deutschland draufbringen! Aber immerhin, nun war ich hier und lief langsam und bedächtig über den kleinen, unscheinbaren, gerade mal zweireihigen Friedhof. Gespannt ging ich von Grabstein zu Grabstein. Insgesamt waren es vermutlich nicht mehr als zwölf Grabsteine, alle von Ärzten oder Missionaren und deren Frauen aus Amerika, die damals mitgeholfen hatten, dieses Krankenhaus aufzubauen. Auf jedem Stein stand ein anderer Bibelvers oder ein christlicher Gedanke, und das mitten in Gaziantep, wo es kaum Christen gab.

Auf dem Grabstein von James Perry stand auf Englisch: »Getötet am 1. Februar 1920 durch die, denen er zu dienen gedachte. Sie wussten nicht, was sie taten.« Das berührte mich tief. Dieser Mann war kaum älter geworden, als ich es war. Und er wurde getötet, als er Hilfspakete zu Hungernden bringen wollte. Der CVJM hatte also eine Geschichte hier in der Türkei und sogar in Gaziantep. Dank vieler kompromissloser Nachfolger war vermutlich der Boden für die heutige Arbeit schon lange im Voraus vorbereitet worden. Wieder einmal wurde ich ein Stück demütiger vor Gottes Wegen.

Die Tatsache, dass James bereits nach einem Jahr seines Dienstes in Gaziantep getötet worden war, machte mir außerdem zum ersten Mal richtig bewusst, dass es nicht so »ohne« war, hier zu leben und zu arbeiten. Auf dem Heimweg kam mir wieder und wieder der Bibelvers in den Kopf: »Lehre uns bedenken, dass wir sterben müssen, auf dass wir klug werden« (Psalm 90,12; LUT). Wäre ich bereit, zu sterben? Und was genau ist gemeint mit »klug werden«? Um das zu wissen, war ich nicht klug genug. Aber ich wusste eines: Ich wollte die Zeit und die Gelegenheit, die ich hier in Gaziantep hatte, auskosten und aufhören, mir Sorgen über das zu machen, was ich hatte oder was ich loslassen musste.

7
Leute wie dich wollen wir hier nicht

Auch wenn sieben Wochen bis zum Abriss der Flitzpiepe wie eine kurze Zeit wirken, ist in diesen sieben Wochen sehr viel passiert. Zu viel. Nur wenige Tage nachdem ich von meinen Weihnachtsbesuchen in Deutschland nach Gaziantep zurückgekommen war, hatte ich wieder einmal einen sehr lebhaften Traum.

Ich ging eine Straße entlang, in der jedes Haus einen kleinen Vorgarten oder Vorhof hatte, in dem jeweils ein großer Hund war. Die Hunde waren überdimensional groß, sie wirkten wie aufgeblasen. Bei jedem Haus, an dem ich vorbeikam, flippte der Hund völlig aus, wenn er mich sah, und fing an, laut zu bellen und auf mich loszugehen. Von Haus zu Haus wurden die Hunde größer und lauter. Das war eine ziemlich beklemmende Situation und ich spürte, wie mich eine große Angst überkam. Wenigstens waren die Hunde alle angeleint! Aber als ich genauer hinsah, stellte ich fest, dass es nur ein dünner roter Wollfaden war, an dem sie angebunden waren.

Nun bekam ich noch mehr Angst und fragte, wer denn den Hunden so eine schwache Leine angelegt hatte. Das würde doch niemals reichen, um sie davon abzuhalten, auf mich loszugehen. Eine Stimme antwortete mir: »Der rote Faden ist mein Blut, mit dem ich sie gebunden habe. Es scheint auf den ersten Blick wirkungslos, nicht mächtig genug, aber du kannst darauf vertrauen, dass dir die Hunde nichts anhaben können. Ich habe sie gebunden.« In diesem Moment erwachte ich, schwer atmend vor Aufregung.

Jemand hatte mir einmal geraten, meine Träume in der Türkei aufzuschreiben, da sie bedeutungsvoll sein könnten. Viele Jahre hatte ich keine bemerkenswerten Träume gehabt, aber nach der »endlosen Treppe« kam mir auch dieser Traum irgendwie wichtig vor. Daher schrieb ich beide Träume noch am gleichen Morgen auf.

Etwa drei Wochen später, am 1. Februar 2014 bekam ich einen Anruf. Ein Mann stellte sich mit seinem Vornamen vor, ganz vertraut, als würden wir uns längst kennen, aber der Name war mir unbekannt. Er sagte, es gäbe ein Problem mit meiner Aufenthaltsgenehmigung und ich solle am nächsten Tag zur Polizeistation kommen. Sungjin und Peter saßen in diesem Augenblick neben mir am Tisch.

Sobald ich aufgelegt hatte, erklärte ich ihnen, was der Mann gesagt hatte. Die beiden meinten daraufhin entspannt: »Ach, da brauchst du dir keine Gedanken zu machen. Sicherlich wollen sie einfach nur deine Aufenthaltsgenehmigung verlängern. Das war bei uns auch ab und zu so.«

Daher ging ich am nächsten Morgen unbekümmert mit Layla zur Polizeistation. Wie immer war das kleine Büro im ersten Stock mit den beiden Schreibtischen für Ausländerangelegenheiten völlig überfüllt. Alle Syrer der Stadt mussten sich dort registrieren und sie standen auch heute die Treppen hinunter bis zur Eingangstür. Mit einem schlechten Gewissen drängte ich mich zusammen mit Layla an ihnen vorbei, um in das Zimmer zu linsen.

Da erblickte mich auch schon einer der beiden Polizisten und schrie mich an: »Komm rein! Setz dich hin und warte! Leute wie dich wollen wir nicht in unserem Land.«

Mir fiel die Kinnlade herunter. Hatte ich was verpasst? Was hatte ich denn getan?

Der Polizist ließ mich warten und schaute mich dabei immer wieder abschätzig an. Sobald ich auch nur den Ansatz machte, etwas zu fragen oder zu sagen, schrie er wieder: »Du wartest.« Plötzlich schrie er: »Herkommen und unterschreiben.«

So verängstigt, wie ich war, unterschrieb ich einfach, ohne nachzufragen, um was es denn überhaupt ging. Es war die Einwilligung zu meiner Abschiebung.

»In 48 Stunden hast du, unser schönes Land zu verlassen, sonst sperren wir dich ein«, fauchte er mich weiter an.

Ich wandte ein, dass ich ja auch fand, dass die Türkei ein sehr schönes Land sei, dass ich so gerne bleiben wollte und nur hier war, um zu helfen und so weiter.

»Deine Hilfe braucht hier keiner. Wenn hier einer Hilfe braucht, dann bekommt er die von uns«, zischte er als Antwort. »Und jetzt geh und bezahl erst mal die Schulden, die du bei uns hast.« Er drückte mir einen Zettel in die Hand und schob mich aus dem Zimmer.

Layla blieb die ganze Zeit fest an meiner Seite und ich war sehr dankbar dafür. Wenigstens war ich nicht alleine an diesem gefühlten Abgrund.

Wir wussten beide nicht, wie und wo es weitergehen sollte. Deshalb zeigten wir der Security am Eingang der Polizeistation den Zettel und fragten, wo man denn Schulden bezahlen konnte, obwohl ich mir gar keiner Schuld bewusst war.

Der Security-Mann schaute sich das Papier sorgfältig an und erklärte mir anschließend den Weg zu einem Gebäude im Verwaltungsviertel. Es war nicht weit und wir gingen sofort los.

Unterwegs kamen syrische Kinder auf uns zugelaufen, die wir noch nicht kannten. Sie sahen sehr arm und schmutzig aus und fragten, ob wir Brot für sie kaufen könnten. Ich dachte an den Polizisten, der behauptet hatte, sie würden allen helfen, die Hilfe bräuchten. Seine Worte machten mich wütend und ich hätte diese Kinder am liebsten zu ihm in die Polizeistation gebracht. Aber das hätte meine Lage sicher nicht verbessert. Stattdessen gingen wir gemeinsam mit den Kindern zur nächsten Bäckerei.

Ich fragte das älteste Kind, wie viele Leute sie denn zu Hause seien. Das Mädchen überlegte kurz und sagte: »Sechs.«

»Dann nehmen wir sieben Fladenbrote«, sagte ich zu dem Bäcker. Schon immer mochte ich die Zahl sieben, weil es die Zahl der göttlichen Vollkommenheit ist.

Der Bäcker warf mir eine Plastiktüte mit den Broten hin und fauchte wie besessen: »Leute wie dich wollen wir hier nicht. Geh zurück in dein Land.«

Ich war so perplex, dass ich direkt aus dem Laden lief, ohne mein Rückgeld zu verlangen.

»Layla, hast du das auch gehört?«, fragte ich meine treue Begleiterin in der Annahme, dass ich vielleicht halluziniere. Aber sie bestätigte es. Sie war genauso erschüttert über diesen unfreundlichen Bäcker wie ich, aber sie vermutete, dass er vielleicht dachte, dass ich auch Syrerin sei, und die waren gerade nicht sehr beliebt. Mag sein, dass es so war. Aber für mich war es wie ein krasser geistlicher Kampf um mich herum. Fast wie die Hunde in meinem Traum, bei denen ich auch nicht verstand, warum sie so heftig auf mich reagierten. Wenn man Dinge tut, die dem Bösen verhasst sind, dann bekommt man das zu spüren.

Insgesamt waren es von der Polizeistation bis zu unserem Ziel nur wenige Hundert Meter. Aber es war ein Weg voller weiterer seltsamer Ereignisse. Auf einer Fußgängerbrücke stand mitten auf dem Weg ein Mann mit Sonnenbrille, wohlbemerkt es war Winter, und starrte uns mit zusammengepressten Lippen und vor der Brust verschränkten Armen böse an. Als wir an ihm vorbei waren, drehte er sich um und folgte uns.

Dann kam uns beim Überqueren der Straße an einem Zebrastreifen ein Mann entgegen, der eindeutig ein türkisches christliches Lobpreislied sang, aber wir konnten sein Gesicht nicht sehen. Definitiv war es niemand aus unserer Gemeinde. Layla war genauso überrascht wie ich. Sie meinte sogar, er hätte gar kein Gesicht gehabt. Es war uns, als wären wir einem Engel begegnet – eine stärkende und Mut machende Begegnung, bevor wir endlich in dem Gebäude ankamen, wo man Strafen bezahlen durfte.

Nachdem wir eine Nummer gezogen hatten, setzten wir uns auf zwei freie Plätze. Während wir warteten, schaute ich mir meinen Schuldschein etwas genauer an. Darauf stand, schwarz auf weiß, dass ich gegen Gesetz Nummer 666 verstoßen hatte und deshalb 540 Lira Strafe zahlen musste. Jetzt war ich völlig platt und musste innerlich grinsen. Deutlicher hätte der Hinweis nicht sein können, dass ich tatsächlich mitten in einem geistlichen Kampf war und mir das nicht nur einbildete. Sonst denke ich eigentlich nicht über solche Zahlen nach, aber an diesem Tag und in diesem Zusammenhang war die Zahl 666 eindeutig etwas Teuflisches für mich. Und ich dachte, wenn der Teufel 540 Lira von mir will, dann soll er die gerne haben.

Als ich endlich an der Reihe war, legte ich dem Kassierer meinen Schuldschein und das abgezählte Geld hin. Er schob mir 200 Lira ohne Worte zurück. Ich schob sie ihm wieder hin und sagte deutlich, dass ich alles bezahlen will und keine Schuld übrig bleiben darf.

Er fragte: »Wissen Sie denn überhaupt, wofür Sie dieses Geld bezahlen?« Als ich den Kopf schüttelte, erklärte er: »Sie behaupten, dass Sie nicht an der Adresse wohnen, die in Ihrer Aufenthaltsgenehmigung steht.«

Sofort widersprach ich: »Klar wohne ich dort.«

Er meinte: »Das habe ich mir schon gedacht. Reine Schikane. Und heute gibt es 200 Lira Rabatt.«

»Wow, was ist das denn für ein Schuldeneintreiber?«, dachte ich. Mit einem Nachweis, dass die Schulden bezahlt waren, schickte er uns zurück zur Polizei, zu diesen beiden unangenehmen Polizisten. Darauf hatten wir überhaupt keine Lust. Aber was blieb uns anderes übrig?

Innerlich hatte ich immer noch die Hoffnung, dass sich das Blatt wenden könnte und ich doch in der Türkei bleiben durfte, jetzt, wo ich meine Schulden bezahlt hatte.

Die Polizisten erwarteten mich schon mit einem hämischen Grinsen in ihrem Zimmerchen.

»Na, hast du einen Rabatt bekommen?«, fragte der eine. Ich war mit meinen Gefühlen so durcheinander, dass ich gar nicht darauf reagieren konnte. »Siehst du, so freundlich sind wir hier in der Türkei. Und jetzt geh und pack deine Sachen. In 48 Stunden musst du hier weg sein!«

Noch während er sprach, drehte ich mich schon um und ging schnell hinaus, um nicht vor den beiden loszuheulen. Draußen vor dem Gebäude liefen die Tränen jedoch umso heftiger. Den gesamten Weg bis zum Jugendzentrum konnte ich mich nicht mehr beruhigen. Es war einfach alles zu viel für meine Nerven. Ich war so froh, dass Layla dabei war!

Zu Hause angekommen erzählte sie den anderen, was passiert war. Tiefe Betroffenheit und auch Hoffnungslosigkeit machten sich um den Tisch breit.

»Ja, wie soll es denn dann mit uns weitergehen, wenn du weg bist, Sabine?« Erst jetzt schien Layla die Konsequenzen zu realisieren. »Und unsere schönen Pläne für die Schule für die syrischen Kinder? Was wird daraus?«

Sofort verstummten meine Tränen und mein Gejammer und ich antwortete voller Sicherheit und Überzeugung: »Ihr macht natürlich weiter! Bleibt hier wohnen! Betreibt das Jugendcafé! Setzt den Lehrplan für die syrischen Kinder um, an dem wir schon so viel gearbeitet haben! Sucht nach neuen Räumen, wenn das Gebäude hier abgerissen wird!«

Ach du Schreck! Jetzt dämmerte es uns allen wieder. Nur noch vier Wochen!

Armanj, der aufgrund seiner Stellung als Ehemann und Bruder die größte Verantwortung für die syrische Gruppe trug, wurde übel: »Wir haben als Syrer doch gar keine Chance, eine Wohnung zu finden.«

Ich fürchtete, dass er recht haben könnte. Nach außen versuchte ich, hoffnungsvoll, sicher und überzeugt zu wirken, um den anderen Mut zu machen, aber innerlich schien mir alles mehr als hoffnungslos.

Und ich? Wo sollte ich überhaupt hin? Ich musste ja nun innerhalb von 48 Stunden das Land verlassen. War meine »kurze Zeit« in der Türkei, wie die beiden Männer aus Zypern mir in Peters Wohnung anderthalb Jahre zuvor vorhergesagt hatten, nun vorbei? Wie und wo sollte es weitergehen? In Deutschland hatte ich keine Wohnung mehr. Bei meinen Eltern in dem kleinen Dorf in der Pfalz hätte ich es in dieser Situation nicht ausgehalten und von dort aus wäre auch nichts weiter auszurichten gewesen. Daher beschloss ich, einen Flug nach Berlin zu buchen und direkt ins türkische Generalkonsulat zu gehen. Vielleicht würde ich dort erfahren, was das Problem war, und eine neue Aufenthaltsgenehmigung bekommen.

Also hieß es Koffer packen. Was sollte ich mitnehmen? Was hierlassen? Würde ich überhaupt wieder zurückkommen? Und musste ich nicht sowieso alles mitnehmen, weil das Gebäude ja abgerissen werden sollte? Fragen über Fragen.

Viel wichtiger als meine Habseligkeiten war es mir aber, die letzten Stunden mit den Menschen zu verbringen, die mir ans Herz gewachsen waren. Und so hatte ich nur einen kleinen Handgepäckkoffer, als ich am übernächsten Tag mit dem Bus zum Flughafen fuhr.

Am Flughafen sah ich überall Männer mit blonden langen Bärten und knöchellangen Gewändern. Sie unterhielten sich auf Deutsch, gespickt mit arabischen Ausdrücken, die auch ich inzwischen verstehen konnte. Manche trugen Kapuzenpullis mit islamischen Aufdrucken in Deutsch.

Der Flughafen Gaziantep lag nur fünfzig Kilometer von der syrischen Grenze entfernt und es war mehr als deutlich, dass das Ziel dieser Männer Syrien war und sie nicht unbedingt kamen, um Frieden zu stiften. Warum durften sie einreisen und ich musste gehen?

8

Berlin – meine Hoffnung

Während ich aus dem Fenster des Fliegers schaute und mich über den Wolken die frühe Morgensonne beschien, überkam mich ein wohliges Gefühl. Seltsam, eigentlich hätte ich wütend, traurig oder wenigstens ängstlich sein müssen. Es war schließlich völlig unklar, wie es weitergehen würde und ob ich überhaupt je wieder in die Türkei zurückkommen durfte. Aber irgendwie hatte ich den Eindruck, dass Gott mir sagte: »Du wirst in den nächsten Wochen, Monaten und Jahren sehr oft im Flugzeug sitzen. Hast du Lust?« Ich genoss diesen »Heimflug« tatsächlich in der tiefen Gewissheit, dass Gott fest an meiner Seite war und einen guten Plan hatte.

Nach der Landung freute ich mich sehr darüber, dass Thomas, der Leiter des CVJM Schlesische Oberlausitz, zum Flughafen Schönefeld gekommen war, um mich abzuholen, mich bis zum Ostbahnhof zu begleiten und dort einen Kaffee mit mir zu trinken. Auch das war wirklich ein tolles Gefühl. Genial, was für treue Menschen mir Gott immer wieder an die Seite gestellt hat!

Beim Kaffeetrinken konnte ich Thomas noch einmal alles erzählen, was in der Polizeistation geschehen war, wie sich die Stadt Gaziantep zunehmend veränderte und welche Pläne mit meinen syrischen Mitbewohnern sich gerade bezüglich einer kleinen Schule für syrische Kinder entwickelt hatten – Pläne, die jetzt vor dem »Aus« standen.

Thomas meinte bestimmt: »Du musst da unbedingt wieder hin.«

Ich erzählte ihm, dass ich inzwischen von etlichen Europäern und Amerikanern gehört hatte, die die Türkei verlassen mussten und sogar Einreisesperren bekommen hatten. Von manchen wusste ich, dass sie mit einem Anwalt dagegen vorgingen.

»Ja Mensch, Sabine, könntest du dich da nicht direkt an die Klage mit dranhängen?«, fragte Thomas.

Das wäre teuer geworden und das wollte ich erst mal nicht. Wenn Gott mich in der Türkei haben wollte, dann sollte er mich auf eine andere Weise wieder reinkriegen. Und wenn nicht, dann eben nicht.

Zuerst einmal wollte ich meine Freundin Ulli in Berlin-Kreuzberg anrufen und fragen, ob ich bei ihr übernachten könnte. Thomas lieh mir sein Handy, da ich keine deutsche SIM-Karte besaß. Ich war heilfroh zu hören, dass Ulli tatsächlich gerade in Berlin war und ich übers Wochenende bei ihr bleiben konnte. Als Nächstes wollte ich mich beim türkischen Generalkonsulat erkundigen, warum ich das Land hatte verlassen müssen und wann ich wieder einreisen durfte. Ich verabschiedete mich daher von Thomas und setzte mich in die Ringbahn, um ans westliche Ende der Stadt in die Heerstraße zum Konsulat zu fahren.

Nachdem ich ausgestiegen war, sah ich mich um. Links und rechts standen beeindruckende alte Villen hinter riesigen Bäumen, die die breite Allee zierten. Irgendwie hatte diese Atmosphäre etwas Gewaltiges, was dafür sorgte, dass ich mich dazwischen schwach und bedeutungslos fühlte. Die Straße war sehr lang und die Villen machten nach einer Weile moderneren Gebäuden Platz. Endlich entdeckte ich vor einem Plattenbau, der vermutlich aus den Sechzigerjahren stammte, rot-weiße türkische Fahnen. Ich zog meinen

Handgepäckskoffer noch etwas zügiger hinter mir her, denn es war Freitag und ich wollte auf keinen Fall bis Montag warten.

Nach der Sicherheitsschleuse am Eingang des Konsulats stellte ich mich am Infodesk in eine lange Schlange. Vor mir wurden viele abgewimmelt und gingen mit hängenden Köpfen zum Ausgang. Ohne Termin ging nichts. Doch bei mir war es anders. Erst im Nachhinein wurde mir bewusst, dass es ein Riesenwunder war, dass ich so spontan und ohne Termin am Freitagnachmittag zur zuständigen Person vorgelassen wurde.

Deren Büro war erstaunlich wohnlich eingerichtet, mit vielen Orchideen auf der Fensterbank und Bildern an der Wand. Die Person war freundlich und aufgeschlossen und hörte sich geduldig meine Geschichte an. Doch nachdem sie meinen Namen in ihren PC eingetippt hatte, verzog sie ihr Gesicht und meinte bedauernd: »Ich habe es schon befürchtet. Das kommt leider sehr häufig vor. Sie haben eine fünfjährige Einreisesperre in die Türkei.«

Diese Botschaft traf mich mit voller Wucht. »Kann man da nichts tun?«, fragte ich.

»Doch, doch, wir können Widerspruch dagegen einlegen. Bitte füllen Sie dafür dieses Papier aus. Und lassen Sie sich Zeit. Überlegen Sie in aller Ruhe und schreiben Sie so viel wie möglich, gerne auch auf den leeren Rückseiten.«

Dass diese liebe türkische Person mir so wohlgesonnen war, ließ mich trotz des Schocks ein wenig aufatmen. Ich setzte mich also in den Wartebereich und füllte sage und schreibe eine Stunde lang den Bogen aus, während ich dazwischen immer wieder kleine Stoßgebete gen Himmel schickte. Ich schrieb von der Entstehung des Jugendcafés Flitzpiepe, von meinem Interview bei NTV mit dem türkischen Außenminister und von den armen syrischen Kindern, für die ich gerade eine Schule starten wollte. Ich schrieb so viel, bis jeder weiße Fleck auf den Papieren voll war. Dann gab ich den Bogen ab.

Die Person im Büro nahm ihn lächelnd entgegen und meinte: »Sie haben ja wirklich viel geschrieben. Sehr gut. Das mit NTV wird Eindruck machen.« Bedauernd fügte sie hinzu: »Leider kann es aber sehr lange dauern, bis Sie eine Antwort erhalten.«

Egal, ich hatte nun erst mal getan, was ich konnte, und freute mich auf meine Freundin Ulli. Diese lud mich am Abend passenderweise auf einen Döner direkt bei ihr um die Ecke im »GAZIANTEP-Restaurant« ein. Natürlich passierte dort, was passieren musste – ich kam ins Gespräch mit dem Restaurantbesitzer und seiner Frau. Zunächst ging es darum, wo ich denn so gut Türkisch gelernt hätte.

»In Gaziantep«, verkündete ich freudestrahlend. Die beiden kamen aus dem Stadtteil Sahveli, wo unsere Gemeinde sich traf und wo inzwischen so viele Syrer wohnten. Sie freuten sich riesig, dass ich mich dort so gut auskannte. Als ich ihnen erzählte, dass ich heute früh von dort gekommen war und dass ich eine fünfjährige Einreisesperre bekommen hatte, waren sie tief betroffen und überlegten sofort, wie sie mir helfen könnten: »Wir kennen da jemanden, der könnte vielleicht... und dann gibt es noch den...«

Innerlich musste ich schmunzeln. Die Türken und ihre Beziehungen!

Doch dann kam dem Mann eine geniale Idee. »Ich kenne einen türkischen Politiker in Deutschland«, erzählte er. »Der hat richtig gute Connections nach Ankara. Ich glaub, nächste Woche kommen sogar welche von denen nach Berlin. Ruf den mal an.« Und sogleich schrieb er mit einem Kugelschreiber eine Handynummer auf eine Serviette und schob mir diese mit Bestimmtheit zu.

»Joa, das werde ich mal probieren«, entgegnete ich ihm mit weniger Gewissheit, aber dennoch dem festen Vorhaben, diese »Connection« zu testen.

Als wir nach vielem weiteren Reden und Händeschütteln um halb elf aus dem Restaurant raus waren, fragte ich Ulli, ob ich ihr

Handy benutzen dürfe, um die Nummer anzurufen. Sie gab zu bedenken, dass es bald Wochenende und eventuell ein ungünstiger Zeitpunkt für so ein Telefonat wäre. Aber ich wollte es gern sofort versuchen.

Mein Anruf wurde sofort angenommen. Auf Türkisch erklärte ich, woher ich die Nummer hatte, wer ich war und weshalb ich anrief. Das Gespräch dauerte etwas mehr als eine halbe Stunde. Der sehr aufgeschlossene Politiker am anderen Ende der Leitung hatte, wie es schien, großes Interesse, mir zu helfen. Zum Schluss bat er mich noch, ihm meinen vollen Namen per SMS zu schicken, und versprach, sich wieder bei mir zu melden, sobald er wüsste, wie er mir helfen konnte.

Ich legte total geflasht und begeistert auf und schickte sofort die SMS los. Auch Ulli konnte es nicht fassen, dass das gerade echt geklappt hatte. Aber im Laufe des Wochenendes legte sich die Begeisterung wieder und ich war mir nicht mehr so sicher, ob ich je wieder etwas von diesem Mann hören würde.

Völlig unverhofft las ich am gleichen Wochenende eine Nachricht von einem anderen Mann, von dem ich bereits viel in der christlichen Szene gehört hatte. Yasin hatte Theologie und Islamwissenschaften studiert, sprach Arabisch, Türkisch, Persisch, Englisch und vielleicht noch mehr Sprachen fließend und war etwa in meinem Alter. Er war in Deutschland geboren und kannte sich aufgrund seiner türkischen Wurzeln in beiden Kulturen aus. Von vielen Seiten war mir schon gesagt worden, dass ich ihn unbedingt mal kennenlernen müsste. Nun entdeckte ich plötzlich auf Facebook eine Nachricht von ihm, die er mir zwei Tage zuvor geschickt hatte:

Hallo Sabine,
mein Name ist Yasin. Über Thomas Brendel habe ich viel von dir und deiner Arbeit gehört. Er hat mich ermutigt, dich mal zu besuchen.

Genau das ist es, worüber ich gerade nachdenke, und da wollte ich als Erstes nachfragen, ob du dafür offen bist. Ich bin in diesem Sommer recht flexibel und fände es toll, wenn ich mich für ein paar Tage oder Wochen für deine Sache engagieren dürfte. Da ich türkisch und arabisch spreche, dürfte sich der Aufwand für dich in Grenzen halten.

Sollten diese Zeilen dein Interesse geweckt haben, dann gib mir doch bitte kurz Antwort, dann will ich dir gerne noch mehr davon erzählen, was ich mir vorstellen könnte.

Mit gespannten Grüßen und herzlichen Segenswünschen aus Marburg

Yasin

Ich fühlte mich sehr geehrt, dass mich dieser besondere Mensch kontaktierte. Sofort kam mir der Gedanke, dass es genial wäre, wenn er mich in Gaziantep vertreten könnte. Meine syrischen WG-Mitbewohner brauchten dringend jemanden an ihrer Seite, der ihnen Sicherheit gab und ihnen Verantwortung abnehmen konnte. Wer, wenn nicht Yasin, wäre dafür geeignet? Per Skype verabredeten wir, uns fünf Tage später in Marburg live zu treffen und Pläne zu schmieden. Aber wenigstens bis Dienstag wollte ich noch in Berlin warten und sehen, ob die »Connection« mit dem Politiker was gebracht hatte oder nicht.

Das Wochenende konnte ich mit Ulli noch recht vergnügt rumbringen, aber am Montagmorgen wurde mir das Herz wieder schwerer. Ulli hatte zu tun und Dani, die Freundin bei der ich die kommenden zwei Nächte in Berlin unterschlüpfen konnte, musste wie jeder normale Mensch in unserem Alter arbeiten. Ja, es wurde mir noch mal sehr deutlich bewusst: »Irgendwie bin ich nicht normal.« Traurig dachte ich: »Zu was hab ich es schon gebracht? Ich gammle nur rum, versuche, die Welt zu retten, aber am Ende kommt nichts dabei raus. Vielleicht sollte ich endlich auch mal anfangen, ›richtig‹ zu arbeiten.«

Während mir all diese Gedanken durch den Kopf schwirrten, lief ich schweren Schrittes, den kleinen Koffer hinter mir herziehend, durch Berlin und versuchte, den Tag rumzubringen. Jeder einzelne Schritt fiel mir schwer und ich musste mich zwingen, einen Fuß vor den anderen zu setzen und weiterzugehen, obwohl ich das Ziel nicht kannte, Schritt für Schritt.

Ich lief am Tiergarten entlang und wollte an der türkischen Botschaft vorbeispazieren, um dort zu beten und zu sehen, was so los ist. Doch die Straße war komplett abgesperrt. Deshalb lief ich nach links weiter und stand plötzlich vor der Gedenkstätte Deutscher Widerstand, die sich neben dem Verteidigungsministerium befindet. Dort gab es gerade eine kostenlose Ausstellung. Da ich sowieso nichts weiter zu tun hatte, ging ich hinein und schaute mir Plakat für Plakat an. Es ging um Naziregimegegner, bekannte und weniger bekannte. Ich las mir alles genau durch, hangelte mich von Stockwerk zu Stockwerk, sodass ich schon bald gar nicht mehr sagen konnte, wo ich mich eigentlich befand. Schließlich kam ich zu einem Plakat, auf dem viele Hundert Menschen den rechten Arm zum Hitlergruß erhoben, bis auf einen, der beide Arme unten hielt. Dieser war rot eingekreist. Darunter stand die Frage: »Wie hättest du dagestanden?«

In diesem Moment war es mir, als wenn Gott mich fragte: »Bist du bereit, dagegenzustehen? Dann ist es mir ein Leichtes, dich zurück in die Türkei zu bringen.«

Puhh, diese Frage konnte ich nicht leichtfertig beantworten. Gerade jetzt, wo die vielen Geschichten von den Plakaten völlig frisch waren, wo mir so stark bewusst war, dass Leute ihr Leben gelassen hatten, um dagegenzustehen. Dennoch rang ich mich innerlich zu einem zögerlichen Ja durch.

Im selben Augenblick klingelte Ullis Telefon in meiner Tasche. Sie hatte es mir ausgeliehen, falls der Politiker mich anrufen wollte. Und genau der war dran: »Sabine, hast du Zeit, heute Abend, achtzehn Uhr Ritzhotel, Potsdamer Platz? Da kommen Kollegen von mir aus Ankara, denen würde ich dich gerne vorstellen. Ministerpräsident Erdogan wird auch da sein.«

Mir stockte der Atem. Ich stotterte nur verwirrt in den Hörer, dass ich nicht so genau wüsste, wo das ist, aber dass ich es schon finden würde. Dann war das Gespräch beendet.

Ich hielt mir den Mund zu, damit ich nicht mitten in dieser Ausstellung laut losschrie vor Überwältigung. Mit der Hand vor dem Mund suchte ich den Ausgang, lief viele Treppen hinunter, über den Innenhof an einem Trupp Soldaten vorbei. Als ich endlich wieder auf der Straße war, machte ich mir innerlich und äußerlich lachend und schnaufend Luft.

Ich musste auf jeden Fall Dani Bescheid sagen, bei der ich übernachten wollte. Sicherlich wusste sie, wo der Potsdamer Platz war und wie ich da hinkäme. Und vielleicht hätte sie auch noch etwas Passendes zum Anziehen für mich. In meinem Handgepäckkoffer hatte ich nun wirklich kein Kleidungsstück, mit dem man eine Hotellobby hätte betreten, geschweige denn Politikern gegenübertreten können.

Es war bereits Nachmittag, und da Dani um sechzehn Uhr zu Hause sein wollte, machte ich mich mit meinem Köfferchen auf den Weg zu ihrer Wohnung, um dort auf sie zu warten. Als sie kam, wollte sie gleich wissen, was geschehen war, angefangen mit meinem Rauswurf aus der Türkei bis hin zu meinem geplanten Rendezvous im Ritzhotel am Abend. Ich konnte selbst noch nicht fassen, was alles innerhalb weniger Tage geschehen war, und nachdem ich so lange mit meinen Gedanken und Gefühlen allein gewesen war, tat es richtig gut, alles mit Dani zu teilen.

Sie fieberte richtiggehend mit mir dem Abend entgegen. Vor ihrem Kleiderschrank probierte ich ein schickes Abendkleid nach dem anderen an, aber ich fand, dass alles völlig übertrieben und so gar nicht nach mir aussah. Es half nichts. Meine Dreadlocks ruinierten sowieso jeden schicken Look. Wir mussten los und ich zog einfach wieder die Sachen an, die ich schon den ganzen Tag getragen hatte. Dani wollte mich mit ihrem Auto so nah zum Hotel ranfahren wie möglich, aber der Potsdamer Platz war weiträumig gesperrt. Helikopter kreisten, man sah Snyper auf den Dächern und vor den langen Bauzäunen standen überall Polizisten. »Kann ich die einfach so ansprechen?«, fragte ich mich zögerlich. Doch dann ging ich einfach mutig auf welche zu, denn hier kannte ich sie ja als »Freund und Helfer«. Als ich fragte, wie ich denn zum Ritz käme, lachten sie und wiesen mich darauf hin, dass da jetzt keiner reinkäme, weil ja der Ministerpräsident aus der Türkei erwartet wurde.

Ich nannte ihnen den Namen meiner »Connection« und erklärte, dass mich dieser Politiker eingeladen hatte. Tatsächlich ging der Bauzaun auf und die beiden Herren in Blau begleiteten mich zum Hotel. Ich hatte zuvor den Politiker extra noch mal gegoogelt, damit ich ihn auch erkennen würde. Daher fiel es mir nicht schwer, den etwas älteren Mann in der gut gefüllten Hotellobby zwischen den vielen Anzugträgern und Frauen in Kopftuch zu erspähen. Offensichtlich wartete er schon auf mich, denn er kam direkt auf mich zu und die beiden Polizisten gingen beruhigt zu ihrer Arbeit am Bauzaun zurück.

»Schön, dass Sie gekommen sind«, begrüßte er mich, während er mich sehr freundlich ansah. »Erzählen Sie mir doch bitte noch mal kurz Ihre Geschichte. Ich stelle Sie dann gleich ein paar Leuten vor.«

Während ich alles noch mal knapp zusammenfasste, liefen wir durch die Lobby und an diversen Bars und Cafés des Hotels vorbei.

Er schien hier so ziemlich jeden zu kennen, denn alle paar Meter nickte er jemandem freundlich zu. Dann winkte er eine junge Dame mit schwarzem offenem Haar herbei, der ich alles noch einmal berichten sollte. Sie notierte sich meinen Namen mit Bleistift in ein kleines, recht leeres Büchlein und reichte mir ihre Visitenkarte mit goldener Aufschrift aus dem Prime Ministry Ankara.

»Selbstverständlich kann ich Ihnen bei Ihrem Problem behilflich sein«, sagte sie mit einem Hauch von Lächeln und schlug mir vor, noch einen Kaffee zu trinken, bis Ministerpräsident Erdogan in wenigen Minuten das Hotel erreichen würde.

Irgendwie war mir dabei nicht so richtig wohl. Ich merkte, wie Männer mit Knopf im Ohr mich ins Visier nahmen. Im nächsten Augenblick kamen sie ziemlich hektisch auf mich zu und fragten, wer ich sei und was ich hier zu suchen habe. Der liebe Politiker, der zum Glück immer noch an meiner Seite stand, nahm mich sofort in Schutz und betonte, dass ich sein persönlicher Gast sei. Aber die dunkel gekleideten Männer waren völlig aufgebracht und auch ein bisschen ratlos, was sie nun mit mir machen sollten. Schließlich stand ich auf keiner offiziellen Gästeliste und meine Identität war nicht im Voraus überprüft worden.

Eigentlich hatte ich ja schon, was ich wollte: meinen Namen im Büchlein einer Dame aus dem Prime Ministry und eine goldene Visitenkarte in der Tasche. »Das sollte genügen«, dachte ich. »Wozu jetzt noch darum kämpfen, im Hotel zu bleiben?« Ich sagte, dass ich lieber gehen würde, und entschuldigte mich bei dem Politiker für die Unannehmlichkeiten, die er meinetwegen mit diesen Sicherheitsmännern hatte. Er versuchte, mich höflich zum Bleiben zu überreden, aber die beiden Männer mit Knopf im Ohr blieben hartnäckig. Deshalb verabschiedete ich mich zügig und schon war ich durch die Drehtür wieder im Freien, wo mir die lauten, fast monströs donnernden »Allahu akbar«-Rufe mehrerer Tausend Erdogan-Fans entgegenschlugen.

Dieser stieg gerade auf der anderen Seite der vor dem Hoteleingang geparkten Limousine aus, an der ich mich vorbeischlich.

Vor den Bauzäunen drängten sich Menschen, die sich alle wünschten, jetzt an meiner Stelle auf der anderen Seite des Zauns zu sein, Aber ich wollte nur noch hier raus und wieder zu meiner Freundin ins Auto steigen, die Runden drehend auf mich wartete.

Am nächsten Tag berichtete die Tagesschau von einer Sicherheitslücke im Hotel des türkischen Ministerpräsidenten in Berlin und davon, dass er deshalb in ein anderes Hotel hatte umziehen müssen. Ich hoffte, dass nicht ich diese Sicherheitslücke gewesen war.

Dankbar für die Tage, die ich in Berlin bei Freunden verbracht hatte, machte ich mich zwei Tage später mit einer Mitfahrgelegenheit auf den Weg nach Marburg, um Yasin zu treffen. So ein angenehmer, gebildeter und dennoch schlichter Mensch war mir vorher noch nie begegnet. Da ich eine Nacht im Wohnzimmer seiner WG schlafen konnte, hatten wir viel Zeit, um uns auszutauschen. Ich erzählte ihm davon, wie ich in Gaziantep gelandet war, von der Entstehung der Flitzpiepe und davon, dass nun plötzlich so viele Syrer in die Stadt gekommen waren. Dann kamen die Geschichten von meinen fünf syrischen Mitbewohnern, von unseren Plänen für die Salam-Schule und von meinem Rauswurf.

Yasin erzählte mir seinerseits, warum er so viele Sprachen sprach und dass er einige Monate in Damaskus und Teheran studiert hatte. Sein Herz schlug für den Mittleren Osten, aber wir stellten im Laufe der Gespräche auch fest, dass er sogar Dahn kannte, das Dorf in der Pfalz, in dem ich geboren und aufgewachsen war. Das war tatsächlich einer seiner Lieblingsorte in Deutschland zum Wandern und Zelten, so mitten im Wald.

Wir staunten, wie viel uns verband, und ich war völlig fasziniert von dem Gedanken, ab sofort mit ihm gemeinsam über die Salam-Schule nachzudenken und zu planen. Yasin war tatsächlich bereit, sich in gerade mal fünf Wochen auf den Weg nach Gaziantep zu machen und dort für zunächst drei Monate zu bleiben. Bescheiden, wie er war, verabschiedete er sich von mir mit den Worten: »Ein bisschen Angst habe ich schon. Ich hoffe sehr, dass du mich dann in fünf Wochen in Gaziantep vom Flugzeug abholen wirst.«

»Ja, das wäre ein Traum«, entgegnete ich ihm mit wenig Hoffnung.

Mit der nächsten Mitfahrgelegenheit machte ich mich auf den Weg zu meinem Mentor und Begleiter vom CVJM nach Hoyerswerda. Dort angekommen konnte ich erst mal zur Ruhe kommen. Waldi und seine Frau Evi lebten damals noch in einem großen Haus auf dem Land, wo ich eines der früheren Kinderzimmer für mich alleine hatte. Das war echter Luxus! Und es gab keine zeitliche Begrenzung, wie lange ich bleiben durfte. Die einzige Bedingung war, dass ich ab der kommenden Woche ein bisschen helfen würde, die Wohnung in der Stadt zu renovieren, in die die beiden bald ziehen wollten.

»Nichts lieber als das«, dachte ich. Endlich konnte ich mich mal nützlich machen!

Aber auch meine erste Woche dort wollte ich nicht nur »rumgammeln«. Ich nahm mir vor, die Zeit mit Fasten und Beten zu verbringen. Eine Woche Fasten, das hatte ich bis dahin noch nie gemacht. Und den ganzen Tag beten? Da wusste ich auch nicht, wie ich das gestalten sollte. Aber es wurde eine meiner intensivsten und tiefsten Zeiten mit Gott. Plötzlich entdeckte ich neue Möglichkeiten, mit ihm zu kommunizieren: beim Radfahren, beim Malen, auf Knien und sogar durch Tanzen. Auf der einen Seite war es wie ein Kampf, der mich auslaugte und tatsächlich immer wieder in die Knie zwang, und auf der anderen Seite war es ein totales Loslassen und Freiwerden und Leichtwerden. Es wurde für mich von Tag zu Tag unwichtiger, ob ich je wieder in die Türkei zurückkehren würde, solange ich nur bei Gott sein konnte. Gleichzeitig wurden meine

Gebete immer tiefer und inniger und der Heilige Geist nahm darin immer mehr Raum ein.

So verging diese Woche viel zu schnell. Nach einem stärkenden Frühstück saß ich morgens neben Waldi im Auto auf dem Weg zur Baustelle. Waldi bereitete mich schon mal darauf vor, dass er vorhatte, drei Wände rauszuhauen. Er selbst hatte gerade erst ein zähes Rückenleiden hinter sich und durfte solche Arbeiten nicht machen. Daher drückte er mir den schweren Vorschlaghammer in die Hand. Zaghaft fing ich an, ihn gegen die erste Wand zu hauen.

Als mit »zaghaft« nicht viel zu bewegen war, kam ich langsam in Fahrt und holte immer weiter aus, um den Hammer mit voller Wucht gegen die Mauer zu hauen. Die ersten Steine fielen zu Boden. Wow, was für ein Gefühl! Mit jedem Schlag dachte ich: »Genauso muss die Mauer, die vor mir steht, um in die Türkei zurückzukehren, zerbrechen.«

Bis zum Abend war die erste Mauer weggeschlagen und ich lag völlig platt und total verstaubt in der Badewanne. Ob dieser Staub jemals wieder aus meinen Haaren gehen würde? Und was war das für ein krasser Muskelkater in den Fingern? Ich hatte ja schon manchen Muskelkater in meinem Leben gehabt, aber in den Fingern? Das war neu.

Am nächsten Tag ging es weiter. Die beiden verbleibenden Wände waren wesentlich kleiner und ich inzwischen viel geübter und so war ich schon am frühen Nachmittag fertig. In diesem Moment kamen Waldi und Evi freudestrahlend herein. Evi meinte flapsig: »Na, dann biste ja fertig. Dann kannste ja jetzt wieder fliegen. Wir bringen dich morgen früh zum Zug.«

»Aber bis jetzt habe ich nichts vom Konsulat gehört und dort geht auch keiner ans Telefon«, wandte ich ein. Ich war doch froh und dankbar, dass ich in dem leeren Zimmer ihrer Tochter wohnen konnte. Jetzt schon wieder ins Ungewisse losfahren und nicht zu wissen, wo ich schlafen sollte, oder wieder Leute zu fragen, ob ich bei ihnen übernachten könnte, war mir unangenehm.

Doch Waldi stimmte Evi zu: »Fahr mal morgen nach Berlin und frag im Konsulat nach. Ich bin mir sicher, dass da inzwischen was passiert ist.«

Was sollte ich dem entgegensetzen? Vielleicht wollten Sie mich ja auch loswerden. Wobei sie mir bisher eigentlich nicht das Gefühl vermittelt hatten, dass ich störte. Im Gegenteil. Sie waren super gastfreundlich und wir hatten viele richtig gute Gespräche gehabt. Die beiden kauften mir sogar das Zugticket, wünschten mir zum Abschied noch »einen guten Flug« und dann nahm ich am nächsten Morgen schon in aller Frühe den Zug nach Berlin.

Wieder saß ich in der Ringbahn auf dem Weg zur Heerstraße und wieder musste ich mit meinem Gepäck durch die Sicherheitsschleuse am türkischen Generalkonsulat. Als ich aufgerufen wurde und die Treppen hoch und rechts rum ins Büro der zuständigen Person kam, wusste ich nicht, ob es Sinn ergab, jetzt schon wieder hier aufzukreuzen. Als ich die Tür öffnete, war die Person vom letzten Mal nicht da, sondern ein strenger Mann mit Brille beäugte mich. Ich erklärte die Situation mit meiner Einreisesperre und dass ich einen Widerspruch eingereicht hatte.

Der Mann sah nach, fand mich aber nicht in seinem System. Dann wühlte er in einem Aktenhaufen und fand Gott sei Dank meine Akte. Er setzte sich wieder auf seinen Drehsessel und schaute sich sehr konzentriert meine Papiere an. Ich hatte keine große Erwartung, dass es etwas Neues gäbe. Doch dann lächelte er plötzlich und sagte: »Sie haben Glück. Gerade gestern kam ein Brief aus Ankara für Sie. Ihre Einreisesperre wurde aufgehoben.«

War das real oder träumte ich? Ich hätte den Mann hinter seinem Schreibtisch umarmen können vor Glück. Er wies mich darauf hin, dass ich ab sofort fliegen konnte, aber zunächst nur für einen Monat ins Land dürfe. Ich solle dann wieder nach Berlin kommen und mir hier ein Langzeitvisum für ein Jahr abholen. Sie würden das inzwischen bearbeiten.

Auf dem Rückweg durch die schöne Heerstraße zur Ringbahn konnte ich mich kaum bremsen und machte einen Luftsprung nach dem anderen. Ich dankte Gott und konnte mein Glück nicht fassen.

Es war so wie in diesem Lied, das mir in den letzten Wochen immer mal wieder begegnet war:

Gott, du bist größer, Gott, du bist stärker
Gott, du stehst höher als alles andre.
Gott, unser Heiler, starker Befreier,
so bist nur du.

Und steht uns Gott zur Seite,
was kann uns jemals hindern?
Und steht uns Gott zur Seite,
wer kann uns widerstehen?[1]

Ab sofort wollte ich nie wieder daran zweifeln, dass Gott höher, stärker und mächtiger ist als alles andre, und daran glauben, dass er mir kleinem Menschen so was von zur Seite steht, dass selbst eine Einreisesperre in die Türkei kein Hindernis darstellt. Was für eine Lektion für mich!

Noch am gleichen Tag buchte ich einen Flug nach Gaziantep für den nächsten Morgen. Die eine Nacht würde ich noch mal bei meiner Freundin Dani schlafen. Eine Freundin von Ulli bot mir einen zusätzlichen Koffer an, den sie gerade ein paar Minuten zuvor zum

Verschenken auf der Straße gefunden hatte. Den nahm ich dankbar an und füllte ihn in Windeseile mit 25 dünnen Umhänge-Schultaschen aus dem Ein-Euro-Laden an der Ecke. Außerdem kamen 25 gute Plastikflöten, Seifenblasenpulver vom Vater der Kofferspenderin und viele andere tolle Sachen für die 25 syrischen Kinder mit ins Gepäck, die wir an unserer kleinen Salam-Schule unterrichten wollten.

9
In die Höhle der Löwen

Es war beinahe ein heiliger Moment, als ich die Treppen des Flugzeuges hinunterstieg und auf das weite, sonnige Land rings um Gaziantep blickte. »Danke Gott, dass ich das erleben darf«, seufzte ich innerlich und setzte den ersten Fuß auf den zementierten Boden des Flughafens.

Nachdem ich tatsächlich völlig ohne Probleme durch die Passkontrolle gekommen war, atmete ich tief durch. Voller freudiger Überraschung entdeckte ich auf der anderen Seite der Glastür Peter, Sungjin und Armanj, die gekommen waren, um mich abzuholen. Was für ein toller Empfang!

Ich war sehr gespannt, wie sich inzwischen die Dinge in Gaziantep entwickelt hatten, und die gemeinsame Rückfahrt in die Stadt war gefüllt mit spannenden Erzählungen. Peter und Sungjin hatten unserer kleinen syrischen Lehrerschaft angeboten, die Räume der Gemeinde als Schule zu nutzen, da die Gemeinde selbst andere Räume in einem besseren Viertel gefunden hatte. Das war ein totales Wunder, zumal sie über zwei Jahre versucht hatten, etwas zu finden. Und es war eine geniale Lösung, da die Salam-Schule mitten in dem Stadtteil sein würde, in dem Senne und viele andere syrische Freunde wohnten.

Armanj erzählte, dass sie bereits seit zwei Tagen unterrichteten und tatsächlich die volle Anzahl von 25 Kindern an beiden Tagen gekommen war. Er betonte aber auch, wie froh er war, dass ich jetzt endlich wieder da war, um die Verantwortung zu übernehmen, die ich ihm eigentlich am liebsten gelassen hätte.

Wir fuhren auf direktem Wege zu unserer neuen Behausung in der Huseyinstraße. Die Flitzpiepe war so gut wie leer geräumt, schließlich waren es nur noch wenige Tage bis zum Abriss.

Die ehemaligen Gemeinderäume wirkten nun wesentlich vollgestopfter. Im größten Gemeinderaum waren fünf Klapptische mit jeweils fünf Stühlen aufgestellt. An der Decke hingen Luftballons. Wie schön, dass sich unsere fünf syrischen Lehrkräfte solche Mühe gegeben und die Kinder so liebevoll empfangen hatten!

Im etwas kleineren Nebenraum meinte Armanj, dass wir diesen wohl auch bald als Schulraum nutzen sollten, da die Altersgruppen unbedingt aufgeteilt werden müssten. Auch dafür gab es also schon Pläne. Herrlich! Ich konnte mich sozusagen fast ins gemachte Nest setzen! Aber nur fast, denn die übrigen kleinen Räume waren alle voller Material, und außerdem wohnten Armanj und Khamlin, Shorash und Mejid und Layla darin.

Peter und Sungjin boten sofort an, dass ich erst mal wieder bei ihnen einziehen könnte. Über dieses Angebot freute ich mich riesig, schließlich sollte in einigen Tagen auch noch Yasin kommen. Dann würde es so richtig voll werden!

Gleich an meinem zweiten Tag in Gaziantep stellte ich mich beim Muhtar, dem türkischen Stadtteilvorsteher, vor und lud ihn ein, sich unsere kleine Schule anzusehen. Ich wusste, dass wir ihn unbedingt auf unserer Seite brauchten, wenn die Schule Bestand haben sollte. Und ich wollte auch, dass er von uns selbst erfuhr, was wir in seinem Stadtteil vorhatten, und nicht Gerüchte von irgendwem anders hörte.

Er kam noch am gleichen Vormittag und war begeistert. Natürlich wollte er wissen, was wir alles unterrichten würden. Ich zählte auf: »Arabisch, Englisch, Mathe, Bio, Ethik, Musik, Sport und Kunst.« »Und warum kein Türkisch?«, wollte er berechtigterweise wissen.

Ich stimmte ihm zu, dass dies toll wäre, fügte aber hinzu, dass wir zum einen darauf hofften, dass die Kinder bald wieder zurück nach Syrien gehen könnten, dann bräuchten sie Arabisch und Englisch dringender. Zum anderen hatten wir auch niemanden, der den Kindern gutes Türkisch auf Arabisch hätte beibringen können. Mejid sprach zwar sehr gut Türkisch, aber schreiben konnte er es kaum. Und für die Kinder wäre es auch eine Überforderung gewesen, gleich in drei Sprachen schreiben zu lernen. Ich versprach dem Muhtar aber, dass wir für die Zukunft an dem sehr wichtigen Fach Türkisch arbeiten würden. Und am Ende war es für ihn auch nicht das Wesentliche. »Hauptsache es wird überhaupt was unterrichtet«, meinte er lächelnd.

Er selbst wollte schon seit einiger Zeit, dass endlich etwas für die armen syrischen Kinder in seinem Stadtteil getan wird, und meinte, wir würden bald größere Räumlichkeiten brauchen. Er wüsste von so vielen syrischen Kindern in der Nachbarschaft, die stark traumatisiert seien und dringend zu uns kommen sollten.

Ich war erleichtert, dass dieser Muhtar auf unserer Seite stand und anscheinend ein Mann des Friedens mit einem guten Herzen war. Voller Hoffnung, dass er uns helfen könnte, fragte ich ihn, wie wir denn eine offizielle Genehmigung für unser kleines Schulprojekt bekommen könnten. Aber er winkte sofort ab und meinte nur. »Ich bin eure Genehmigung. Für so etwas gibt es hier keine offiziellen Genehmigungen auf Papier.«

Das kam mir bekannt vor. Trotz aller Ungewissheit, die man ohne Genehmigung in Kauf nehmen musste, war es irgendwie auch praktisch, dass man nicht ewig auf Zettel warten musste, sondern einfach sofort anfangen konnte, der Not entgegenzuwirken. Und es war genial, die kommenden Tage zu sehen, mit wie viel Freude diese kleinen zarten, oft schmutzigen Kinder mit den riesigen Umhängetaschen aus dem Ein-Euro-Laden in Berlin zum Unterricht kamen.

Zwei Wochen später ging Yasins Wunsch, dass ich ihn in Gaziantep vom Flughafen abholen würde, tatsächlich in Erfüllung. Seiner Ankunft fieberte ich sehnsüchtig entgegen, denn so schön und erfüllend es auch war, die Kinder jeden Tag um mich zu haben, so einsam fühlte ich mich doch in einem Team, in dem alles auf Arabisch beziehungsweise Kurdisch lief. Ich brauchte ständig Armanj zum Übersetzen.

Dabei merkte ich schnell, dass es fast mehr noch um die Kultur als um die Sprache ging, die da irgendwie übersetzt werden musste. Wie leitet man ein syrisches Lehrerteam? Wie darf man Feedback zum Unterricht geben? Und darf man das überhaupt? Welche Werte und Regeln setzen wir in unserer kleinen Salam-Schule zum Maßstab? Und welche Hierarchien soll, muss oder darf es geben?

Die Beobachtung, dass Lehrer die Kinder während des Unterrichtes in die Küche schickten, um ihnen einen Tee zu holen, ließ mich schier ausrasten. Aber im Teammeeting waren sich alle außer mir einig, dass das sein müsse und die Autorität des Lehrers unterstreichen würde. So wurde mir immer deutlicher, dass ich hier eine sehr schwierige Aufgabe vor mir hatte und dringend auf Yasins Erfahrungen angewiesen war.

Mit Peters Auto holte ich Yasin vom Flughafen ab. Mit einem breiten Grinsen kam er mit kleinem Gepäck aus dem Flughafengebäude: »Na, hab ich nicht gesagt, es wäre schön, wenn du mich am Flughafen abholen könntest? Hat doch geklappt.«

Ja, wir kamen aus dem Staunen nicht mehr raus, wie Gott alles gefügt hatte!

In der Schule angekommen, meinte Yasin gleich, er würde lieber bei Shorash und Mejid mit im Zimmer schlafen, als bei Peter und Sungjin zu wohnen. Er wollte gerne mittendrin sein. Das fand ich sehr sympathisch, auch wenn ich selbst froh war, ein bisschen Abstand zu haben.

Yasin machte sich von der ersten Minute an nützlich. Es schien, als wolle er jeden Augenblick auskosten und helfen. Er reparierte Türen und andere Kleinigkeiten in der Wohnung, putzte die Toilette und die Fenster und ich sah die Verwunderung in den Augen der männlichen, aber auch die Begeisterung in den Augen der weiblichen Mitarbeiter. Am zweiten Tag gab er den Lehrkräften eine Schulung zur Vorbereitung ihres Unterrichts.

Es dauerte nicht lange, bis er in einem Teammeeting fragte, wer denn mal die Dachterrasse sauber machen könne, weil er dort gerne mit den Kindern Sport machen würde. Jetzt war ich gespannt, ob sich da einer freiwillig melden würde. Langes Schweigen. Dann erbarmte sich Layla und hob zögernd den Finger. Yasin hakte nach: »Und wer würde ihr helfen?« Ich war beeindruckt, wie Yasin nicht locker ließ und das Team herausforderte.

»Okay, dann helfe ich dir«, sagte er mit einem breiten Lächeln, als sich niemand meldete. »Und wer würde das Treppenhaus sauber machen?«

Er trieb es richtiggehend auf die Spitze. Mit Freiwilligkeit hat man es eigentlich nicht so in der arabischen Kultur. Und Putzen war nun wirklich eine sehr niedrige Arbeit, die gewiss kein Lehrer machen muss. Daher meldete sich Armanjs Frau plötzlich zu Wort: »Dafür stellt man normalerweise eine Putzfrau ein. Das sollten wir dann bald mal tun.«

Nachdem mir das übersetzt worden war, fragte ich fast ein wenig entsetzt in die Runde: »Und wer bezahlt die?«

Yasin stimmte mir zu, dass wir das mit so vielen Leuten im Haus ja wohl alleine schaffen würden, und schlug vor, dass er einen Dienstplan erstellen könnte, nach dem jeder im Wechsel mit verschiedenen Aufgaben dran wäre. Ich sah, wie besonders die männlichen Mitarbeiter schluckten. Aber Yasin hatte als Mann und dazu noch als Fremder einfach die Narrenfreiheit, solche Dinge durchzusetzen.

Ich war sehr erleichtert bei dem Gedanken, dass nun sicher bald eine gewisse Grundsauberkeit und Disziplin Einzug halten würden. Immerhin waren wir jetzt eine Schule! Wenn auch eine sehr chaotische. Oftmals saßen fünf Lehrer gleichzeitig im Klassenzimmer und fielen demjenigen, der für den Unterricht zuständig war, ins Wort oder störten auf andere Weise. Dann klingelte es zwischendurch immer wieder an der Tür, weil Eltern ihre Kinder bei uns registrieren wollten. Wir hatten schon eine sehr lange Warteliste, brachten es aber nicht übers Herz, irgendjemanden abzuweisen, und vertrösteten immer wieder auf das kommende Schuljahr. Die Kinder waren oft ganz aufgeregt und hibbelig auf ihren Stühlen und brauchten jede halbe Stunde eine Pause, was sicherlich daran lag, dass sie noch nie eine Schule besucht hatten. Wir alle gemeinsam mussten uns erst mal auf die Herausforderung »Schule sein« einstellen. Die Kinder, die Lehrer und Yasin und ich auch.

Schließlich stand der Abriss für das Gebäude der Flitzpiepe im Kalender. Ich wollte auf jeden Fall vorher eine riesige Abschiedsfeier für unser geliebtes Jugendcafé organisieren, auch wenn es zeitlich wie immer sehr spontan war. Aber offensichtlich funktionierte das hier sowieso viel besser als mit langen Vorankündigungen und Plänen. Viele Kinder und Jugendliche und einige Eltern kamen. Ein letztes Mal waren diese wunderbaren Räume vollgestopft mit Leben. Zur

Freude aller durften diesmal alle mit Schuhen rein und mit dicken Pinseln und Permanentmarkern die Wände bemalen. Das machte einen Riesenspaß! Traurig war es dennoch.

Aber es gab gute Aussichten. Michal, einer der Feuerkünstler aus Polen, stand voller Enthusiasmus in den Startlöchern, um langfristig nach Gaziantep zu kommen und in der Nähe der Universität die Flitzpiepe 2.0 zu starten. Für manche Kinder war das zu weit weg, aber für die Unistudenten perfekt. Die Eröffnungsfeier war in einem Monat angesetzt. Sungjin und ein junges Mädchen, das neu aus Korea zur Gemeinde dazugekommen war, wollten dort auch mit anpacken. Kulturell war es eine sehr chaotische Mitarbeiter-Kombination, und es fiel mir nicht immer leicht, den Dingen nun einfach ihren Lauf und mein Flitzpiepe-Baby loszulassen.

Der eine Monat, den mir die Behörden in der Türkei genehmigt hatten, verging wie im Flug. Für meine Reise zurück nach Berlin würde ich diesmal nicht viel brauchen. Sogar den Rückflug nach Gaziantep hatte ich gebucht. Ich wollte nur eine Woche in Deutschland bleiben, das Visum abholen und ein paar Freunde und deren Gemeinden besuchen, die sich für das Salam-Projekt interessierten und uns unterstützen wollten. Daher flog ich mit leichtem Gepäck nach Berlin und ging wieder direkt zum Konsulat in der Heerstraße. Dort sollte ich meinen Reisepass abgeben, damit sie im Laufe der Woche das Visum einkleben konnten.

Nun hatte ich noch einige Stationen quer durch Deutschland vor mir: Hannover – Wuppertal – das Oberbergische – Schwelm. Es war toll, überall so herzlich aufgenommen zu werden und auf so viel Interesse an dem Schulprojekt für die syrischen Kinder zu stoßen. Ich merkte richtig, wie es genau passte, dass ich in Deutschland unterwegs sein musste oder durfte und damit immer mehr Leute für die Kinder beteten, ja, und auch spendeten. Was für ein Segen!

Doch dann, als ich gerade in Schwelm angekommen war, klingelte mein erneut in Berlin ausgeliehenes Handy. Viele Personen konnten diese Nummer nicht haben. Eigentlich nur...

Es war das türkische Konsulat, dort hatte ich die Nummer Anfang der Woche hinterlassen. Die Stimme am anderen Ende der Leitung klang nicht sehr fröhlich, als sie mir sagte: »Frau Schnabowitz, es tut mir sehr leid. Ich hatte Ihnen ja zugesagt, dass Sie das Visum Anfang nächster Woche abholen könnten. Aber es gibt ein Problem. Ich habe einen Anruf aus Ankara bekommen. Sie stehen auf einer Terrorliste und haben eine lebenslange Einreisesperre in die Türkei. Das Visum, das schon in Ihrem Pass klebt, muss durchgestrichen werden. Bitte kommen Sie und holen Sie Ihren Pass. Es tut mir wirklich sehr leid.«

Ich war entsetzt. Gerade lief doch alles so perfekt – wieso jetzt das? Sofort holte ich aus meiner Tasche die goldene Visitenkarte, die ich damals im Ritzhotel von der Dame aus dem Prime Ministry Ankara bekommen hatte, und wählte die Nummer. Tatsächlich, sie ging ran und erinnerte sich sogar noch an mich. Ich bedankte mich noch mal für ihre Hilfe vor einigen Wochen und erzählte, dass meine Einreisesperre damals aufgehoben worden war. Nun bräuchte ich aber erneut ihre Hilfe. Ziemlich schnippisch antwortete sie, dass sie mir bisher nicht geholfen hätte und es auch jetzt nicht tun würde. Das sei nicht ihre Aufgabe. *Schluck.* Dann war das Telefonat beendet.

Bei den Freunden in Schwelm, wo ich gerade übernachten durfte, musste ich mich erst mal ausheulen. Gemeinsam saßen wir ratlos da. Dann schlug einer das kleine blaue Losungsbuch auf, das neben dem Küchentisch auf der Fensterbank lag.

An diesem Tag stand in der Losung Psalm 146,3 (LUT): »Verlasset euch nicht auf Fürsten; sie sind Menschen, die können ja nicht helfen.« Ich bekam eine Gänsehaut und mir wurde einiges klar. Nicht auf die irdischen »Connections« kommt es an. Gott selbst ist doch viel mächtiger, auf ihn musste ich mich verlassen! Dieser Gedanke gab mir ein bisschen neuen Mut und am nächsten Morgen machte ich mich mit einer Mitfahrgelegenheit auf den Weg zurück nach Berlin.

Im Konsulat wurde ich, wie schon beim ersten Mal, sehr freundlich und verständnisvoll empfangen. Die zuständige Person fragte, wie denn meine letzte Einreise in Gaziantep gewesen sei. Ich erzählte begeistert davon, wie reibungslos alles verlaufen war und dass das Projekt so toll gestartet war. Dabei konnte ich mir mal wieder nicht die Tränen verkneifen. »Sollte das jetzt wirklich alles vorbei sein? Ich will doch niemandem was Böses«, schniefte ich.

Die Person beruhigte mich und betonte, dass sie mir helfen wolle. Ich könnte nochmals eine Beschwerde einreichen, aber diesmal würde es auf jeden Fall Monate dauern, eine Antwort zu bekommen. »Oder«, die Person überlegte eine Weile und fuhr dann fort, »oder Sie versuchen einfach, reinzukommen. Sie haben doch den Rückflug sicher sowieso schon gebucht, oder?«

Ich nickte.

»Sie sollten sich allerdings die Nummer der deutschen Botschaft aufschreiben und diese anrufen, falls Sie ins Gefängnis kommen. Und kopieren Sie Ihr Flugticket und schicken Sie das an Freunde in Deutschland und der Türkei, damit man nachweisen kann, dass Sie in dem Flugzeug gesessen haben, falls Sie verschwinden sollten.«

»Falls ich verschwinden sollte?«, fragte ich ungläubig nach.

»Kam leider alles schon vor. Sollen wir eine Beschwerde schreiben? Oder wollen Sie es versuchen?«

Ich bat um ein paar Minuten Bedenkzeit vor der Tür. Dort rief ich Waldi, meinen Mentor vom CVJM an, und erklärte die Situation. Waldi saß gerade mit Thomas, dem Leiter des CVJM Schlesische Oberlausitz, zusammen, der mich einige Wochen zuvor am Flughafen in Berlin abgeholt hatte. Sie wollten für eine weise Entscheidung beten und mich gleich zurückrufen.

Ruhelos lief ich den Flur im Konsulat auf und ab und wartete auf ihren Rückruf, ohne zu wissen, auf welchen Rat ich eigentlich hoffte.

Endlich klingelte das Telefon und ohne Umschweife und Abwägungen verkündete Waldi: »Wir haben den Eindruck: FLIEG!«

Nun war ich doch ziemlich überrascht und in mir kam der Gedanke auf: »Ich soll also in die Höhle des Löwen und ihr sitzt in Görlitz im Büro? Okay, wenn ihr mich dann suchen kommt, wenn ich verschwunden bin ...«

Natürlich dachte ich das nur und sagte es nicht. Und eigentlich wusste ich auch, dass die beiden mich tatsächlich suchen würden. Sie hatten mir bisher oft genug vorgelebt, dass man Gott vertrauen konnte und sich für ihn jedes Wagnis lohnt.

Daher bedankte ich mich nochmals bei der Person im Konsulat, nahm meinen Reisepass und machte mich mit einem lauen Gefühl im Magen auf den Weg zum Flughafen. Auch während des Fluges ging dieses unangenehme Gefühl nicht weg und meine Knie wurden immer weicher. Anscheinend atmete ich noch dazu so schwerfällig, dass mein türkischer Sitznachbar mich irgendwann fragte, ob bei mir denn alles in Ordnung sei. »Ja, ja, sozusagen alles in Ordnung«, erwiderte ich, obwohl ich innerlich so eine Panik hatte, wie zuletzt vor den Abiturprüfungen vierzehn Jahre zuvor.

Der Mann fing an zu plaudern, erzählte, dass er zur Gülen-Bewegung gehöre und in Gaziantep wichtige Leute treffen wolle. Das interessierte mich alles überhaupt nicht. Eher machte es mich ärgerlich, dass solche Leute problemlos einreisen konnten, während ich so zu kämpfen hatte und nicht wusste, was in den nächsten Stunden mit mir passieren würde. Um 3:30 Uhr morgens landete der Flieger in Gaziantep. Ich hatte alles andere als Eile, ließ meinen Sitznachbar an mir vorbei und stieg als Letzte aus dem Flugzeug. Es war dunkle

Nacht und in meinem Hinterkopf schwirrte immer wieder der Satz: »Falls Sie verschwinden sollten.«

Als ich die Treppen des Flugzeuges hinunterstieg, kamen zwei Herren mit langen schwarzen Mänteln auf mich zu: »Da bist du ja wieder, Sabine. Wir haben es schon gerochen, dass du wiederkommst. Komm mit.«

Seltsam. Sie gingen fast vertraut mit mir um. Woher kannten sie mich? Kannte ich sie denn auch?

Sie führten mich an der Passkontrolle und an der Gepäckausgabe vorbei. Draußen vor der Scheibe am Flughafen sah ich Peter, Sungjin und Yasin. Sie waren mein Abholkomitee und ihnen hatte ich auch eine Kopie meines Flugtickets geschickt, falls ich »verschwinden« sollte. Ein bisschen beruhigte es mich, dass sie wenigstens sehen konnten, wohin mich diese beiden Herren führten, nämlich in einen kleinen Raum, nicht weit vom Ausgang entfernt. Es war eng und stickig, voller Zigarettenrauch. Die Herren baten mich, Platz zu nehmen, und fragten als Erstes, was ich denn in meinem Koffer hätte.

»Nichts weiter als Schokolade und Brot«, antwortete ich. Falls ich nicht ins Land käme, wollte ich den Koffer an Yasin aushändigen lassen. Das Brot war für ihn, denn in der Osttürkei gibt es nur helles Brot, und die Schokolade für die Kinder. »Aha, und gibst du uns auch was von der Schokolade?«, fragten die beiden mit einem schiefen Grinsen.

»Natürlich, bitte bedienen Sie sich und bringen Sie Ihren Kindern was mit«, sagte ich und meinte es auch tatsächlich so. Das fanden sie offensichtlich nett. Die beiden gingen hinaus, ich sollte warten.

Eine gefühlte Ewigkeit saß ich alleine in der Kammer und machte mir Gedanken. Dann kamen die beiden Männer mit meinem Koffer und einem jungen Pärchen wieder. »Sabine, die beiden behaupten, Franzosen zu sein. Das glauben wir aber nicht. Frag sie mal was auf Französisch.«

Ich fragte: »Comment tu t'appelle?«, und schaute in völlig ratlose Gesichter. Die beiden Herren mit ihren Mänteln erkundigten sich: »Was hast du sie gefragt?«

Ich erklärte, dass ich nur gefragt hatte, wie sie heißen. »Und das haben sie nicht verstanden? Dann sind es garantiert keine Franzosen, oder was meinst du Sabine? Guck dir mal ihre Ausweise an. Findest du, die sehen echt aus?« Ich zuckte mit den Schultern und erklärte, dass ich für so was leider keine Expertin sei. Sie lachten. Dann meinten sie: »Okay, du kannst gehen. Wir haben jetzt hier noch zu tun.«

Verwundert fragte ich zurück, wohin ich denn gehen könne: »Etwa nach Gaziantep?«

»Ja, ja, geh nach Gaziantep. Stell dich aber dort morgen noch mal bei der Polizei vor. Sag, dass du wieder da bist.« Sie drückten mir einen Stempel in den Pass und schlossen die Sicherheitstür auf, sodass ich ins Freie kam.

Puuuh. Tausend Steine fielen mir vom Herzen und ich sprang freudig aus dem Flughafen in die aufgehende Sonne hinaus. Peter, Sungjin und Yasin waren tatsächlich noch da, obwohl inzwischen anderthalb Stunden vergangen waren. Es war so wunderbar, wieder in Gaziantep zu sein! Ein unbeschreibliches Gefühl!

Yasin freute sich über das Brot aus Deutschland. Ob von den vielen Schokoladenhasen und -eiern etwas verschwunden war oder nicht, hätte ich nicht sagen können. Es war jedenfalls genug für die 25 Kinder und die Lehrer der Salam-Schule da.

Die Schule hatte sich inzwischen sehr schön weiterentwickelt. Es gab nun zwei Klassenzimmer und man merkte, dass für die Kinder und auch die Lehrer alles runder lief. Der Putzplan funktionierte laut Yasin zwar noch nicht so gut, aber das war mir nach allem, was ich in den vergangenen Stunden erlebt hatte, im Moment völlig egal.

Zur Polizei ging ich in der ersten Woche nicht. Stattdessen besuchte ich alle Freunde, die ich gerne sehen wollte und die mich noch sehen wollten. Einige gingen nämlich seltsamerweise nicht mehr ans Telefon und antworteten nicht auf meine Nachrichten.

Eine Freundin, die im Telefonladen gegenüber der Polizeistation arbeitete, erzählte mir, dass die beiden Polizisten, die mich zuvor schon so unfreundlich behandelt hatten, vor einigen Wochen bei ihr im Laden gewesen waren und sie vor mir gewarnt hatten. Sie hatten sogar Druck gemacht, dass sie die Freundschaft zu mir kündigen sollte. Aber davon ließ sie sich nicht beeindrucken.

Auch eine andere Freundin, Kübra, die am Flughafen arbeitete, bekam Besuch von der Polizei und die Androhung, dass sie ihre Arbeit verlieren würde, wenn sie nicht die Freundschaft zu mir kündigte. Das alles erfuhr ich jetzt erst und das erklärte auch, warum sich einige scheinbar von mir zurückzogen. Umso dankbarer war ich für diese beiden starken Frauen, denen unsere Freundschaft so viel wert war.

Mit etwas Sorge ging ich nach einer Woche in Begleitung meiner Freundin Kübra endlich zur Polizeistation, um Bescheid zu geben, dass ich wieder da war. Für sie als Alleinerziehende stand viel auf dem Spiel, es wäre furchtbar gewesen, wenn sie meinetwegen ihre Arbeit verloren hätte. Aber sie bestand darauf, mich zu begleiten, und ich war ihr dafür sehr dankbar.

Ich rechnete in der Polizeistation mit so ziemlich allem, aber nicht damit, völlig ignoriert zu werden. Es gab außer mir und Kübra keine weiteren Besucher und die Tür zu dem Büro mit den beiden grimmigen Polizisten stand weit offen. Ich klopfte an die geöffnete Tür, mit einem Fuß schon halb im Raum und bekam keine Reaktion. Dann sagte ich in den Raum rein: »Ich soll mich von der Flughafenpolizei hier melden und sagen, dass ich wieder in der Stadt bin.«

Weiterhin keine Reaktion. Dann fragte ich: »Wie lange darf ich denn jetzt bleiben?«

Da schaute einer der beiden Polizisten hoch und sagte: »Du machst doch sowieso, was du willst.«

Der Spruch kam mir von meinen Eltern her irgendwie bekannt vor. Aber war das tatsächlich so? Eigentlich machte ich in dem Moment eher, was Gott wollte. Wenn es nach mir gegangen wäre, hätte ich auch in meinem sicheren Deutschland bleiben können.

Meine Freundin schubste mich an: »Komm wir gehen. Das hat hier keinen Sinn.« Sie hatte recht und sie kannte die türkischen Gepflogenheiten besser als ich. Also gingen wir.

Kübra versprach mir, einem befreundeten Polizisten am Flughafen später meinen Pass zu zeigen und zu fragen, wie lange ich bleiben durfte.

Auf dem Heimweg kamen wir an Erdbeerverkäufern vorbei. Für umgerechnet gerade mal sechzig Cent das Kilo konnte man hier unter unzähligen Wagen voller Erdbeeren wählen. So brachte ich für unsere Lehrer zum Meeting erst mal zwei Kilo Erdbeeren mit und machte aus der Hälfte Erdbeerjoghurt. Das war etwas völlig Neues für sie, Joghurt mit Obst zu mischen. Eigentlich isst man Joghurt doch nur zu Fleisch und Reis oder als Suppe! Aber alle fanden es lecker. Das freute mich riesig. Inzwischen hatte Yasin ja die Rolle des strengen Leiters und da wollte ich mal versuchen, eine eher mütterliche Rolle einzunehmen.

Gut war, dass Yasin und ich uns gegenseitig bestärken und ermutigen und vor allem unser Leid klagen konnten, wenn wir mal wieder kulturell angeeckt oder ratlos waren. Ich fragte mich, wie das wohl weitergehen würde, wenn Yasin in sechs Wochen wieder heimfliegen würde. Bis dahin war aber noch viel Zeit und auch noch viel zu tun.

Zunächst wollten wir einen Elternabend einberufen, den Eltern erklären, wie diese kleine Schule entstanden war, wer dahintersteckte, was unsere Werte waren und was unterrichtet wurde. Wir wollten ihnen Fotos aus den letzten Wochen zeigen, sie kennenlernen und ihnen Tee und Kekse servieren. Yasin und ich hatten alles liebevoll vorbereitet, auf jedem Tisch eine Kerze angezündet und dann kamen auch schon die ersten Eltern. Verwundert fragte ein Vater, ob denn Stromausfall wäre, dann korrigierte er sich selbst: »Aber nein, das Licht brennt ja. Wieso habt ihr dann die Kerzen an?«

Armanj kam gerade noch rechtzeitig dazu, zog Yasin und mich zur Seite und erklärte uns auf Englisch, dass Kerzen außer bei Stromausfällen nur zu okkulten Zwecken benutzt würden. Oh weh, schon wieder so ein Fettnäpfchen! Also pusteten wir schnell alle Kerzen aus und ließen sie verschwinden. »Wir Deutschen mal wieder!«, meinten wir schmunzelnd und machten weiter im Programm.

Es war auch ohne Kerzen ein sehr schöner und offener Elternabend, zu dem fast alle Eltern der 25 Kinder kamen. Einige Frauen saßen voll verschleiert da, von manchen Kindern kamen nur die Väter. Die meisten Väter und Mütter kannte ich schon persönlich, und wenn ich sie noch nicht kannte, so wollte ich diesen Abend nutzen, um sie kennenzulernen und ihre persönlichen Geschichten zu hören. Sie alle hatten auf ihrer Flucht aus Syrien viel Schreckliches erlebt und gingen auch hier in Gaziantep durch schwere Zeiten. Es war nicht einfach, eine Unterkunft und eine Arbeit zu finden. Besonders die Verwitweten waren in einer ausweglosen Situation. Wie sollten sie arbeiten und zugleich bei den Kindern sein?

Die Mutter einer Schülerin war an Blutkrebs erkrankt und bat mich, ihr zu helfen, einen Arzt zu finden. Sie und auch sonst niemand aus ihrer Familie konnte genug Türkisch, um sich in dem schwierigen türkischen Gesundheitssystem zurechtzufinden. Nach diesem ersten Elternabend war uns allen erneut bewusst geworden, dass es nicht nur die Kinder waren, die unsere Hilfe brauchen.

Eines Morgens rief mich Kübra an und fragte entsetzt: »Sabine, was hast du gemacht? Mein Bekannter sagt, du hast einen Code in deiner Akte, der darauf hinweist, dass du eine Gefahr für die nationale Sicherheit bist... also du bist sozusagen als Terroristin eingestuft.« Irgendwie war mir das ja schon klar gewesen, aber nun wurde es noch einmal bestätigt. Ich fragte zurück: »Und hat er denn auch gesagt, warum?«

»Nein, das habe ich ihn auch gefragt. Aber dazu stand da nichts. Unsere Vermutung ist, dass es wegen deiner engen Verbindung zu Peter und Sungjin ist. Sie werden wohl schon sehr lange beobachtet.«

Auch das war weder für Sungjin und Peter noch für mich völlig neu. Dennoch war es ein beklemmender Gedanke, dass selbst ein Flughafenpolizist wusste, wer wir alle waren.

Kübra führte fort: »Wie auch immer. Mein Kollege meinte, du könntest ab dem Einreisestempel drei Monate bleiben.«

Das war die Information, die ich brauchte. Ich durfte also bis Ende Juni bleiben. Immerhin hatte ich jetzt noch relativ viel Zeit, bevor ich dann, wie alle Touristen ohne Visum, für mindestens drei Monate das Land verlassen musste, ohne zu wissen, ob ich je wieder einreisen durfte.

Als ich an diesem Abend auf den Balkon ging, um mir die Pflanzen anzusehen, die die Kinder im Bio-Unterricht mit ihrer Lehrerin Layla gepflanzt hatten, sah ich unten auf der Straße meine beiden grimmigen Freunde aus der Polizeistation. Zu meiner Verwunderung winkten sie mir zu und lächelten. Unsicher winkte ich zurück und verzog mich schnell ins Klassenzimmer. »Was war das denn?«, fragte ich mich und erzählte es Layla, die ja dabei gewesen war, als ich von den beiden so fertiggemacht worden war. Sie hatten mich doch wenige Tage zuvor noch völlig ignoriert. Was sollte jetzt diese Freundlichkeit? Und was hatten sie in unserer Straße verloren?

Einige Tage später lüftete sich das Rätsel. Meine Freundin aus dem Telefonshop gegenüber der Polizeistation erzählte mir bei einem Kaffee freudestrahlend, dass die beiden Polizisten mal wieder bei ihr im Laden gewesen waren. Diesmal hatte sie ihnen erzählt, dass ihre Freundin Sabine aus Deutschland wieder da sei und dass sie nun nichts mehr gegen sie ausrichten könnten. Sie hätte nämlich Erdogan persönlich im Hotel in Berlin getroffen und dieser hätte sich sehr für ihre Geschichte interessiert.

»Den beiden fiel die Kinnlade runter und sie fragten besorgt, ob du denn dort etwas Negatives über sie gesagt hättest«, fuhr Ayse belustigt fort. »Ich hab ihnen gesagt, dass du kein böser Mensch bist, der so etwas tun würde. Da waren sie sichtlich erleichtert. Aber ich fand, sie sollten ruhig wissen, dass du Erdogan jetzt persönlich kennst.«

Da hatte Ayse wohl einiges aus meinen Erzählungen durcheinandergeworfen. Aber ich wollte es lieber so stehen lassen, denn es freute mich, dass aus den beiden Löwen nun schnurrende Kätzchen geworden waren. So war die »Connection« aus dem Dönerladen in Berlin Kreuzberg am Ende vielleicht doch noch zu etwas gut gewesen.

10

Salam – Frieden in stürmischen Zeiten

Drei Monate in Gaziantep lagen vor mir. Damit begann auch für mich wieder ein Stück Alltag und ich versuchte mich, so gut ich konnte, in den Ablauf der Salam-Schule einzubringen. Tja, wirklich gut konnte ich das nicht. Denn ich konnte weder genug Arabisch, um Unterricht zu geben, noch konnte ich gut genug syrisch kochen, um für das Mittagessen zu sorgen. An einem Tag versuchte ich, für die Kinder und die Lehrer Reis zuzubereiten. Es war ehrlich gesagt eine Katastrophe aus teils matschigem, teils bissfestem Reis, den aber dennoch alle runterwürgten, ohne sich zu beschweren. An dieser Stelle hätten die Lehrer eine gute Gelegenheit gehabt, mich mal so richtig zu kritisieren, wie ich oft ihren Unterricht kritisiert hatte. Aber sie taten es nicht.

Überhaupt kam ich immer wieder an den Punkt, dass ich mir ziemlich unbeholfen und nutzlos vorkam. Mein Part war es vielleicht tatsächlich eher, die »Connections« zu halten: zum Muhtar, zu den Spendern in Deutschland, zu den Eltern der Kinder, die ich nach und nach zu Hause besuchte… ja und last but not least zu Gott, der das Ganze schließlich initiiert hatte.

Immer wieder hielt ich ihm vor, dass das hier nicht mein Projekt war, sondern seins, und ich nur vertrauensvoll wie ein Kind weiter an seiner Hand mitlaufen konnte. Zu mehr war ich nicht in der Lage und selbst das kindliche Mitlaufen war eine riesige Herausforderung. Ich merkte, wie alles immer wieder am seidenen Faden hing, ich rein gar nichts unter Kontrolle hatte und wir mit dem Projekt total von der »Connection« zu Gott abhängig waren.

Zum Beispiel, als sich plötzlich die türkische Hausbesitzerin aus Deutschland zu einem Besuch anmeldete. Sie kam alle paar Jahre aus München angereist, um nach ihrem Gebäude zu sehen und die Miete, statt sie durch ihre in Gaziantep lebende Schwester eintreiben zu lassen, selbst abzuholen. Ihr war schon zu Ohren gekommen, dass anstelle der Gemeinde nun eine kleine Schule in ihrer Wohnung war. Und sie hatte glücklicherweise überhaupt nichts dagegen.

Als sie mir an einem sonnigen Samstag zum ersten Mal gegenübersaß, verstand ich leider auch, warum. Sie wollte die Miete nicht nur erhöhen, nein, sie wollte sie verdoppeln. Schließlich war ich als Mieterin ja eine Deutsche. Ich versuchte, ihr unsere Situation zu erläutern. Ich erzählte ihr von den armen syrischen Familien hier im Stadtteil Sahveli, denen wir halfen, und wollte sie dafür gewinnen, Teil dieser Hilfe zu sein, indem sie die Miete eben nicht erhöhte. Aber dafür hatte sie kein Verständnis. Sie verglich die Miete mit ihrer Miete in München und blieb eisern. Noch dazu setzte sie uns das Limit von einer Woche, in der wir entweder bezahlen oder gehen sollten. Sie war völlig siegessicher, schließlich wusste sie, dass Wohnungen in Gaziantep durch die Flüchtlingskrise knapp waren und wir bestimmt nichts anderes finden würden. So eine Enttäuschung! Nach dieser Begegnung wollte ich am liebsten sofort raus aus dieser ohnehin runtergekommenen Wohnung. Aber wo hätten wir hingehen sollen? Ich hatte keine Idee.

Am Sonntag ging ich wie üblich zum Gottesdienst in unserer Gemeinde. Peter und Sungjin waren gerade für acht Wochen auf

Reisen und so predigte an diesem Morgen Derick aus Amerika. Er wohnte mit seiner Frau und seinen sechs Kindern auch im Stadtteil Sahveli, ganz in der Nähe der Salam-Schule, am Ende der Cavus-Straße. Allerdings lebten sie so zurückgezogen, dass man sie nur sehr selten traf. Die Eltern arbeiteten beide im Homeoffice, unterrichteten ihre Kinder im Homeschooling und hatten ihre eigene kleine Familien-Hauskirche. Man wusste, dass sie da waren, aber keiner hatte eine engere Beziehung zu ihnen.

Umso überraschter war ich, als Derick plötzlich in seiner Predigt meinen Namen nannte. Bis dahin war ich mir nicht mal sicher gewesen, ob er mich überhaupt kannte. Er erzählte, dass in seinem Gebäude neulich zwei Wohnungen frei geworden waren und sie von Gott den Eindruck gehabt hatten, dass sie die Wohnungen zusätzlich zu ihrer Wohnung mieten sollten. Nun hatten sie gestern den Eindruck von Gott, dass sie »Sabine«, also mich, fragen sollten, ob ich eine der Wohnungen haben wolle. Ich müsste auch keine Miete zahlen.

»Ernsthaft?« Ich sprang vor Begeisterung von meinem blauen Plastikstuhl auf und erzählte, in welchem Dilemma ich seit gestern bezüglich der Wohnung war. »Was für einen fürsorglichen himmlischen Vater wir doch haben«, bezeugte ich erleichtert und voller Faszination. Die Gemeinde war begeistert.

Yasin und die Salam-Lehrer staunten nicht schlecht, als ich vom Gottesdienst nach Hause kam und ihnen die gute Nachricht weitererzählte. Wir beschlossen, das Schuljahr noch in der alten Wohnung mit den Kindern zu Ende zu bringen und die doppelte Miete für diesen einen verbleibenden Monat zu bezahlen. Dann wollten wir die Sommerferien nutzen, um in Dericks Haus alles für das neue Schuljahr vorzubereiten.

Yasin war schon voller Tatendrang. Nun konnte er in seinen letzten Wochen noch so richtig viel praktisch tun und sein handwerkliches Geschick zum Einsatz bringen. Er war einfach eine Riesenhilfe und die Zeit bis zu seinem Abschied verging für uns alle viel zu schnell. Aber es sollte kein Abschied für immer sein, denn er versprach, ab sofort jedes Jahr für mindestens einen Monat zu kommen.

Nachdem wir Yasin kurz vor Schuljahresende verabschiedet hatten, verließen uns noch zwei weitere Mitarbeiter. Layla hatte die Chance, durch eine Einladung eines anderen Bruders von ihr ein Visum für Deutschland zu bekommen. Und Shorash wollte nach dem Tod seines Vaters zurück nach Syrien, um den Hochzeitssalon der Familie zu betreiben. So gab es eine weitere traurig-fröhliche Abschiedsfeier in einem kleinen Park in der Nähe der Salam-Schule.

Leider wussten wir noch nicht, wo wir für das nächste Schuljahr gute Lehrer finden würden. Aber wie immer konnten wir sowieso nur einen Schritt nach dem anderen in Angriff nehmen. Und so überbrückten wir die wenigen Tage bis zur Zeugnisausgabe und übten mit unserem nun sehr kleinen Lehrerteam mit den Kindern Lieder und Theaterstücke ein, die am letzten Schultag vor den Eltern aufgeführt wurden. Am nächsten Tag gab es noch einen äußerst fröhlichen Ausflug mit allen Kindern und Lehrern in den Zoo, und schon war das Schuljahr beendet.

Neben all den schönen Erlebnissen mit den Kindern hatte ich heimlich immer wieder mit seltsamen Anfragen zu kämpfen. Zum Beispiel bekam ich über Facebook eine private Nachricht von einem ehemaligen Jugendlichen der Flitzpiepe. »Es gibt hier einen Mann von der CIA, der dich unbedingt kennenlernen und mit dir über sehr wichtige Dinge in Gaziantep sprechen will«, schrieb er.

Das war mir zu kurios und ich antwortete einfach nicht darauf. Dann bat mich derselbe Jugendliche einige Wochen später, ihn zu

Hause zu besuchen. Da seine Mutter schon lange krank war und die beiden alleine und sehr ärmlich lebten, nahm ich die Einladung an. Ich wollte ihnen wenigstens ein paar Lebensmittel bringen und nach langer Zeit mal wieder nach der Mutter schauen. Ihre Adresse hatte sich inzwischen geändert und ich staunte nicht schlecht, als ich das noble Appartement betrat, in dem sie nun lebten. Der Jugendliche erzählte stolz, dass sie die Wohnung von hochrangigen Gülen-Anhängern finanziert und eingerichtet bekommen hätten. Außerdem hatten diese ihm eine Arbeit in der Bibliothek der Zirve-Universität verschafft und halfen auch, die Medikamente für die Mutter zu bezahlen.

»Endlich hilft uns mal jemand so richtig«, sagte er ein bisschen vorwurfsvoll zu mir.

Ich kam ins Grübeln, ob ich mehr für sie hätte tun müssen, aber dann antwortete ich: »Ich freue mich, dass es euch jetzt so viel besser geht und dass es Menschen gibt, die die finanziellen Mittel haben, so viel für euch zu tun.«

Der Jugendliche erzählte mir, dass diese Leute nicht nur finanzielle Mittel hatten, sondern überhaupt sehr viel Einfluss und Macht. Und genau deshalb wollte er mit mir reden. Er hatte auf seiner Arbeit öfter mal meinen Namen gehört. Die Professoren in der Zirve-Uni und auch der Leiter der Zaman-Zeitung in Gaziantep würden schlecht von mir reden und hätten vor, mich aus der Stadt zu vertreiben. Wenn auch ich ihn finanziell unterstützen würde, könnte er mir weitere Infos dazu besorgen.

Solche Infos konnte ich mir sparen. Ich hielt ihn für total paranoid und glaubte ihm kein Wort. Woher sollten solche Leute meinen Namen kennen? Und was sollten sie gegen mich haben? Er blieb jedoch hartnäckig, wählte eine Nummer und stellte auf Lautsprecher. Am anderen Ende antwortete eine etwas ältere männliche Stimme mit »Zaman Zeitung Direktorat«.

Der Jugendliche sagte seinen Namen und erklärte dann: »Hier ist jemand, der Infos über Sabine Schnabowitz möchte. Könnten Sie dazu bitte etwas sagen.« Die Stimme am anderen Ende wurde plötzlich richtig aggressiv. Der Mann beschrieb mich als eine manipulative Person, die den Islam zerstören will und Kindern falsche Bildung gibt, und sagte: »Seit Langem versuchen wir, sie aus der Stadt zu bekommen, aber selbst die Bürgermeisterin meint, dass das unmöglich sei, weil Sabine persönliche Kontakte in die Politik hat.«

Ich musste mich zusammenreißen, um nicht zu grinsen. War dieses absurde Gerücht um meine politischen Kontakte wirklich so weit vorgedrungen? Trotzdem machte es mir Angst, dass einflussreiche Menschen in Gaziantep so einen Hass auf mich hatten. Wozu konnten sie imstande sein?

Als das Telefonat beendet war, hatte der Jugendliche immer noch Hoffnung, von mir für seine Dienste bezahlt zu werden. Er meinte, wenn ich nicht zahle, würden die »Fetös«, so nannte man die Mitglieder der Gülen-Bewegung in der Alltagssprache, dafür sorgen, dass ich in spätestens zehn Tagen verhaftet werde. Sie hätten nämlich auch gute Kontakte zur Polizei. So langsam dämmerte es mir: Polizei, Bildung... also Uni, Schulen, Stipendien für Afrikaner und dann noch die Zeitung. Das war ein Riesennetzwerk, das anscheinend in Gaziantep besonders stark vertreten war.

Die nächsten Wochen war ich innerlich und äußerlich immer auf der Hut. Aber Erpressungsgeld bezahlen würde ich garantiert nicht. Armanj und den anderen Lehrern erzählte ich von diesen seltsamen Geschichten lieber nichts. Ich wollte sie nicht unnötig beunruhigen, die Angst hatte sowieso schon zu viel Macht in ihrem Leben. Lieber riss ich mich zusammen und versuchte, Ruhe zu bewahren.

Ohnehin gab es schon genügend Zündstoff in unserer Nachbarschaft. Der Sommer in Gaziantep wurde immer heißer und um uns herum erhitzten sich auch die Gemüter zunehmend. Durch die Inflation, steigende Mietpreise und überfüllte Straßen reagierte die türkische Bevölkerung immer gereizter und genervter auf die vielen Syrer, die sie als Grund für die schwierige Lage sahen.

Die Stadt hatte unterdessen mit einer weiteren riesigen Flüchtlingswelle zu kämpfen. Offiziell waren inzwischen 300 000 Flüchtlinge in Gaziantep. Aber selbst auf den Behörden behaupteten die Mitarbeiter, es wären längst mehr als eine Million. Und mit den wachsenden Zahlen wuchs auch die Stimmung gegen die Syrer. Ein paar Mal schon hatte ich türkische Kinder hinter syrischen Kindern herrennen sehen, Steine werfend, Schimpfwörter schreiend. Die Kinder der Salam-Schule hatten sich vor den Sommerferien auf dem Heimweg oft Begleitschutz durch einen Lehrer gewünscht, denn draußen warteten manchmal türkische Kinder, um sie zu treten und zu schlagen. Die Kinder lernten dieses Verhalten natürlich von den Erwachsenen.

Mittlerweile gab es in Gaziantep sogar Demonstrationen gegen Syrer. In unserem Stadtteil wurden Autos mit syrischem Kennzeichen demoliert, syrische Geschäfte in Brand gesetzt und angeblich waren vier Syrer getötet worden. In anderen Stadtteilen hatte die Polizei wegen der Unruhen syrische Familien evakuiert und in Camps gebracht, wie ich in den Nachrichten in Videos sehen konnte. Gerüchte dazu verbreiteten sich schon länger.

Nun wurde also langsam die Befürchtung wahr, dass die Syrer »zum eigenen Schutz« aus der Stadt »entfernt« werden sollten. Die Familien unserer Schülerinnen und Schüler hatten davor große Angst. Sie wollten nicht in Camps gesteckt und von dort aus womöglich irgendwann nach Syrien abgeschoben werden. Sie lebten lieber armselig in Ruinen in Gaziantep.

Ich fragte mich, wie das im Winter werden sollte, und machte mir um einige unserer Kinder große Sorgen.

Während ich die Küche in den neuen Salam-Räumen in Dericks Haus rosa anstrich, sah ich vom Balkon aus unten in einer alten Ruine ein kleines Mädchen. Sie schleppte einen großen Wasserkanister, um dann anschließend auf dem staubigen Boden Geschirr abzuwaschen. Sie konnte von ihrer Größe her nicht viel älter als sieben Jahre sein und der Anblick berührte mein Herz. Impulsiv wie ich bin, schnappte ich mir meine Schuhe, lief um unser Gebäude herum und suchte die Tür zu dieser Ruine. Nach einem kurzen zaghaften Klopfen an der vom Rost zerlöcherten Metalltür sprang das Mädchen auf mich zu und zog mich herein, um mich ihrer Familie vorzustellen.

Tatsächlich war Dünya, so hieß das Mädchen, sieben Jahre alt, hatte drei kleinere Geschwister und lebte mit ihrer Familie seit diesem Sommer in Gaziantep. Die Eltern erzählten von ihrer Flucht, und dass sie dankbar waren, in dieser Ruine untergekommen zu sein. Wasser holten sie sich täglich mit einem Kanister bei der Moschee und Strom bekamen sie von Nachbarn für einen Wucherpreis. Es ließ sich leben, meinten sie. Und sie waren sofort einverstanden, dass Dünya zur Salam-Schule kommen durfte. Voller Freude griff das kleine Mädchen meine Hand so fest, als würde es sie nie wieder loslassen wollen. Am liebsten wollte es sofort mit mir mitkommen. Daher nahm ich Dünya auf einen kurzen Ausflug mit in die noch leeren neuen Salam-Räume. Das Einzige, was es schon gab, war eine Schüssel voller Bananen, die ich morgens auf dem Markt gekauft hatte. Ich bot Dünya eine an und am Ende war die Schüssel leer. Das kleine zierliche Mädchen hatte mal eben fünf Bananen verdrückt! Ich staunte nicht schlecht.

Armanj und ich nutzten die Sommerferien, um neben den Renovierungs- und Umzugsarbeiten einige Familien unserer Kinder in weiteren Ruinen zu besuchen und neue Kinder für die Salam-Schule

Ich freue mich über riesige Erdbeerberge zu günstigen Preisen

Mit der Gemeinde bei der Taufe im felsigen Tal

Ich in Harran, wo einst Abraham und Jakob lebten

Eine Jugendliche malt den Namen unseres Jugendcafés an eine Wand: Flitzpiepe

Ein normaler Abend im Jugendcafe Flitzpiepe

Die durchbrochenen Wände in Waldis Wohnung

Das Salam-Logo gibt es seit der ersten Schulwoche, als die achtzehnjährige Schwester einer Schülerin uns einen Zettel mit dem selbstgemalten Gemälde schenkte. Die Schriftzeichen bedeuten Salam (dt. Frieden).

Die ersten fünf syrischen Lehrer, die in die Flitzpiepe einzogen, hier beim Planen für die Salam-Schule

Die ersten Schultage in Salam mit Lehrer Armanj beim Matheunterricht

Blick aus dem Küchenfenster der Salam-Schule auf den Sahveli-Stadtteil

Inmitten von Sennes Kindern in ihrem Zuhause

Salam-Schüler auf ihrem Heimweg durch unseren Stadtteil

Hassan an der Tafel beim Erdkundeunterricht, kurz vor seiner Herz-OP

Müllsammlerkinder hängen ihre Wäsche zum Trocknen am Geländer vor der Salam-Schule auf

Als ich die kleine Dünya vom Balkon der Salam Schule in ihrer Ruine entdeckte

Bei einer der vielen Zeugnisausgabefeiern in der Salam-Schule

Blick auf das Salam-Gebäude mit dem grünen VW-Bus davor

Kiara und ich beim Heimflug nach einem weiteren langen Verhör

Beim Tanz-Workshop mit Aleksi auf
dem Dach der Salam-Schule

zu registrieren, die auf unserer Warteliste standen, denn wir hatten von Derick inzwischen nicht nur eine, sondern beide freien Wohnungen angeboten bekommen. Was für ein Segen! Deshalb wollten wir gerne mindestens 25 weitere Kinder aufnehmen, darunter etliche Geschwister und Cousinen und Cousins unserer derzeitigen Kinder.

Bei diesem Unternehmen mussten Armanj und ich auch in eine Straße, die als die »schlimme« Straße verschrien war und an deren Eingang Tag und Nacht Drogendealer standen. »Egal, wenn da Kinder wohnen, die unsere Hilfe brauchen, dann gehen wir rein«, sagten wir uns und dachten, so schlimm könne es schon nicht werden.

Direkt hinter den Drogendealern wurden wir von einer Horde Kinder in Empfang genommen. Einige waren bereits an unserer Schule, andere schrien und jubelten, weil sie uns vom Hörensagen schon ins Herz geschlossen hatten. In der Masse barfüßiger Kinder wurden wir durch einen zerfetzten Stoffvorhang in einen Eingang geschoben.

»Hier wohnt also Fatmes Cousine?«, fragte ich Armanj. »Ja, genau. Also die Cousine von Fatme Cuma, nicht von Fatme Hijazi oder Fatme Al Ali. Und die Cousine heißt übrigens auch Fatme Cuma.«

Ich schlug die Hände über dem Kopf zusammen. Wir hatten so viele Fatmes und Mohammeds, dass man die Nachnamen unbedingt sofort dazulernen musste, um nicht völlig den Überblick zu verlieren – nun hatten die beiden auch noch den gleichen Nachnamen.

»Wieso machen die Eltern so was?«, fragte ich verzweifelt.

»Weil es ihnen gefällt«, antwortete Armanj mit einem Grinsen. Die Mutter von Fatme erwartete uns und bat uns in einen mit Tüchern behangenen Rohbau. Wir zogen unsere Schuhe am Eingang aus und traten ein. Es folgte ein langes Gespräch auf Arabisch bei äußerst süßem Tee, auf einem klammen Teppich sitzend. Ich versuchte, den Worten, so gut ich konnte, zu folgen. Hauptsächlich ging es darum, was der Familie alles fehlte. Das Wort Waschmaschine kannte ich, denn Yasin hatte in seiner Zeit für die Salam-Schule, aber auch für viele arme Familien im Stadtteil gebrauchte Waschmaschinen gekauft. Das schien sich nun herumgesprochen zu haben.

Armanj erklärte der Frau, dass wir keine Waschmaschinen verschenkten, sondern eine Schule sind und den Kindern Bildung, Essen und einen sicheren Ort geben wollen. Etwas enttäuscht, aber dennoch dankbar freute sie sich, dass ihr ältestes Kind Fatme nun also auch zur Schule kommen durfte, und versuchte, mit uns den Profilbogen auszufüllen. Schreiben konnte sie nicht, das konnte fast keine der Mütter hier. Aber überrascht war ich, dass sie außerdem keine Ahnung hatte, wann ihre Tochter geboren worden war.

»Sie glaubt, es war irgendwann in einem Winter«, übersetzte mir Armanj. Und er erklärte mir dazu, dass es eben so sei, wenn man sowieso nichts mit Zahlen, Buchstaben, Kalendern und dergleichen anfangen kann. Das leuchtete mir ein und ich verstand etwas besser, warum fast alle Kinder der Salam-Schule den 1.1. als Geburtstag in ihren Pässen stehen hatten.

Nun mussten wir aber weiterziehen, schließlich hatten wir noch einige Leute auf unserer Liste, die wir an diesem Nachmittag besuchen wollten. Draußen stellte Armanj erschrocken fest, dass seine Schuhe aus dem kleinen Regal vor der Tür verschwunden waren. Der Mutter war das äußerst peinlich und sie wollte ihm ein paar Plastikschlappen anbieten. Aber Armanj lehnte dankend ab und beschloss, barfuß zu gehen. Statt zur nächsten Familie mussten wir daher erst mal zurück zur Salam-Schule.

Den ganzen Weg über kringelten wir uns vor Lachen darüber, dass uns vorher noch alle vor der »schlimmen« Straße gewarnt hatten und wir nun wie ausgeraubt zurückkehrten. Aber der Stil passte bestens zu den vielen barfüßigen Kindern auf der Straße und ich freute mich, dass Armanj es mit so viel Gelassenheit und Humor tragen konnte. Er hatte wirklich das Herz am rechten Fleck! Und während wir so nach

Hause liefen, dachten wir, dass es doch super wäre, wenn die Kinder bald alle Schuhe von uns bekommen könnten.

Schon zuvor war mir die Idee gekommen, ein Patenschaftssystem für die Kinder aufzubauen. Das wäre eine tolle Brücke zwischen Freunden und Bekannten in Deutschland und den Kindern hier. Und da meine drei Monate ohnehin bald zu Ende wären, könnte ich demnächst gut in Deutschland herumreisen und Paten für die Kinder finden.

Zum Beginn des Salam-Projektes hatten wir eine größere Spende von der Aktion Hoffnungszeichen des CVJM Deutschland bekommen. Aber da wir nun bald doppelt so viele Kinder betreuen würden wie ursprünglich geplant, sollte jeder Pate 25 Euro monatlich für Schulmaterialien und Verpflegung spenden, einmal im Jahr ein Päckchen für das Kind schicken, wenn möglich mit Schuhen drin, und besonders wichtig: für das Kind beten! Sobald ein Kind einen Paten hätte und für das Kind gebetet werden würde, würde sich garantiert viel verändern. Das wusste ich schon deshalb, weil meine Oma mütterlicherseits für mich, ihr erstes Enkelkind, besonders viel gebetet hatte. Leider ist sie viel zu früh gestorben, aber ich bin mir sicher, dass ihre Gebete mein Leben verändert haben.

Gesagt getan. Der Abreisetermin stand an. Ich musste mich im Grunde so von allen verabschieden, als würde ich eventuell nie wieder kommen. Schließlich hatte ich eine lebenslange Einreisesperre in die Türkei und es wäre ein weiteres Wunder, wenn sie mich noch mal einreisen lassen würden. Ich war auch gespannt, was bei der Ausreise passieren würde. Da ich eine Zwischenlandung in Istanbul hatte, musste ich erst dort und nicht schon in Gaziantep zur Passkontrolle.

Wie fast schon erwartet, gab es ein Problem. Erst schaute der Polizist am Istanbuler Flughafen ein weiteres Mal auf meinen Pass, dann auf mich. Er sagte: »Du sprichst Türkisch.«

»Ja«, bestätigte ich.

Er griff zu einem weißen Telefon, murmelte etwas und legte wieder auf. Dann griff er zu einem schwarzen Telefon, murmelte erneut etwas, grinste hämisch, legte auf und wandte sich mir wieder zu: »Warte hier an der Seite. Du wirst gleich abgeholt.«

Nun wurde mir anders zumute. In Gaziantep am Flughafen hatte ich wenigstens mit Polizisten zu tun, die mich schon lange beobachteten und kannten. Außerdem hatte ich dort meine Freundin Kübra am Check-in-Schalter und auch sonst Leute in der Nähe. Aber hier in Istanbul an diesem riesigen Flughafen war ich alleine. »Ob ich vielleicht doch noch verschwinde?«, schoss es mir plötzlich durch den Kopf. Da kamen auch schon zwei Beamte in Zivil und baten mich, mitzukommen.

Unterwegs sagte einer zu mir: »Du wirst dein Land nicht wiedersehen.«

Voller Entsetzen und zugleich zutiefst eingeschüchtert fragte ich: »Aber wieso? Was habe ich denn getan?«

»Das weißt du genau«, schoss er zurück.

Sie brachten mich zu einem kleinen kargen Raum mit flimmerndem Licht und ließen mich auf einem Klappstuhl Platz nehmen. Dann verschwanden sie und verschlossen hinter sich die Tür. Es verging eine lange Zeit voller »nichts«. Ich wagte es nicht, mir Gedanken zu machen. Was hätte es auch gebracht? Und es kam mir auch nicht in den Sinn, mir Sorgen zu machen, dass ich meinen Flug verpassen könnte, so benommen war ich.

Ich weiß nicht, wie viel Zeit tatsächlich verging, aber plötzlich kamen die beiden Männer wieder rein, drückten mir meinen Pass in die Hand und empfahlen mir, mich zu beeilen, damit ich meinen Flug noch bekäme.

Nun wollte ich es aber genauer wissen: »Ist alles in Ordnung mit meinem Pass? Kann ich wiederkommen?«

Der Polizist erwiderte schmunzelnd: »In drei Monaten.«

Jetzt konnte ich wieder atmen und stieß einen lauten Seufzer aus. Was oder wer in meiner Wartezeit dafür gesorgt hatte, dass ich nun doch mein Land wiedersehen durfte, konnte ich mir nicht erklären, aber ich war sehr dankbar dafür. Mit einem riesigen Glücksgefühl im Gepäck sprang ich in Richtung Boarding und saß wenige Minuten später im Flugzeug. Was für ein Wechselbad der Gefühle!

Meine drei Monate in Deutschland waren gut gefüllt mit Besuchen quer durchs Land. Für alle inzwischen bei uns registrierten fünfzig Kinder fanden sich Paten aus den verschiedensten Gemeinden und Freundeskreisen. Es berührte mich total, wie viele Leute sich Gedanken machten und sich Mühe gaben, um das Salam-Projekt zu unterstützen. Manche wünschten sich bei ihrer Hochzeit oder ihrem Geburtstag statt Geschenken Geld für unsere kleine Schule. Andere leiteten Schuhputzaktionen, Gänseversteigerungen, Muffin-Verkäufe und vieles andere in die Wege, um Geld für uns zu sammeln. Dabei hatte Deutschland zu Beginn des Jahres gerade selbst einige Tausend Flüchtlinge aus Syrien aufgenommen. 20 000 Syrer mit akademischem Abschluss oder dem Vorhaben, in Deutschland ihr Studium zu beenden, durften sich um ein Visum bewerben. Dass diese Zahl nur ein sehr kleiner Tropfen auf einen sehr heißen Stein war und niemals ausreichen würde, war uns in Gaziantep längst klar. Am 30. Mai 2014 stand in der Süddeutschen Zeitung: »Unsere Verantwortung ist größer als das, was wir tun: Außenminister Steinmeier kündigt an, Deutschland wolle 10 000 syrische Flüchtlinge zusätzlich aufnehmen.«

Was die Politik hier plante und nicht plante, erkannte und nicht erkannte war das eine. Aber was ich in den drei Monaten in Deutschland erlebte, war eine riesige Anteilnahme und Hilfsbereitschaft der

Bevölkerung. Sie waren interessiert, offen und bereit, den vielen syrischen Familien, auch denen »ohne akademischen Abschluss«, zu helfen und etwas von sich persönlich abzugeben.

Wir wollten mit der Salam-Schule ja gerade erreichen, dass Kinder aus diesen bildungsfernen Familien, wo bisher keiner lesen und schreiben konnte, eines Tages die Möglichkeit hätten, zu studieren. Und wir wollten, dass sowohl die Kinder als auch die Lehrer vorbereitet würden, um Friedensstifter und Hoffnungsbringer für die Zukunft ihres eigenen Landes zu werden. Dank der vielen Spenden von Freunden aus Deutschland konnten wir außerdem endlich unseren Lehrkräften ein bisschen mehr Gehalt geben und damit den Anspruch an den Unterricht anheben und mehr Leute anstellen.

Zurzeit waren wir allerdings noch auf dem Stand, dass die Kinder überhaupt erst mal lernen mussten, einen Stift in der Hand zu halten, vom Thema Schere ganz zu schweigen. Unsere Salam-Lehrkräfte behaupteten fest, dass Achtjährige noch zu klein wären, um mit einer Schere umzugehen, und die Verletzungsgefahr viel zu groß sei. In meinem Gepäck für Gaziantep landete deshalb neben fünfzig Paar selbst gestrickten Socken von älteren Damen aus Kodersdorf auch ein Klassensatz Lernscheren für Kleinkinder und das feste Vorhaben, dass unsere Kinder die absolut beste Bildung bekommen sollten.

Die größte Frage war für mich aber nun erst mal wieder: »Schaffe ich es überhaupt, wieder reinzukommen?«

Nachdem ich versucht hatte, meine drei Monate in Deutschland bestmöglich zu nutzen, musste ich mich auch hier wieder verabschieden, als würde ich eventuell nie wiederkommen. Der Satz aus dem Konsulat über das »Verschwinden« saß immer noch fest in meinem Kopf. Dennoch begab ich mich ein weiteres Mal auf die Reise mit der Hoffnung, bald wieder bei den Lehrerinnen und Lehrern und Kindern in Gaziantep zu sein.

Ich wusste, diesmal beteten noch mehr Leute für mich als zuvor, und so ging ich ein klein wenig gelassener der Passkontrolle entgegen. Und wieder: ein ungläubiger Blick in den Computer, auf meinen Pass, auf mich. Der Griff zum weißen Hörer. Gemurmel. Der Griff zum schwarzen Hörer. Grinsen. Warten. Abgeführt werden in einen Raum. Fragen: »Was willst du hier? Willst du nach Syrien weiterreisen? Wer ist dein Auftraggeber?« Die gleichen Fragen wieder und wieder von verschiedensten Männern mit abgerauchten Zigaretten in der Hand. Doch auch dieses Mal durfte ich nach einer Weile gehen. Ob ich mich an diese Adrenalinschübe je gewöhnen würde? Egal, für die nächsten drei Monate war ich jetzt wieder da und freute mich, erneut so viel wertvolle Zeit geschenkt bekommen zu haben. Danke Gott!

Ich freute mich auf die Kinder und die Mitarbeiter der Salam-Schule, auf meine Gemeinde und auf Dericks Familie, die mir inzwischen richtig ans Herz gewachsen war.

Wieder hatte sich in kurzer Zeit sehr viel in der Stadt verändert. Etliche Gebäude waren abgerissen worden und neue Hochhäuser mit schicken kleinen Apartments sprossen förmlich aus dem Boden. Auch unsere alte Flitzpiepe war vollends verschwunden und stattdessen stand da in der Ordu-Straße ein glänzender Turm mit Ein-Raum-Wohnungen.

»Wer wohnt denn in so was?«, fragten mich die syrischen Frauen mit ihren Kindern verwundert.

»Tja, diese Wohnungen sind vermutlich für die Mitarbeiter der großen internationalen Hilfsorganisationen, die sich inzwischen in Gaziantep angesiedelt haben«, vermutete ich, denn plötzlich gab es sogar Starbucks in der Stadt.

»Wer trinkt denn Kaffee für 25 Lira?«, fragte ich mich selbst völlig empört. Für das Geld konnte man vermutlich eine syrische Familie zwei Tage lang ernähren! Aber auch die Preise für Lebensmittel und besonders für Mieten stiegen mit den vielen Amerikanern, Kanadiern und Deutschen ins Unermessliche und die Kluft zwischen den Armen und den Reichen wurde noch größer, als sie ohnehin schon war.

Doch es waren nicht nur die Mitarbeiter der Hilfsorganisationen, die sich plötzlich in Gaziantep tummelten. Der Fluss von Männern mit langen blonden Bärten riss nach wie vor nicht ab. Das wurde mir neu bewusst, als ich an einem heißen Herbstnachmittag die Cavus-Straße entlang nach Hause zur Salam-Schule lief. Dort gab es ein kleines Haus mit Gittern an den Fenstern, das als Yabanci subesi bekannt war, so was wie eine Ausländerbehörde. Eigentlich mussten dort meist Iraner oder Leuten, aus anderen Ländern hin, um sich als Flüchtlinge zu registrieren und sich wöchentlich zu melden. Für die Syrer war eine andere Stelle, die Polizeistation, zuständig.

Bislang war in und um das Gebäude nie groß was los gewesen, aber nun standen bewaffnete Soldaten und ein fetter Panzer davor. Ein sehr ungewohnter Anblick. Und das in unserer kleinen Straße! Obwohl schon Herbst war, hatten wir immer noch über dreißig Grad.

Plötzlich rief jemand auf Deutsch zwischen den Gitterstäben aus dem ersten Stock zu mir herunter: »Hey, bist du Deutsche?« Erschrocken blinzelte ich durch die grelle Sonne auf der Suche danach, woher diese Stimme kam. Oben am Fenster hingen drei Männer mit eben diesen typischen blonden, langen und ungepflegten Bärten. Der in der Mitte trug eine auffällige blaue Brille. Er war derjenige, der mich angesprochen hatte.

»Ja, ich bin Deutsche«, antwortete ich.

»Wir auch. Wir sind Touristen, aber wir werden hier festgehalten. Bist du auch Touristin?«, fragten sie mich, während einer der Soldaten in meine Richtung kam und mir nahelegte, weiterzugehen.

Das tat ich sofort. Ich wagte es nicht, den dreien eine Antwort zu geben. Was hätte ich auch sagen sollen? Touristin war ich nicht und sie mit Sicherheit auch nicht. Zu Hause wurde mir erst richtig klar: »Hier in unserer Straße sitzen Leute aus Deutschland, die sich vermutlich dem Islamischen Staat in Syrien anschließen wollen und bereit sind, Andersgläubige zu töten. Ich muss dringend für diese Leute beten!«

Natürlich konnte ich das alles nicht für mich behalten. Ich schrieb noch am gleichen Abend eine Rundmail und bat die Freunde in Deutschland, mit mir für diese Situation, für die Menschen in diesem kleinen Gefängnis, für die Soldaten, die sie bewachten, und für die Politiker, die hier Einfluss nehmen sollten, zu beten. Als ich am nächsten Tag wieder an dem Gebäude vorbeikam, sprach mich ein Soldat an: »Hey, du hast doch gestern mit diesen Männern oben gesprochen. Kennst du sie?«

Ich verneinte vehement und erklärte dem Soldaten detailliert, was sie gesagt hatten und was ich gesagt hatte.

Seine Reaktion: »Das wussten wir schon alles. Das hast du ja gestern Abend nach Deutschland berichtet.«

Ach du Schreck! Ich hatte ja schon immer so eine Ahnung gehabt, dass meine Mails mitgelesen werden könnten. Nun wusste ich es. »Neyse – was soll's. Wenn mitgelesen wird, was ich schreibe, dann müssten ja bald alle Geheimdienstler und Terrordepartment-Mitarbeiter wissen, dass ich keine Gefahr für die Sicherheit des Landes bin«, dachte ich.

Die eigentliche Gefahr für uns alle und auch für unsere Salam-Schulkinder war in der Tat der Islamische Staat, der nicht nur in Syrien sein Unwesen trieb, sondern inzwischen auch in Gaziantep voll präsent war. Nicht nur einmal passierte es mir, dass Autos mit wehenden IS-Fahnen an mir vorbeifuhren, die Fenster runtergekurbelt wurden und Allahu-akbar-Schreie daraus ertönten.

Ich staunte nicht schlecht, als an einem Nachmittag sogar Autos durch unsere engen Gassen vor der Salam-Schule fuhren und mit Lautsprechern Werbung für den IS machten. Wer mit ihnen in den Krieg ziehen und dabei Geld verdienen wolle, solle sich um sechzehn Uhr mit gepackten Sachen an der grünen Moschee einfinden.

Aus lauter Neugierde legte ich an dem Tag auf dem Weg zum Einkaufen einen kleinen Umweg ein, um zu sehen, was dort los war. Und tatsächlich standen vor der grünen Moschee zwei große Reisebusse, die sich mit jungen türkischen Männern füllten. Ein erschütternder Anblick.

Gott sei Dank war unsere kleine Salam-Schule wenigstens ein Ort des Friedens, an dem man von dem allem wenig mitbekam. Das sprach sich herum und immer mehr Eltern kamen und hofften auf einen Platz für ihre Kinder an unserer Schule. Die Warteliste wurde länger und länger.

Umso verwunderter war ich, als plötzlich Eltern kamen und fragten, wie viel wir bezahlen würden, wenn sie ihre Kinder zu uns schicken. Erst dachte ich, ich hätte mich verhört. Aber sie erklärten, dass sie ihre Kinder bisher an einer ähnlichen kleinen Schule in einer Wohnung registriert hatten. Dort bekamen sie pro Kind im Monat hundert Dollar.

Wenig später stellte sich heraus, dass der IS solche Schulen in Privatwohnungen in Gaziantep betrieben hatte, um die Kinder zu Selbstmordattentätern auszubilden. Und nun sollten wir Kinder, die zuvor an so einer Schule gewesen waren, bei uns aufnehmen? Würde das gut gehen? In einem unserer täglichen Mitarbeitermeetings auf dem geräumigen Küchenboden entschieden wir uns dafür.

Einige unserer »normalen« Salam-Schulkinder hatten in Syrien schreckliche Begegnungen mit dem IS gehabt. Ein Junge war besonders aggressiv. Yusuf war neun Jahre alt und sein auffälligstes Merkmal war: Er hatte völlig graue Haare. Die Lehrkräfte wollten, dass wir ihn der Schule verweisen, weil er ständig störte, andere Kinder schlug und nicht wirklich am Unterricht teilnahm. »So schnell verweisen wir keine Kinder von der Salam-Schule«, ließ ich sie mit aller Deutlichkeit wissen und machte mich mit Armanj auf den Weg, um die Familie von Yusuf zu besuchen.

In einem dunklen Flur vor einer schwarzen Tür klopften wir an und warteten, bis jemand öffnete. Von draußen hörte man deutlich, dass jemand da war, doch wir mussten lange warten. Als uns endlich aufgetan wurde, betraten wir das enge Ein-Zimmer-Appartement, in dem Yusuf, seine zwei Geschwister und seine Mutter lebten. Da kein Mann im Haus war, sollte ich mehr oder weniger das Gespräch führen. Armanj half, wenn ich nichts verstand. Ich bedankte mich bei der Mutter, dass wir hatten kommen dürfen, und kam relativ schnell auf Yusufs außergewöhnliche Haarfarbe zu sprechen, um erst mal mit ein wenig Small Talk einzusteigen. Mit seinem Verhalten in der Schule wollte ich nicht gleich die Stimmung verderben. Aber schon meine naive Einstiegsfrage löste einen Vulkan aus. Die Mutter fing an zu weinen. Sie erklärte uns, dass Yusuf in Syrien hatte mit ansehen müssen, wie sein Vater vom IS geköpft wurde. Danach waren seine Haare grau geworden.

Fassungslos saßen wir da und mussten selbst weinen. Über sein Verhalten sprachen wir nicht. Wir sicherten der Mutter zu, dass wir helfen wollten, so gut wir konnten, und Yusuf in unserer Schule immer willkommen sei.

In einem Meeting erzählten wir von unserem Besuch und alle Lehrkräfte waren sich einig: Yusuf bleibt! Nun konnten sie ihn mit anderen Augen sehen und ihm umso mehr Liebe und Aufmerksamkeit entgegenbringen. Das veränderte auch Yusuf mit der Zeit zusehends.

Die Besuche bei den Kindern zu Hause wurden ein fester Bestandteil unserer Arbeit. Wenn Armanj und ich an diesen warmen

Herbstabenden 2014 in den Straßen und engen Gassen des Stadtteils Sahveli unterwegs waren, kamen immer ein paar Kinder angerannt und fragten, ob sie denn auch zur Bananenschule kommen dürften.

»Bananenschule?«, fragte ich Armanj lachend.

Er erklärte: »Es hat sich wohl rumgesprochen, dass es bei uns samstags Bananen gibt.«

Bananen bekamen die Kinder in ihren Familien sonst nie. Die waren viel zu teuer und deshalb noch beliebter als die Kekse, die ebenfalls auf der Picknickdecke lagen, um die sich alle Kinder am Samstag nach der letzten Stunde in ihrem Klassenzimmer scharten.

Ja, wir sollten noch mehr Kinder aufnehmen. Sie alle hatten es verdient, einen sicheren Ort zu haben. Einen Ort, an dem sie Kind sein durften, an dem sie lernen konnten und an dem sie bedingungslos geliebt wurden. Und auch wenn ich nicht genug Arabisch konnte, um zu unterrichten, und nicht gut genug kochen konnte, um den Kindern ein warmes Mittagessen zuzubereiten, so war es unserem großen Gott doch möglich gewesen, fünfzig Kindern mit meiner Anwesenheit, aber ohne mein Zutun, einen Ort des Friedens zu schaffen.

11

Terrorist oder harmlos?

Auch im sonst sehr heißen Gaziantep wurde es allmählich wieder kühler. Die Jahre zuvor hatte ich den Winter fast herbeigesehnt, um endlich dieser unerträglichen Hitze, die bis weit in den Herbst hineinreichte, zu entkommen. Aber dieses Jahr empfand ich ihn alles andere als angenehm, denn ich war nicht mehr in der kuscheligen Flitzpiepe, in der die Erdgastherme für wohlige Wärme sorgte. Mit dem Umzug der Salam-Schule in unsere zwei neuen Stockwerke zu Beginn des Schuljahres hatte ich mein Zuhause statt bei Peter und Sungjin in der Abstellkammer der Schule.

Diese Abstellkammer war mindestens zwanzig Quadratmeter groß und hatte sogar einen Balkon. Über den Sommer und Herbst war es herrlich, hier zu wohnen. Ich hatte mir einen Bereich neben den mit Schulmaterialien gefüllten Regalen abgetrennt und nutzte diesen mit einer Schaumstoffmatte auf dem Boden als mein persönliches Schlafzimmer. Persönlich, das war mir als Deutsche besonders wichtig. Alle anderen hätten im Traum nicht daran gedacht, egal, ob Sommer oder Winter, alleine in einem Raum zu schlafen. Vielmehr kuschelten sich die übrigen weiblichen Mitarbeiterinnen in einem Klassenzimmer an der Südseite des Hauses mit ihren Schaumstoffmatten eng aneinander. Für ein paar Nächte hätte ich diese Jugendherbergsstimmung auch gut ausgehalten, aber auf Dauer war mir mein persönlicher Rückzugsort doch wichtig. Nur eine Heizung gab es in meiner nördlich gelegenen Abstellkammer leider nicht und an manchen Tagen in diesem Winter fielen die Temperatur sogar bis minus neun Grad. Da hatten Armanj und Khamlin mit ihren Schaumstoffmatten in der Küche neben dem mobilen Gasofen den absolut besten Platz erwischt.

Aber was sollte ich mich beschweren? Wir hatten immerhin intakte Fenster, das hatten die meisten unserer Kinder in ihren Ruinen nicht – geschweige denn eine Heizung. In so mancher Nacht, wenn ich frierend dalag, musste ich an die Kinder denken: »Hoffentlich schlafen sie jetzt eng mit ihren Geschwistern zusammengekuschelt. Wir sollten auf jeden Fall noch mehr warme Decken kaufen und den ärmsten unter ihnen bringen.«

Viele Gedanken schossen mir in diesen kalten Winternächten durch den Kopf, während ich selbst bibberte. Oft warf ich schließlich doch noch kurz den stromfressenden Heizstrahler an, um wenigstens mit ein bisschen Wärme einzuschlafen. Den hatte mir eine Kolumbianerin von der UN geschenkt, die ein paarmal unsere Gemeinde besucht hatte, als sie nach einem halben Jahr in ein anderes Land gerufen wurde.

In unserer kleinen türkischen Gemeinde wurde es immer internationaler. Das hatte zum einen damit zu tun, dass es plötzlich in Gaziantep sehr viele afrikanische Studenten gab. Die meisten von ihnen waren durch ein Gülen-Stipendium in die Türkei gekommen, um Medizin oder Ingenieurwesen zu studieren, waren aber Christen und wollten mit der Gülen-Bewegung nichts weiter zu tun haben. Außerdem kamen viele Mitarbeiter und Praktikanten der verschiedenen Hilfsorganisationen aus aller Welt und suchten in unserer Gemeinde nach geistlicher Heimat und einer Möglichkeit, sich praktisch einzusetzen. In ihrer beruflichen Arbeit saßen sie nämlich meist durchgehend in Büros, um von dort aus Aufbauprojekte für Syrien zu planen. Direkte Kontakte zu hilfsbedürftigen Syrern hier vor Ort hatten sie keine.

So kam es, dass mich zwei chinesische junge Frauen sonntags in der Gemeinde ansprachen und fragten, was denn die größte Not der Syrer in Gaziantep sei. Ihre Heimatgemeinde wollte gerne 4000 Dollar spenden. Ich schlug ihnen vor, uns einfach mal im Stadtteil Sahveli zu besuchen und sich selbst einen Eindruck zu verschaffen. Mit dicken Kameras um den Hals standen die beiden kurze Zeit später vor der Eingangstür der Salam-Schule und präsentierten mir ihre ersten Fotos, die sie von heruntergekommenen Häusern und von den Drogendealern am Eingang der »schlimmen« Straße gemacht hatten. Armanj, der gerade dazukam, erklärte besorgt, dass man hier so nicht mit Kameras rumlaufen und schon gar nicht Fotos von Menschen und Häusern machen sollte, die man nicht kannte. Schließlich wohnten in unserem Stadtteil auch sehr viele IS-Anhänger, die es sicher nicht lustig fänden, wenn chinesische Frauen ihr Haus fotografierten. Erfreut über diesen Einwand waren die beiden jungen Damen nicht, schließlich mussten sie ihrer Gemeinde auch Fotos liefern. Aber für diesen Nachmittag waren sie bereit, ihre Kameras im Rucksack verschwinden zu lassen. So gingen wir gemeinsam durch die Straßen und sie konnten Eindrücke mit ihren Augen und Herzen sammeln.

Gerade jetzt im Winter herrschte in den armen Stadtteilen eine völlig andere Stimmung als im grünen Parkstreifen und den schillernden Shoppingmalls mit Starbucks, wo sich die reichen Ausländer tummelten. Hier qualmte es nur so aus allen Ecken. Müllsammler zündeten sich aus ihrem gesammelten Müll kleine Feuer an, um sich aufzuwärmen. Auch aus den Häusern und Ruinen kam aus Ofenrohren schwarzer Qualm von verbranntem Müll. Besonders Plastik wurde gerne als Brennstoff genutzt, weil es länger brennt als

Papier. Auch die Stoffreste aus den zahlreichen kleinen Untergrundnähereien wurden aus Mülltonnen gefischt und dienten als beliebtes Brennmaterial.

Sichtlich berührt von der Armut verabschiedeten sich die beiden Frauen mit Einbruch der Dunkelheit und stiegen in ein Taxi. Einige Tage darauf meldeten sie sich per Telefon und verkündeten ihr Vorhaben, das ich bitte umsetzen sollte. Ihre Gemeinde in China hatte beschlossen, dass die 4 000 Dollar genutzt werden sollten, um die kaputten Fenster der armen Familien zu reparieren und dort Fenster einzusetzen, wo diese fehlten. Ich sollte dafür bitte einen Schreiner oder Glaser beauftragen und prüfen, bei welchen Häusern die Hilfe am nötigsten sei. Fotos sollte ich natürlich auch schicken.

Auf der einen Seite war ich begeistert über diese großzügige Spende und die Möglichkeit, in unserem Stadtteil ganz sichtbar etwas zu verbessern. Auf der anderen Seite wusste ich aber, dass mich dieses Projekt so viel Zeit kosten würde, dass ich in diesen drei Wintermonaten vermutlich zu wenig anderem kommen würde. Es gab aber niemanden, der mir diese Aufgabe hätte abnehmen können oder wollen, und so startete ich zunächst mit den Familien mit zerbrochenen Fenstern, die ich kannte. Der ansässige Schreiner um die Ecke freute sich riesig über so viele Aufträge und war nun täglich mit mir unterwegs.

In diesem Zuge lernte ich in der Nachbarschaft auch neue Familien kennen, deren Fenster wir reparieren konnten. Mit 4 000 Dollar war echt viel möglich. Sogar komplette Fenster und Türen konnten wir in vielen alten Ruinen einbauen lassen, zum Beispiel auch bei Meryems Familie.

Ich hatte die elfjährige Meryem vor unserem Haus an der Mülltonne kennengelernt. Ihre tägliche Arbeit war es, Plastikmüll zu sammeln. Diesen verkaufte sie einer großen chinesischen Recyclingfirma, die neu in der Stadt war, für einen geringen Lohn. Nachdem ich ihr von dem Fensterprojekt erzählt hatte, führte sie mich sofort zu ihrer schrecklich heruntergekommenen und vermüllten Behausung in der »schlimmen« Straße, in der sie mit ihren zwölf Geschwistern, drei Müttern und einem kranken Vater in einem Raum ohne Fenster und Türen lebte. Die offenen zugigen Löcher waren nur mit schmutzigen verrußten Stofffetzen behangen. In den Ecken stapelte sich der von ihr und ihren Geschwistern gesammelte Müll und es roch fürchterlich.

Der Vater, der unter einer Decke gekauert hatte, erhob sich sofort, als ich den Raum betrat. Er war sichtlich erfreut und dankbar, dass ich sie so spontan besuchen kam. Er zeigte mir, dass es hinter den Stofffetzen keine Scheiben gab, wies mich auf die fehlende Tür hin und bat mich, mit ihm aufs Dach zu kommen. Dort gab es ebenfalls einen kleinen Raum, in dem ein Bett stand, der aber keine Tür hatte. »Hier schläft immer mal jemand aus der Familie, wenn es unten zu eng wird. Wenn wir hier eine Tür hätten, wäre das eine große Hilfe«, erklärte er.

Immerhin gab es hier sogar ein Bett, im Gegensatz zu dem Hauptwohnraum, wo nur Decken auf dem blanken Steinboden lagen. Der Schreiner an meiner Seite notierte sich gleich alle Maße auf seinem zerknitterten Zettel. Ich dagegen wollte ein ernstes Wörtchen mit dem Vater reden, denn die Umstände, in denen Meryem und ihre Geschwister lebten, waren unerträglich. »Geht denn außer den Kindern hier keiner arbeiten?«, fragte ich ihn fast ein wenig vorwurfsvoll.

»Ich bin krank und kann mich nicht gut bewegen. Außerdem habe ich Diabetes und bekomme kein Insulin, weil ich keine Aufenthaltskarte in der Türkei habe«, antwortete er mir. Zumindest meinte ich, das aus dem für mich noch recht unverständlichen arabischen Wortschwall herauszuhören. Ich sicherte ihm zu, dass ich ihm bei den Behördengängen und Arztbesuchen helfen würde, verlangte aber im Gegenzug, dass er seine Kinder in die Salam-Schule kommen lässt, statt sie zum Müllsammeln zu schicken.

»Ich lasse Meryem zu dir kommen. Die anderen müssen arbeiten«, antwortete er.

Es brach mir das Herz, die vielen kleinen schmutzigen Kinder dort zu sehen und zu wissen, dass sie in dieser Familie keine gute Zukunft haben würden.

»Und was ist mit Meryems großer Schwester?«, wandte ich ein.

»Sie ist schon vierzehn. Für sie kommt Schule nicht mehr infrage. Sie muss sich um den Haushalt kümmern«, wehrte der Vater ab.

»Um welchen Haushalt«, fragte ich mich. Hier gab es vier Erwachsene und nicht mal eine Küche, die man hätte sauber halten können. Aber ich merkte, dass ich nicht zu viel auf einmal verlangen durfte. Daher verabschiedete ich mich, sagte Meryem, dass ich sie am nächsten Morgen um neun Uhr in der Salam-Schule erwarten würde, und machte mich auf den Heimweg.

Meryem rannte mir hinterher und drückte mich so fest, dass ich dachte, sie würde mich nie wieder loslassen. Es war fast wie ein Hilferuf, der sagte: »Bitte nimm mich mit!«

Das hätte ich am liebsten getan. Aber ich wusste, dass sie an diesem Tag noch viel Arbeit vor sich hatte.

Am nächsten Morgen erschien sie pünktlich zum Unterricht und mit ihr sicherlich einige Läuschen und anderes Ungeziefer. Wir boten ihr an, sich im Badezimmer Gesicht, Hände und Füße zu waschen, und gaben ihr ein schönes Paar selbst gestrickte warme Socken. Dann nahm sie sichtbar stolz im Klassenzimmer Platz. Ihr Rumgehibbel auf dem weißen Plastikstuhl ließ mich ahnen, dass sie noch nie eine Schule besucht hatte, geschweige denn länger als fünf Minuten auf einem Stuhl gesessen hatte. Wie auch? Da, wo sie wohnte, gab es ja keinen. Aber sie bemühte sich, alle Unterrichtsstunden durchzuhalten, schlang das warme Mittagessen nur so in sich hinein und stand mit den anderen Kindern am Ende des Tages aufgeregt vor dem riesigen Adventskalender im Flur der Salam-Schule.

Ja, den Adventskalender, den mir das Kodersdorfer Lehrerkollegium 2011 zum Abschied geschenkt hatte, gab es immer noch. Natürlich hatten wir ihn längst erweitern müssen, damit jedes Kind im Laufe des Advents einmal ein Säckchen öffnen konnte. Es wurde Tradition, dass sich alle nach Unterrichtsschluss auf ihrem Stockwerk im Flur trafen, ein Lied sangen, ein Rätsel lösten und dann ausgelost wurde, wer an jenem Tag das kleine Geschenk bekommen würde. Meryem bekam es an jenem Tag leider noch nicht. Aber die Hoffnung wuchs, dass es vielleicht an einem der nächsten Tage für sie so weit sein könnte.

Völlig unangekündigt ging ich einige Tage später wieder bei Meryems Familie vorbei, mit dem Vorhaben, den Vater zu einem Gesundheitszentrum mitzunehmen. Inzwischen hatten sie Fenster und auch Türen. Die Eingangstür stand offen. Ich klopfte halbherzig an und schob die Tür auf. Diesmal war der Vater nicht so erfreut, mich zu sehen. Er wirkte eher nervös. »Meryem ist nicht da«, sagte er sofort.

»Ich weiß, sie ist in der Schule. Aber ich wollte kommen, um mit dir wegen dem Diabetes zu einem Arzt zu gehen.«

Hinter der Tür sah ich drei seltsame, düstere Männer und Meryems vierzehnjährige Schwester, schick gekleidet und völlig übertrieben geschminkt. Was war hier los? Ich ahnte nichts Gutes.

Der Vater fragte, ob wir nicht am nächsten Tag zum Arzt gehen könnten. Er hätte jetzt zu tun.

Ich atmete tief durch und fühlte mich völlig machtlos. In den Augen von Meryems Schwester sah ich die gleichen Hilfeschreie wie zuvor bei Meryem. Freundlich fragte ich: »Du bist heute so schön angezogen. Wieso das denn?«

Der Vater ließ sie nicht zu Wort kommen, sondern wimmelte mich ab: »Sie soll bald verheiratet werden. Sie ist alt genug.«

Mir war klar, dass ich hier allein nichts tun konnte. Wer weiß, wer diese drei seltsamen Männer waren und zu was sie in der Lage wären. Also versuchte ich, gute Miene zum bösen Spiel zu machen, verabschiedete mich und versprach, am nächsten Tag mit ihm zum Arzt zu gehen.

Zurück in der Salam-Schule erzählte ich Armanj alles, was geschehen war. Er äußerte die Vermutung, dass der Raum auf dem Dach wahrscheinlich für Prostitution genutzt wurde. Völlig aufgebracht fragte ich Armanj: »Wir sollten sofort eingreifen und die Polizei verständigen, oder?«

Armanj war sich unsicher: »Wenn wir die Polizei rufen, kommt die Polizei auch zu uns. Als nicht genehmigte Schule könnte das unser Aus bedeuten.«

Er hatte recht. Das konnten wir nicht riskieren. Aber ich hatte noch eine andere Idee. Ich kannte jemanden bei der UN in Gaziantep, der vielleicht helfen konnte. Ich rief ihn an und schilderte ihm aufgeregt die Lage in Meryems Familie und die Vermutung, dass die Töchter zur Prostitution gezwungen werden. Am nächsten Morgen kam er mit, als ich den Vater abholte, um ihn zum Arzt zu bringen. Er sah die Behausung und schon das allein reichte ihm, um nachmittags mit einem Team der Abteilung »Child Protection« der UN nochmals dort aufzutauchen und den Vater auf Mark und Bein zu prüfen. Am nächsten Morgen kam Meryem nicht mehr zur Schule. Als ich zu ihrem Haus lief, um sie zu suchen, sah ich, dass es bis auf die Müllberge komplett leer geräumt war.

In mir machte sich eine Leere breit. Hatte ich das Richtige getan? Wo waren sie jetzt? Waren sie in einem Heim und der Vater im Gefängnis? Ich machte mir große Sorgen, vor allem um Meryem, und ging verzweifelt und ratlos zurück zur Schule.

Es wäre nicht der einzige Fall von Prostitution, der mir bisher in Gaziantep begegnet war. Viele nutzten die tragische Situation der syrischen Flüchtlinge schamlos aus. Sogar die syrischen Flüchtlinge selbst nutzten die Lage, um an möglichst viel Geld zu kommen. So gab es inzwischen etliche »Heiratsbüros« in der Stadt. Syrische Heiratsvermittlerinnen führten dort Kataloge mit Profilen ihrer Landsfrauen, die man für eine gewisse Summe heiraten konnte, darunter auch zwölfjährige Mädchen. Türkische Männer kamen in die Büros, wählten sich ein Mädchen aus, unterschrieben einen Ehevertrag und hatten sogar zwei Monate »Rückgaberecht« – und das Ganze völlig offiziell.

Auch die staatlich anerkannten Prostitutionshäuser, in Sichtweite zur Salam-Schule, in denen bislang hauptsächlich russische Frauen ihre Dienste angeboten hatten, bekamen nun Zulauf von Syrerinnen.

Bei zwei unserer Schülerinnen, Judy und Angy, hatten wir längst die Vermutung, dass ihre Mutter in einem dieser Häuser arbeitete. Zum einen wohnten sie direkt daneben. Zum anderen war die Mutter alleinstehend, da ihr Mann nach Europa gegangen war und sich nie wieder gemeldet hatte. »Wie können sie sich ihre Wohnung und die sehr schicken Kleidchen für ihre Mädchen leisten?«, fragten wir uns daher im Team. Noch dazu erzählten die Mädchen manchmal, dass sie nachts Angst hatten, weil sie allein zu Hause waren.

In einem unserer täglichen Teammeetings nach dem Schultag auf dem Küchenboden um den Gasofen kam das Thema wieder auf. Die Lehrkräfte erzählten von dem auffälligen Verhalten der Mädchen und dass es wohl in der Familie noch zwei kleinere Kinder gab, um die die beiden sieben- und neunjährigen Mädchen sich nachts kümmern mussten. Ich beschloss, die Mutter zu besuchen, auch wenn mein Arabisch immer noch sehr unzulänglich war. Armanjs Frau

Khamlin war sofort bereit, mitzukommen. Das machte mir großen Mut und so zogen wir noch am gleichen Abend gemeinsam los.

In dem Gespräch wurde klar, dass wir recht hatten mit unserer Vermutung. Aber die junge Mutter sah keine andere Lösung, da sie tagsüber nicht arbeiten gehen konnte mit den beiden Babys, sonst müssten ihre beiden großen Mädchen zu Hause bleiben und könnten nicht weiter zur Salam-Schule kommen. Das wollte sie ihnen aber nicht nehmen.

Ich schämte mich innerlich, dass ich zuvor fast schlecht von der Mutter gedacht hatte. Sie war eine gute und aufrichtige Frau, die nur das Beste für ihre Kinder wollte. Gemeinsam überlegten wir, was man tun könnte. Dann kam mir ein Gedanke: »Wir brauchen in der Salam-Schule eine Kleinkindbetreuung für Geschwisterkinder.« Und ich hatte auch schon eine Idee, wer diese übernehmen könnte.

Senne, die erste syrische Frau, die ich auf der Straße kennengelernt hatte und die mich in ihre Wohnung mitgenommen hatte. Sie war eine starke, zuverlässige und herzensgute Frau. Sie konnte zwar nicht lesen und schreiben, aber im Windelwechseln, Füttern und Bespaßen war sie mit ihren fünf Kindern absoluter Profi. Außerdem brauchte sie Arbeit, da es bei ihrem Mann ein ständiges Auf und Ab an Jobs gab. Sie lebten immer noch in diesem dunklen Loch über den Autowerkstätten und ihre drei größeren Kinder kamen mit viel Enthusiasmus seit fast einem Jahr täglich zur Salam-Schule.

Als Khamlin und ich sie fragten, ob sie sich vorstellen könnte, die Kleinkinderbetreuung zu übernehmen, war sie völlig aus dem Häuschen. Natürlich konnte sie ihre eigenen beiden kleinen Mädchen mit zur Arbeit bringen. Mit viel Herzblut bereitete sie das hinterste Zimmer im unteren Stockwerk der Schule vor und empfing schon wenige Wochen später die kleinen Geschwister von Judy und Angy.

Leider sah es in diesem Baby-Raum, abgesehen von Sennes Verzierungen, ziemlich karg aus. Wir hatten weder förderliches Spielzeug für Kleinkinder noch Bilderbücher oder Ähnliches. Auf dem Markt in Gaziantep gab es fast nur Plastikkram zu kaufen. So gerne hätte ich hier schöne Sachen aus Deutschland reingestellt. Dort gab es so vieles dieser Art im Überfluss. Bei meinen Deutschlandreisen wurde mir mehr als einmal Kinderkleidung und Spielzeug für die syrischen Familien angeboten. Und immer öfter fragten mich bei meinen Besuchen in den syrischen Familien schwangere Mütter, ob ich ihnen mit Babykleidung helfen könnte.

So wuchs in mir der Traum, irgendwann mit einem Kleinbus eine Ladung Sachspenden von Deutschland nach Gaziantep zu bringen. Aber das schien alles noch in weiter Ferne zu liegen. Wir waren es gewohnt, mit dem, was wir hatten, das Beste für alle zu ermöglichen. Auch darin war Senne Profi. Und es war ihr nie zu viel, trotz aller Umstände, die es machte, weitere Kinder in ihre Gruppe aufzunehmen.

Es dauerte nicht lange, da waren es neun Kleinkinder, die gewaschen, gefüttert und gewickelt werden mussten. Dabei nahmen wir nur in extremen Notfällen neue Kinder in die Babygruppe auf. So zum Beispiel, als eines morgens der kleine Yusuf vor mir saß.

Ich war gerade dabei, einige der in Deutschland gestrickten Socken an die durchgefrorenen und nassen Füße in der Klasse der Neuankömmlinge zu ziehen, da bemerkte ich den zweijährigen Jungen, der neben seiner zehnjährigen Schwester Merwe im Klassenzimmer saß.

»Wer bist du denn?«, fragte ich ihn erschrocken und neugierig zugleich.

Seine Schwester antwortete für ihn: »Das ist mein Bruder Yusuf.«

»Und wo ist eure Mama?«, wollte ich wissen.

»Die ist zu Hause«, antwortete Merwe.

»Na, wenn die Mama daheim ist, dann sollte Yusuf auch besser nach Hause gehen«, bemerkte ich.

Merwe erklärte mir, wo sie wohnten, und ich hatte sofort eine Ahnung, welches Gebäude das war. Das alte Fabrikgebäude in der Nähe eines Nobelrestaurants war bekannt dafür, dass dort viele arme Syrer Unterschlupf suchten. Da Yusuf mit seiner nassen Hose und ohne Jacke unmöglich in diesem kalten Klassenzimmer hätte bleiben können, nahm ich ihn also an der Hand und machte mich mit ihm auf den Weg zu der Ruine. Er führte mich selbst, vorbei an herausgerissenen Eisenträgern, über Schutt und Geröll eine halb fertige Treppe hinauf in einen großen leeren Raum ohne Fenster und Türen. Dort lag neben einer riesigen Wasserpfütze eine schäbige Matratze und darauf eine Frau unter einer schmuddeligen Decke. Was für ein trauriges Bild!

Der kleine Junge lief zu der Frau, um sie zu wecken, und rief: »Mama, Mama.«

Als sie mich erblickte, schreckte sie hoch, stand schnell auf und versuchte, ihre Kleidung und Haare zurechtzuzupfen. Hilflos fragte ich sie: »Wohnt ihr hier?«

Beschämt antwortete sie: »Ja, seit zwei Monaten. Wir konnten die Miete nicht zahlen. Hier bezahlen wir nur ganz wenig...«

Während sie redete, fiel sie mir um den Hals und weinte bitterlich. Wieder einmal musste ich mitweinen und fühlte mich sofort verbunden, obwohl wir uns noch gar nicht kannten. Nachdem wir uns beruhigt hatten, fragte ich weiter: »Wo ist dein Mann?«

Mit tränenerstickter Stimme erzählte sie mir, dass er mit einem ihrer jüngeren Söhne in Deutschland sei, aber mit ihr keinen Kontakt mehr wolle. Er hatte sie verstoßen. Die rote Spitzenunterwäsche, die ich in einer trockenen Ecke des Raumes sah, ließ mich vermuten, dass auch sie nachts arbeiten ging. Konnte es sein, dass ihr Mann davon gehört und sie deshalb verstoßen hatte? Aber was sollte sie auch tun, alleine mit den Kindern? Eine wirkliche Lösung hatte ich auf Anhieb nicht für sie, aber ich bot ihr an, dass Yusuf ab sofort zu unserem Kindergarten kommen könnte und wir ihr auch gerne mal die Kleidung der Familie in der Waschmaschine der Schule waschen würden. Yusuf hatte nämlich keine Windeln und seine Hosen rochen fürchterlich. Eine echte Herausforderung, die da auf Senne zukam!

Und nicht nur auf Senne. Nur wenige Wochen nach der Eröffnung dieses Babyraums war klar, dass wir den Raum auch zum Übernachten für einen neu ankommenden Mitarbeiter bräuchten. Vielleicht würde er mit viel Lüften und Raumspray die Nächte darin überstehen. Es blieb ihm auch nichts anderes übrig, denn im oberen Stockwerk, beim bisherigen Lehrerteam, war zum einen kein Platz mehr zum Schlafen, zum anderen totale Panik, dass der Neuankömmling ein Terrorist sein könnte.

»Sabine, du kennst diesen Mann doch gar nicht. Er ist Araber. Die Gegend im Nord-Osten Syriens, aus der er kommt, ist voller IS-Leute. Wir können ihm nicht trauen. Die weiblichen Mitarbeiter haben Angst!«

Solche und ähnliche Sätze musste ich mir ständig von Armanj anhören, seit ich im Team verkündet hatte, dass Karam im Januar zu uns kommen würde. Hatte er recht? Eine Freundin aus Deutschland hatte den Kontakt vermittelt. Sie kannte einen guten Freund von Karam von einer Syrienreise vor vielen Jahren und stand immer noch in Kontakt mit ihm. Er hatte ihr erzählt, dass Karam in Not sei und so schnell wie möglich Syrien verlassen musste, weil das Regime einen Haftbefehl gegen ihn erlassen hatte, weil er sich geweigert hatte, in der Armee mitzukämpfen. Nun hatte mich diese Freundin gefragt, ob wir ihn in der Salam-Schule aufnehmen könnten. Er sei Englischlehrer, könnte uns beim Unterrichten helfen und sie würde seinen Lebensunterhalt mit finanzieren. Das klang eigentlich ganz gut. Aber andererseits kannten wir ihn ja überhaupt nicht.

»Puuuh, keine leichte Entscheidung, wenn das Team so skeptisch ist«, entgegnete ich meiner Freundin per Skype. Aber wir brauchten ohnehin dringend Lehrer und sie drängte sehr darauf, dass ich Karam half. Also stellte ich das Team vor vollendete Tatsachen: »Karam kommt und er wird im Baby-Raum wohnen.« Wohnen war allerdings eine übertriebene Formulierung. Tagsüber wurden da weiterhin die Babys betreut. Aber er konnte seine Sachen in einem Fach des Wandschranks verstauen und nachts eine der Schaumstoffmatten nutzen, um zu schlafen.

Nur wenige Tage später, am 20. Januar 2015, stand Karam nach Unterrichtsende mit verschlammten Anzughosen und Jackett vor unserer Tür. Man sah, dass er sich ursprünglich eigentlich schick gemacht hatte, und er entschuldigte sich vielmals, dass er so schmutzig war. Aber das war bei Nacht und Nebel nicht zu vermeiden, wenn man illegal die Grenze überquert. Er war sehr dankbar, dass er nun bei uns sein durfte, und erklärte in seinem recht passablen Englisch immer wieder, dass dieser Baby-Raum für ihn ein Traum sei. Endlich konnte er nach langer Zeit wieder an einem sicheren Ort schlafen. Das genügte ihm völlig.

Karam brauchte nicht lange, um sich einzuleben, Englischstunden zu geben und neue Klassen in verschiedenen Fächern zu übernehmen. Sobald er mal eine Freistunde hatte, fing er an, Unterricht vorzubereiten, das Treppenhaus zu fegen oder fragte mich, wo er gebraucht würde. Die anderen Lehrkräfte fanden das gar nicht lustig und hielten ihm vor, dass er den Standard zu hoch setzte und meine Erwartungen an alle damit wuchsen. Und das war auch tatsächlich so. Ich hoffte, andere würden sich an Karam ein Beispiel nehmen.

Stattdessen sprach Armanj im Auftrag unseres bisher rein kurdischen Lehrerteams immer wieder mit mir und versuchte, mich zu überzeugen, dass Karam nicht zu uns passte. Armanj, der inzwischen eine kleine arabisch sprechende Gemeinde innerhalb unserer internationalen Gemeinde leitete, wollte allen Ernstes, dass wir Karam wegschickten? Ich war fassungslos.

»Armanj, lade ihn doch mal sonntags zu deiner Gemeinde ein. Gib ihm eine Chance, Jesus kennenzulernen. Wie kannst du als Christ andere so ausgrenzen?«, fragte ich ihn mit ernster und zugleich gewinnender Stimme. Armanj gab mir schließlich recht und erkannte, dass er viel zu sehr auf den Druck der anderen reagiert hatte.

Und tatsächlich, Karam ließ sich sehr gerne zur Gemeinde einladen. Er wurde dort zum beliebten »Vorleser« der Bibelstellen, besonders weil er super Arabisch lesen und schreiben konnte. Er wusste, dass er als Araber unter den Kurden auch in der Gemeinde sicherlich nie so ganz dazugehören würde, aber er liebte es, Armanjs Predigten zuzuhören, und respektierte ihn sehr. So wurden sie am Ende doch noch fast Freunde. Leider kam das Ende schneller als gedacht.

Noch bevor meine drei Monate in Gaziantep Ende Februar 2015 wieder vorbei waren, kündigte Armanj an, dass er eine Stelle als Pastor in Istanbul angeboten bekommen hatte und eigentlich innerhalb des nächsten halben Jahres mit seiner Frau dorthin ziehen wollte. Gleichzeitig wollte er aber das Salam-Projekt ungern im Stich lassen.

Für mich war klar: Armanj muss den nächsten Schritt gehen und das Angebot annehmen. Er war ein toller Pastor und Netzwerker, der sich in Istanbul gut weiterbilden konnte. Und ich hatte so ein Gefühl, dass Karam seinen Platz in der Salam-Schule gut ausfüllen könnte.

Dummerweise kam Karam in der letzten Woche vor meiner Abreise ebenfalls auf mich zu und erzählte mir, dass er ein Angebot bekommen hatte, nach Deutschland geschleust zu werden. Sicherlich sah er mir meine Enttäuschung an, als ich ihm sehr deutlich sagte: »Karam, wir bräuchten dich hier als Leiter. Wenn du lieber nach Deutschland gehen willst, dann nutz die Gelegenheit und geh so bald wie möglich. Wenn du aber bleiben und das Projekt in den Zeiten, in denen ich weg bin, leiten willst, dann bleib ganz hier bei uns. Wichtig ist: Triff eine klare Entscheidung.«

Wow, so hatte ich mich selbst selten reden hören und ich war mir nicht sicher, ob ich ihn damit nicht eher verschreckt hatte, sodass er ohnehin lieber gehen würde, als zu bleiben. Stattdessen teilte er mir am nächsten Morgen mit, er habe sich klar entschieden, nicht zu gehen und dem Salam-Projekt so lange zu dienen, wie es existiert. Wow! Nun war ich wiederum von seinen Worten platt und wir hatten beide das Gefühl, dass das der Beginn eines langen, spannenden Weges sein könnte.

Nachdem Karam die Leitung der Salam-Schule übernommen hatte, kam nicht nur sehr viel Qualität in den Unterricht und die Abläufe, auch die Schülerzahlen stiegen rasant. Er wollte die Räume bestmöglich nutzen, startete ein Zwei-Schichten-System, eröffnete zwei Vorbereitungsklassen, die nur für zwei Stunden täglich kommen sollten, und nahm so viele Kinder von der Warteliste auf wie nur möglich.

Als ich nach drei Monaten wiederkam, hatte die Salam-Schule bereits neunzig Kinder. Die Lehrkräfte ächzten zwar ein wenig unter der, aus ihrer Sicht, vielen Arbeit, bestätigten aber, dass Karam alles sehr gut organisierte und kein schlechter Leiter war.

»Meine Familie ist unterwegs hierher«, erzählte Karam eines Morgens am kleinen Tisch in der Küche im untersten Stockwerk und rieb sich den Kopf.

»Wie schön, ich freue mich, dass sie kommen«, antwortete ich ihm.

Karam war völlig verwirrt, freute sich zwar irgendwie auch, aber war zugleich voller Sorge. Seine Frau Sarap hatte sich einfach mit den beiden zwei- und siebenjährigen Töchtern auf den Weg in die Türkei gemacht, ohne das mit ihm abzusprechen. Was für eine mutige Frau sie sein musste!

Karam war sichtlich durcheinander, besorgt und auch unsicher, wie es dann mit der Unterkunft seiner Familie hier in Gaziantep aussehen würde. Aber die Sorge konnte ich ihm nehmen. »Ihr bezieht erst mal über die Sommerferien ein Klassenzimmer im dritten Stock und dann sehen wir weiter. Vielleicht könnte uns deine Frau dann ja beim Unterrichten helfen?«

Jetzt hellte sich sein Gesicht etwas auf und begeistert überlegten wir die nächsten Schritte. Es dauerte vier lange Tage und Nächte der Ungewissheit bis Sarap mit den Mädchen endlich Gaziantep erreichte und wir sie am Busbahnhof abholen konnten. Sie waren an der Grenze von türkischen Soldaten verhaftet, aber sehr gut behandelt und versorgt worden. Gut sahen sie aus.

Die drei waren froh, aber auch überrascht, als sie ihren Mann und Vater nach vielen Monaten endlich wiedersahen. »Papa, du trägst ja Jeans. Wow, so modern bist du geworden?«, staunte Lulu, seine ältere Tochter, während sie in den gemieteten VW-Bus stiegen. Ich musste lachen und fragte Karam, wie er denn vorher in Syrien rumgelaufen sei. Er erklärte mir, dass es in seiner Stadt für Männer üblich sei, lange Kaftans zu tragen, und er sich immer seiner Umgebung angepasst hatte. Ich konnte mir Karam nicht in so einem langen Gewand vorstellen und genauso seltsam muss er auf seine Töchter gewirkt haben, als sie ihren Papa plötzlich in Jeans sahen. Wobei das alles bei der riesigen Wiedersehensfreude völlig nebensächlich war. Endlich waren sie als Familie wieder vereint!

Auch ich war froh über diesen sehr sympathischen Zuwachs in unserem Team. An Saraps lieben Augen sah man schon, dass sie ein großes Herz für unsere Salam-Kinder haben würde, und die beiden kleinen Mädchen würden definitiv gute Laune ins Haus bringen.

Völlig überraschend erzählte Derick einige Tage später, dass sie keine Aufenthaltserlaubnis mehr für eines ihrer Kinder bekommen hatten. Fassungslos darüber, dass deshalb die ganze Familie innerhalb weniger Wochen für immer die Türkei verlassen musste, saßen wir gemeinsam in ihrem Wohnzimmer. Mit ihnen würden für mich persönlich ein großer geistlicher Rückhalt und ein Teil der familiären Atmosphäre im Haus weggehen. Die sechs Kinder schienen es eher gelassen aufzunehmen und waren gespannt, wo es nun für sie hingehen würde. Mich stimmte es sehr traurig, dass sie gingen.

Die Freude im Leid war, dass wir mit der Salam-Schule ihr Stockwerk zusätzlich übernehmen konnten. So hatten wir nun insgesamt drei Stockwerke in dem Gebäude für uns, konnten mehr Klassenzimmer einrichten und Karams Familie konnte sogar zwei Zimmer beziehen. Es lagen Tage voller schöner Überraschungen vor uns, als wir die Wohnung inspizierten und aufräumten. Derick und seine Familie hatten uns einfach alles dagelassen, selbst ihre Computer und ihre Bademäntel. Karams Familie musste sich keinerlei Sorgen mehr darum machen, wo sie Möbel und Haushaltsgegenstände herbekommen könnten. Es war einfach alles da.

Die Sommerferien boten viel Zeit, um gemeinsam für sie einen Teil der Wohnung als ihr persönliches Zuhause vorzubereiten. Aus dem ehemaligen Wohnzimmer und Dericks Schlafzimmer sollten jedoch Klassenräume entstehen, damit nach den Sommerferien noch mehr Kinder aufgenommen werden könnten. Karam tüftelte Pläne aus, um insgesamt 190 Kinder zu beschulen und damit die neu gewonnenen Räume wieder bis an die Grenzen auszunutzen. Zu was für einem großen Segen der junge Mann, vor dem alle solche Angst gehabt hatten, doch geworden war!

12
Die Welten verschwimmen

Die Zeit verflog wie der Wind und die Schule lief wunderbar mit den sage und schreibe 190 Kindern. Inzwischen war es Februar 2016. Ein weiterer eisiger Winter lag hinter uns. Diesmal war es aber für uns in der Salam-Schule gut auszuhalten gewesen, denn in Dericks alter Wohnung gab es eine richtige Heizungsanlage. Karam hatte mir angeboten, die drei Wintermonate im Zimmer seiner beiden Töchter zu wohnen, und das hatte ich dankend angenommen.

Nun war es wieder Zeit, mich von allen in der Türkei zu verabschieden, als würde ich nie wiederkommen, bevor ich drei Monate »obdachlos«, aber unter vielen freundlichen Dächern, durch Deutschland tingeln und hoffen und beten würde, dass ich danach wieder in die Türkei einreisen durfte. Es war eine ständige Achterbahn der Gefühle und ich fragte mich oft, wie lange das noch so gehen würde.

Wenn ich nach Gaziantep zurückkäme, würde es wieder viele neue Gebäude in der Stadt und viele neue Kinder in der Salam-Schule geben. Wieder würde ich allen Mitarbeitern und Karams Familienmitgliedern ein Mitbringsel aus Deutschland mitbringen, müsste mich wieder an die extreme türkische Hitze im Sommer oder die zugige Kälte im Winter gewöhnen, den nächtlichen Lärm der Fußball spielenden Kinder auf der Straße und den völlig anderen Lebensrhythmus. Es war manchmal herausfordernd, dauerhaft so derartig zwischen den Welten zu leben. Aber alles in allem war es eben auch gut, wichtig und irgendwie spannend hin- und herzureisen. Die Zeiten in Deutschland waren sowohl für mich als auch für das gesamte Projekt ein Segen. So zum Beispiel in diesem Frühling 2016.

Diesmal ließ ich mir kurz vor meiner Abreise nach Deutschland von Merwes Mutter die deutsche Handynummer vom Vater ihrer Kinder in Mannheim geben. Er reagierte zwar schon seit Langem nicht mehr auf ihre Anrufe, aber wenn ich mit einer deutschen Nummer anrief, würde er vielleicht drangehen. Ich wollte unbedingt herausfinden, warum er seine Kinder so hängen ließ, und ihn dazu bewegen, einen Familiennachzug zu beantragen. Diese armen Kinder sollten auf keinen Fall einen weiteren Winter in einer Ruine hausen müssen. Ich hatte mir das Elend bereits zwei lange, eisige Winter mit angesehen.

Wenige Tage nachdem ich in Deutschland angekommen war und Quartier bei meiner Familie in der Pfalz bezogen hatte, rief ich ihn an. Auf Anhieb hatte ich den Mann an der Strippe und erklärte ihm auf Arabisch, dass ich seine Nummer von seiner Tochter Merwe hatte. Ich erzählte ihm von seinen Kindern, davon, wie intelligent Merwe war, wie fleißig sie sich um Haushalt, Geschwister und zugleich Schulaufgaben kümmerte, und bat ihn um ein Treffen. Er war sofort bereit dazu und lud mich ein, nach Mannheim zu kommen.

Mit dem Auto meiner Eltern machte ich mich auf den Weg und staunte nicht schlecht, als mir ein kleiner Junge, der genauso aussah wie Merwes siebenjähriger Bruder Ahmed, die Tür öffnete und mich hereinbat. Unglaublich, der Junge war so sauber, hatte eine ordentliche Frisur und sprach fließend Deutsch! Das kleine Ein-

Raum-Apartment war gepflegt und roch auffällig gut. In der Ecke stand der blitzsaubere Schulranzen des Jungen.

»Wie heißt du?«, fragte ich ihn, immer noch beeindruckt von den so anderen Umständen, in denen er im Vergleich zu seinen Geschwistern lebte.

»Omer«, antwortete er und fügte stolz hinzu: »Ich gehe schon in die zweite Klasse.«

Der Vater brachte Kaffee, Obst und Kekse auf einem Tablett. Nachdem er mich höflich begrüßt und sich vorgestellt hatte, setzten wir uns gemeinsam an den Tisch. Ich konnte nicht lange hinterm Berg damit halten, wie schlecht es seinen Kindern in der Türkei ging: »Sie sind voller Läuse, haben Hunger und frieren. Bitte hol sie zu dir nach Deutschland.«

»Weißt du, Sabine«, antwortete er, sichtlich berührt und dennoch irgendwie abgeklärt, »wenn die Mutter Läuse hat, wie sollen die Kinder sie dann nicht kriegen? Die Frau ist psychisch krank, seitdem sie den Krieg erlebt hat. Ich will dir jetzt keine Details erzählen« – er blickte auf Omer – »aber sie kann sich nicht um die Kinder kümmern und ich schaff es auch nicht mehr, mit ihr umzugehen. Sie haut ständig ab und treibt sich auch nachts herum. Eigentlich wäre es das Beste, wenn sie zurück nach Syrien zu ihren Eltern ginge.«

Man sah ihm an, dass er ein sehr bedachter Mann war, der ein respektables Leben führen wollte. Irgendwie konnte ich verstehen, dass er mit der Situation überfordert war. Und dennoch trug er doch auch die Verantwortung für die übrigen Kinder. »Dann hol wenigstens deine Kinder zu dir. Sie brauchen dich.«

Er beteuerte, dass er das gerne wollte, es aber ohne die Mutter nicht möglich sei und er nicht dazu bereit wäre, mit ihr den Weg weiterzugehen. Ich sicherte ihm zu, dass man auch ihr hier in Deutschland helfen würde und die Last nicht auf ihm läge, sie mussten nicht in einer gemeinsamen Wohnung wohnen, um Unterstützung zu bekommen. Aber er konnte das nicht glauben. Es war zum Verzweifeln. Ich zeigte ihm ein paar fröhliche Fotos seiner Kinder in der Salam-Schule, vom kleinen Yusuf im Kindergarten, aber auch von der schrecklichen Behausung, in der sie lebten, und bat ihn, etwas zu unternehmen, bevor der nächste Winter kam.

Er war erschüttert und dankbar, dass wir seine Kinder so liebevoll betreuten, und versprach, dass er sich etwas einfallen lassen würde. Wir plauderten noch ein bisschen über das Leben in Deutschland, über die Grundschule, in die Omer ging, und dass er Fahrradfahren und sogar Schwimmen gelernt hatte.

Dann bedankte ich mich für das schöne Kaffeetrinken und machte mich wieder auf den Weg. In meinem Kopf war ein einziges Chaos. Nicht auszudenken, wie anders Merwes Leben verlaufen würde, wenn sie und ihre Geschwister mit ihrer Mutter nach Mannheim ziehen könnten. Vielleicht würde ihre Mutter mit psychologischer Begleitung auch ihre Traumata überwinden und seelisch stabiler werden.

Das alles lag jedoch nicht in meiner Macht. Ich hatte getan, was ich in diesem Moment tun konnte, und hoffte, dass es etwas gebracht hatte.

Sehr deutlich in Erinnerung ist mir ein Telefonat aus dieser Zeit mit meiner Freundin Ulli in Berlin. »Hör mal auf, dich so über die Hilfsorganisationen aufzuregen, und kümmere dich selbst um den Fall ... indem du zum Beispiel betest!«, erinnerte sie mich am Telefon. Sie hatte recht. Und endlich hatte mir das mal jemand so deutlich gesagt.

Wenn ich in Deutschland von der Armut und der medizinischen Not der Familien in Gaziantep erzählte, wurde ich oft nach den Hilfsorganisationen vor Ort gefragt. Allein bei der Frage stieg schon mein

Puls und ich schimpfte jedes Mal wie ein Rohrspatz, weil die vielen Organisationen in Gaziantep tatsächlich nur durch ihre neu geschaffenen Hochglanzgebäude auffielen, aber nicht durch ihre Hilfe. Klar, sie zahlten tolle Gehälter für einheimische Chauffeure, Putzfrauen und Teekocher. Aber jedes Mal, wenn ich Hilfe für arme Familien oder ein krankes Kind brauchte, wurde ich bei allen Organisationen abgewiesen mit dem Hinweis: »Das ist nicht unsere Aufgabe.«

Es stimmte, sie waren dafür zuständig, Projekte innerhalb Syriens zu planen. Durch einige solcher NGO-Mitarbeiter, die gelegentlich zu unserer Gemeinde kamen, wusste ich aber, wie viel sie verdienten. Mit einem Monatsgehalt hätte ein einziger Mitarbeiter mal eben mit einem Klacks eine OP für eines unserer Kinder finanzieren können, so dachte ich.

Aber wieso regte ich mich auf? Ulli hatte recht. Ich bettelte an der falschen Adresse. Ich musste beten.

Besonders lag mir der zwölfjährige Abdullah am Herzen. Sein Oberkörper war komplett verbrannt und die Haut zwischen seinen beiden Armen und der Brust war zusammengeschmolzen, sodass er die Arme nur mit Schmerzen anheben konnte. Da er, wie die meisten anderen syrischen Jungen in seinem Alter, in einer kleinen Untergrundnäherei arbeiten musste, hatte er ständig schmerzhafte Reibung an der Haut. Als sein Vater an einem Abend Karam und mir weinend im Lehrerzimmer der Salam-Schule gegenübersaß und uns bat, ihnen zu helfen, machte uns das sehr betroffen. Wir wollten unbedingt ermöglichen, dass Abdullah endlich operiert werden konnte!

Nachdem ich mit ihm sämtliche NGOs und privaten Krankenhäuser erfolglos abgeklappert hatte, probierte ich es noch bei einem staatlichen Krankenhaus. Dort gab es eine herzensgute Krankenschwester, die erste und einzige dieser Art, die mir je in einem türkischen Krankenhaus begegnet ist. Sie führte uns zu einem Arzt, der Abdullah untersuchte und ausmaß. Dann teilte er uns mit, dass die fünf OPs, die Abdullah benötigen würde, insgesamt 10 000 Euro kosten würden und das Ganze aber sozusagen ohne Rechnung laufen müsse, weil Syrer gar nicht operiert werden durften, schon gar nicht, wenn sie keine Aufenthaltskarte vorweisen konnten.

Das Angebot des Arztes klang irgendwie illegal, und das war es wahrscheinlich auch. Die Krankenhäuser hatten inzwischen sehr strenge Auflagen, weil aufgrund der Nähe zur syrischen Grenze der IS viele seiner verwundeten Krieger in türkischen Krankenhäusern gegen hohe Geldbeträge versorgen ließ. Das sollte unterbunden werden. Und als Syrer einen Ausweis, also eine Aufenthaltsgenehmigung in Gaziantep zu bekommen, war inzwischen fast unmöglich. Die Stadt war so überfüllt mit Geflüchteten, dass man durch Nichtausstellen solcher Ausweise bewirken wollte, dass die Menschen weiterziehen.

Jedenfalls hatte ich nun dieses Angebot für 10 000 Euro und musste nicht lange überlegen. Natürlich hatten wir so viel Geld nicht. Doch nach Ullis klaren Worten am Telefon fasste ich mir ein Herz und legte meinen Frust und Ärger über die NGOs und die korrupten Ärzte in Gottes Hand. Ich bat ihn, eine gute Lösung für Abdullah und die vielen anderen verwundeten und kranken Kinder zu finden. »Herr, schenke du Gerechtigkeit. Versorge die, die mit nichts vor dir stehen. Heile diese Kinder.«

Das Beten machte mich freier. Die Verbitterung über die reichen Hilfsorganisationen musste einem kindlichen Vertrauen weichen und dem Gedanken: »Du bist zuständig, Gott.« Wieder einmal durfte ich lernen, loszulassen. Gott sei Dank. Und als wäre das nicht schon genug gewesen, bekam ich am nächsten Tag einen Anruf.

In süddeutschem Dialekt erzählte mir der Mann am anderen Ende der Leitung: »Guten Tag, ich bin der Herr Walter. Sie kennen mich nicht. Aber mir wurde von Ihnen erzählt. Wissen Sie, ich hatte sehr viel Glück in meinem Leben und habe eine gut laufende Firma. Ich würde ihnen gerne 10 000 Euro spenden.«

Meine Augen füllten sich mit Freudentränen. Nicht wegen des Geldes, sondern vor Überwältigung, dass wir so einen treuen, liebenden und verlässlichen Gott haben, der Wunder tun kann und will. Sofort posaunte ich raus: »Ihr Anruf ist eine Gebetserhörung. Gerade gestern ...«

Ich erzählte ihm von Abdullah und den geplanten Operationen. Herr Walter meinte: »Na also, ich kann Ihnen sagen, mit Gebet und so was habe ich nichts am Hut. Aber Sie dürfen das Geld gerne für den Jungen, oder was auch immer Sie wollen, verwenden. Bitte schicken Sie mir die Kontodaten. Das Geld soll heute noch rausgehen.«

Um dieses Wunder niemals zu vergessen, schrieb ich es noch am gleichen Abend in das Büchlein, in dem ich einige Jahre zuvor die zwei verrückten Träume aufgeschrieben hatte. Da das Buch noch viele weiße Seite hatte, schrieb ich zusätzlich über eine gesamte Seite hinweg einen Spruch von Schwester Basilea Schlink, den ich einige Zeit zuvor auf einer Postkarte gelesen hatte:

Nur der wird Wunder und große Taten Gottes erleben, der Gott gegenübersteht wie ein Kind dem Vater – voll Vertrauen.

Dieses Zitat brachte gut auf den Punkt, was ich gerade erlebte.

So viel Liebe und Unterstützung durch Leute in Deutschland machte mir Mut, den nächsten großen Traum anzugehen. In den kommenden Tagen schrieb ich eine weitere Rundmail und wagte es, zu fragen, ob mir jemand für drei Monate einen Kleinbus ausleihen könnte. Nicht nur für einen Transport von Kleidung, Schul- und Kindergartenmaterial aus Deutschland wäre das praktisch, sondern auch um in Gaziantep die vielen Krankheitsfälle in und um unsere Schule, mit denen ich bei meinem letzten Aufenthalt sehr oft in diversen Krankenhäusern unterwegs gewesen war, nicht mehr mit dem Taxi oder gemieteten Autos, sondern eben einfach so fahren zu können.

Es dauerte nicht lange, bis sich Freunde auf meine Mail hin meldeten. Aus dem CVJM Graben-Neudorf kam sogar das Angebot, uns einen alten, aber sehr gut instand gehaltenen VW-Bus, nicht nur zu leihen, sondern zu schenken. Wie wundervoll!

Auf der einen Seite konnte ich kaum fassen, dass all das möglich war. Auf der anderen Seite hatte ich inzwischen so oft erlebt, wie Gott mich beschenkte, dass ich mir fast ein bisschen wie eine Prinzessin vorkam. Ich fühlte mich wie ein Lieblingskind Gottes, das von seinem Papa nahezu alles haben konnte.

Das war vermutlich auch das Geheimnis, das hinter meinem sogenannten Mut steckte. Diesen Mut hätte ich nicht gehabt, wenn ich nicht mit dem Bewusstsein unterwegs gewesen wäre, dass Gott ein besonderes Auge auf mich hat.

Ständig fragten mich Leute auf meinem Weg durch Deutschland, wo ich denn den Mut hernehmen würde, immer wieder diese Reise ins Ungewisse anzutreten. Oft antwortete ich, dass ich eigentlich gar nicht so mutig bin, sondern oft auch Angst habe oder aufgeregt bin. Mir begegnete unterwegs mal eine Karte mit der Aufschrift »Mut ist Angst, die gebetet hat«. Das stimmt, aber tatsächlich spielte es auch eine große Rolle, dass ich wirklich glauben konnte, dass Gott mich als sein Kind sieht. Wie könnte er auf sein Kind nicht höchstpersönlich aufpassen? Wer sich geliebt weiß, für den wird alles anders.

Nachdem ich die Schlüssel des top gepflegten weißen VW-Busses von den Jugendlichen des CVJM im Landkreis Karlsruhe feierlich überreicht bekommen hatte, fuhr ich quer durch Deutschland und sammelte im Oberbergischen, in Hannover und in der Oberlausitz tolle Sachen für Gaziantep ein. Besonders freute ich mich über dicke Kinderwinterjacken in allen möglichen Größen und Farben aus vielen verschiedenen Städten und Dörfern quer durch Deutschland, denn der vergangene Winter war so grausam gewesen, dass ich für den nächsten gewappnet sein wollte.

Natürlich gab es auch Kuscheltiere in Massen. Zunächst war ich mir nicht so sicher, ob die so wichtig wären, aber im Bus war so viel Platz und ich wollte ihn bis zum letzten Zentimeter ausstopfen. Da waren die Kuscheltiere die perfekten Lückenfüller, besonders um ein großes sperriges Teil herum, einen Rollstuhl. Der Rollstuhl für Narin.

Auch diese Geschichte zwischen Deutschland und Gaziantep ist eine ganz spezielle. Inzwischen gab es nämlich nicht nur in Gaziantep Flüchtlinge aus Syrien, sondern sogar im kleinen beschaulichen Kodersdorf an der polnischen Grenze, wo ich vor der Türkei bis 2011 an einer Schule gearbeitet hatte. Da es hier niemanden gab, der Arabisch sprach oder die Kultur der Neuankömmlinge kannte, wurde ich vom Bürgermeister persönlich gebeten, während meines Deutschlandaufenthaltes dort ein wenig Zeit zu verbringen und Brücken zwischen den Dorfbewohnern und den Syrern zu bauen. Nichts lieber als das!

Gespannt besuchte ich die erste syrische Familie im blauen Neubaublock gegenüber der Mittelschule, in dem ich früher selbst einige Jahre gewohnt hatte. Kaum zu fassen, dass hier jetzt auch syrische Familien lebten! Wie gewohnt wurde ich sehr herzlich hereingebeten, mit Tee und Keksen versorgt und von vielen großen dunklen Kinderaugen angestarrt. Zufällig war an diesem Tag eine neunzehnjährige Schwägerin namens Rayan zu Besuch, die eigentlich in einem Flüchtlingsheim etwa dreißig Kilometer entfernt lebte. Als sie hörte, dass ich in Gaziantep wohnte, griff sie fest meine Hand und flehte: »Bitte, du musst meiner Mutter helfen.«

Sie erzählte mir, wie sie Hals über Kopf als Familie aus Syrien fliehen mussten und wie dabei ihre Mutter an der Grenze zur Türkei auf einem Feld auf eine Mine getreten war, wodurch sie schwerste Verletzungen an den Beinen davongetragen hatte. Ein Bein musste sofort amputiert werden, das andere blieb erhalten, aber unbeweglich. Die Mutter lebte nun mit den beiden zehn- und zwölfjährigen Geschwistern in Gaziantep in einem leer stehenden Keller und hatte seit Monaten kein Tageslicht mehr gesehen, weil sie ohne Hilfe nicht rauskam. Rayan war mit ihrem Mann weiter bis nach Deutschland gegangen und hoffte, die Mutter und die Geschwister irgendwie nachholen zu können. Ich war sehr neugierig, wo genau ihre Mutter in Gaziantep lebte. »In Vatan«, war die Antwort.

Der Stadtteil war nur zehn Minuten mit dem Auto von der Salam-Schule entfernt und wurde im selben Sommer durch negative Schlagzeilen in der ganzen Stadt bekannt. Ein zwölfjähriger Junge, der an einer IS-Schule in Gaziantep trainiert worden war, sprengte sich dort bei einer Straßenhochzeit in die Luft. Fünfzig Menschen starben, darunter 29 Kinder. So eine Tragödie! Wir waren alle schockiert. Das hätte genauso gut bei einer der vielen Hochzeiten vor der Tür der Salam-Schule passieren können! Ich war froh, dass keines unserer Kinder bei dieser Hochzeit zu Gast gewesen war.

Aber zurück nach Kodersdorf, wo ich ja immer noch Tee trinkend im Wohnzimmer saß. Rayan schnappte sich ihr Handy und rief sofort ihre Mutter per WhatsApp-Video an, sodass ich sie bereits von Deutschland aus kennenlernen konnte. »Hallo, ich heiße Narin«, stellte sich mir winkend eine zarte, außergewöhnlich hellhäutige Person vor. Eine sehr angenehme und ruhige Frau, die sichtlich leiden musste, aber dennoch fröhlich war. Wir stellten fest, dass wir gleich alt waren, und lachten über die Tatsache, dass sie im Grunde schon darauf wartete, Oma zu werden, während ich noch nicht mal Kinder hatte. Dann kamen wir auf ihre traurige Situation zu sprechen. Am meisten wünschte sie sich einen Rollstuhl, damit sie endlich wieder rauskäme und vielleicht auch ihre immer noch eiternden Wunden in einem Krankenhaus behandeln lassen konnte. Ich sicherte ihr zu, dass ich einen finden und zu ihr nach Gaziantep bringen würde, nun da wir schon einen Bus zur Verfügung hatten.

Es war ein seltsames Gefühl, als ich nach einiger Zeit die Wohnung im blauen Block wieder verließ, an duftenden Gärten schicker Einfamilienhäuser vorbeilief und über die grüne Hügellandschaft in Kodersdorf staunte. Ich war froh über so viel Natur, so viel Schönheit und so viel Sicherheit. Und ich war froh, dass Menschen aus Syrien, die so viel Schreckliches erlebt hatten, nun das hier erleben durften. Zugleich war mir schwer ums Herz bei dem Gedanken an all die Menschen, die immer noch in Gaziantep oder sogar in Syrien ausharren mussten und nicht wussten, was am nächsten Tag wieder Schreckliches passieren könnte. Wie seltsam war es, zwischen diesen Welten hin und her zu reisen und auf beiden Seiten Leute zu treffen, die sich gegenseitig kannten.

Es dauerte nicht lange, bis jemand für mich einen Rollstuhl aufgetrieben hatte. Der musste auf jeden Fall zuerst in den Bus eingeladen werden. Die Kuscheltiere wurden drumherum gestopft und überall, wo ich hinkam, kam noch der ein oder andere Sack mit Kleidern dazu. Unterwegs hielt ich an der A3 am Autohof Geiselwind an, um Manuela zu besuchen, die Tochter des Besitzers der Raststätte und Pfarrerin der Autobahnkirche. Manuela fragte mich, was denn auf meiner Wunschliste ganz oben stünde. Sie würde uns auch gern etwas nach Gaziantep mitgeben. »Mhm, vielleicht Kinderkleidung?«, fragte ich vorsichtig.

»Nein, so was hab ich nicht. Sag mal ehrlich, was ihr euch am meisten wünscht.« Sie sagte das so bestimmt, als wüsste sie, dass ich vor einigen Monaten einen Wunschzettel geschrieben hatte. Der erste Punkt war ein Videobeamer. Etwas schüchtern und wohl wissend, dass dieser Wunsch übertrieben war, sagte ich: »Also ehrlich gesagt, hab ich tatsächlich so einen Wunschzettel und ganz oben steht ein Videobeamer. Aber das kannst du uns so spontan natürlich nicht schenken.«

»Dooooch«, juchzte sie. »Wir haben im Hotel drüben genug Videobeamer. Du kannst da direkt ranfahren und einen an der Rezeption abholen. Weißt du, Sabine, wir hatten letztens die Kripo hier, weil die IS-Attentäter von Brüssel auf ihrem Weg zum Anschlag am 22. März hier in unserem Hotel übernachtet hatten. Das ist so ein doofes Gefühl. Jetzt will ich, dass von unserem Hotel in die andere Richtung ein Segen ausgeht. Ich freue mich, wenn du diesen Videobeamer mitnimmst.«

Und wie ich mich erst freute und wie das Team in Gaziantep sich erst freuen würde! Das war schon ein besonderes Mitbringsel, was ich da in den Bus laden konnte.

Schließlich sollte die Reise beginnen. Es fühlte sich komisch an, diesmal gar keinen Rückflug nach Gaziantep zu buchen, sondern 3500 Kilometer über Land zu fahren und so viel mehr als zwanzig Kilogramm Gepäck mitzunehmen.

Ein bisschen aufgeregt war ich schon. Außerdem wollte und konnte ich so eine Strecke auf keinen Fall allein bewältigen. Aber auch das war kein Problem. Wie von alleine fanden sich zwei auslandserprobte und fahrerfahrene Begleiter, die richtig Lust auf die Reise hatten. Ich musste sie allerdings warnen. Am Flughafen von der Polizei abgeholt und verhört zu werden, war ich ja inzwischen gewohnt. Aber wie das an der Landesgrenze zwischen Bulgarien und der Türkei vonstattengehen würde, konnte ich überhaupt nicht einschätzen.

»Im Fall der Fälle, dass ich nicht einreisen darf, müsstet ihr zwei alleine weiterfahren«, kündigte ich daher an. Das schreckte sie jedoch keineswegs ab, und so konnte die Reise am 8. Mai 2016 mit einem voll bepackten Bus beginnen.

Am Abend zuvor sollte ich allerdings noch in Karlsruhe beim Christival, einem großen christlichen Jugendfestival, im Rahmen eines Abendprogrammes auf einer Bühne vor 4000 jungen Menschen zu dem Projekt in Gaziantep interviewt werden. Erst war ich mir unsicher, ob das nicht alles zu stressig werden würde. Schließlich kamen meine Mitfahrer aus der Oberlausitz und dort wollten wir die Reise beginnen. Aber ich hatte schon vor so langer Zeit bei den Organisatoren in Karlsruhe zugesagt, dass ich das nicht mehr absagen konnte.

So stand ich also mit einem bis zur Decke beladenen Bus auf dem Parkplatz des Kongresszentrums in Karlsruhe und wenig später total aufgeregt im Backstage-Bereich einer großen Bühne – wobei ich nicht wusste, wovor ich mehr Aufregung empfinden sollte: vor dem Interview auf so einer großen Bühne, vor der langen ungewissen Autofahrt, die direkt nach dem »Auftritt« beginnen sollte, oder vor der Kontrolle an der türkischen Grenze.

Auf der Bühne war jedoch alle Aufregung verflogen. Die Jugendlichen hörten gebannt zu, und als der Moderator am Ende meinte, dass sie noch gemeinsam für mich beten wollten, streckten sich mir plötzlich etwa 4000 Hände entgegen, die ich trotz des blendenden Scheinwerferlichtes sehen konnte. Es war ein Meer segnender Hände. Ich ging am Ende völlig überwältigt von der Bühne und dachte nur: »Gott, du hast echt an alles gedacht. Was für ein Timing!« Mit so viel Segen hatte ich noch nie eine Reise begonnen.

Während das Programm in der Halle noch weiterlief, fuhr ich nach Nürnberg, wo ich bei einem christlichen Kinderliedermacher übernachten durfte. Johannes hatte ich den Sommer zuvor kennengelernt, als ich in einem Kloster in Frankreich (Taizé) eine Schweigewoche verbracht hatte. Dort hatte ich auch Manuela, die Besitzerin des Autohofes Geiselwind, und Birte aus Sylt kennengelernt, die später unabhängig voneinander wichtige Unterstützerinnen des Salam-Projektes werden sollten. Und diese tollen Connections entstanden alle beim Schweigen in einem Kloster!

Johannes war ein halbes Jahr zuvor über Weihnachten schon mal nach Gaziantep gekommen und hatte für unsere Kinder Musik-Workshops gegeben. Die Kinder waren völlig fasziniert und inspiriert von seiner bunten, schillernden Persönlichkeit. Und es sollte nicht das einzige und letzte Mal bleiben, dass er uns besuchte. Nun allerdings besuchte ich ihn für diesen kurzen Zwischenstopp, und meine beiden Mitfahrer kamen aus der Oberlausitz ebenfalls nach Nürnberg.

Am nächsten Morgen ging die Reise weiter durch Österreich, Ungarn, Serbien und Bulgarien. Eigentlich hatten uns vorher alle davor gewarnt, nachts durch Serbien zu fahren, weil dort schon oft als Polizisten getarnte Räuber Autos angehalten und überfallen hatten. Aber leider war unser Timing durch das Event in Karlsruhe nicht so günstig und wir mussten ausgerechnet in der Nacht durch Serbien fahren. Ein bisschen unheimlich war das schon, als einziges Auto weit und breit durch die schmalen, düsteren Straßen der serbischen Wälder zu fahren. Umso erleichterter waren wir, als langsam die Sonne aufging und wieder mehr Leben um uns war. Alles war gut gegangen und die Fahrt insgesamt lief erstaunlich reibungslos. Schließlich waren wir kurz vor der türkischen Grenze und meine Aufregung wuchs, wie jedes Mal.

Wieder hatten sie Probleme mit meinem Pass. Selbst hier gab es weiße und schwarze Telefone wie am Flughafen und in üblicher Manier nahm der Beamte erst das weiße, stimmte irgendwem zu, legte auf, griff zum schwarzen, grinste, legte auf und sagte: »Orada bekle – Warte dort.«

Einer meiner Mitfahrer konnte nicht mehr vor Lachen und meinte, er käme sich vor wie im Film. Aber mir war gar nicht zum Lachen zumute. Ich wusste überhaupt nicht, was ich tun sollte, wenn ich nicht in die Türkei einreisen durfte. Zum nächsten Flughafen trampen und hoffen, dass es einen erschwinglichen Flug nach Deutschland gäbe? Wahrscheinlich wäre das die einzige Lösung.

Bald darauf kamen Beamte und brachten uns in einen Verhörraum. Wir mussten alle drei mitkommen, wobei ich als Einzige ziemlich schroff ausgefragt wurde. Doch wie die vorigen Male war es nach etwa dreißig Minuten, die unendlich schienen, vorbei und wir durften weiterreisen. Was für eine Riesenerleichterung! Vor allem nach dieser durchgefahrenen Nacht und all der Spannung auf dem Weg. Hauptsache in der Türkei!

Aber nun ging es weiter zum Zoll. Die Beamten schlugen die Hände überm Kopf zusammen beim Anblick unseres vollgestopften Busses. Den ein- und auszuladen würde Stunden kosten. Sie fragten deshalb erst mal, was das denn alles sei und vor allem für wen. Ich erzählte von den syrischen Kindern in Gaziantep und von der Frau, die dringend auf den Rollstuhl wartete. Ich versuchte, sie mit meinem besten Türkisch zu überzeugen, dass wir nur Gutes im Sinn hatten. Sie waren trotzdem noch skeptisch und schnappten sich eine zugeklebte kleine Kiste aus dem Bus, um sie durch den Röntgenscanner laufen zu lassen. Es war bloß ein Geschenk einer deutschen Familie für deren Patenkind in Gaziantep, aber das konnten die Beamten ja nicht wissen. Das Röntgengerät schlug Alarm und mir fiel das Herz in die Hose.

»Was ist hier drin?«, fragten die Polizisten mit sehr ernster Miene.

»Ich hab keine Ahnung«, antwortete ich und zuckte hilflos mit den Schultern.

Einer der Polizisten holte ein Messer aus seiner Tasche und schon war die Kiste geöffnet. Oben lag ein Brief mit dem Foto eines kleinen blonden Jungen. Darauf stand in Kinderschrift: »Für Ahmed«. Der Polizist hob den Brief an und holte laut lachend etliche Spielzeugautos aus Metall hervor. »Leute wie euch schickt der Himmel«, sagte er, immer noch laut lachend.

Welche Kindheitserinnerungen da wohl in ihm hochkamen? Es war jedenfalls schön, in der Türkei mit diesen Worten willkommen geheißen zu werden. »Leute wie uns schickt der Himmel«, sagte ich mir auf der weiteren langen und heißen Fahrt immer wieder vor.

Nachdem wir vier Stunden im Stau auf der Autobahn durch Istanbul gestanden hatten – auch hier war unser Timing zum Feierabendverkehr nicht so super –, machten wir uns auf die Suche nach einem günstigen Hotel. Noch mal eine Nacht durchfahren, hätten wir nicht geschafft und auch nicht gewollt, die Landschaften der Türkei sind einfach zu schön, um sie im Dunkeln zu durchfahren. Kurz nach Istanbul kamen wir in einem unglaublich günstigen Hotel direkt am Meer unter. Das Frühstück war inklusive und so fuhren wir am nächsten Morgen erholt und gestärkt weiter.

Da es von Istanbul bis Gaziantep weitere vierzehn Stunden Fahrt sind, kamen wir nicht drum herum noch eine weitere Nacht eine Bleibe zu suchen. So kam ich endlich einmal in den Genuss, die schöne Landschaft von Kappadokien kennenzulernen und mit meinen beiden Mitfahrern in der noch viel günstigeren Ufuk-Pension in Göreme zu übernachten. Diesmal kam auch ich mir vor wie im Film, einer Art Disneyfilm oder gleich wie in einer anderen Welt. Die kleinen Felstürmchen, die überall wie Pilze aus dem Boden schossen, sahen völlig irreal aus. Und als dann am nächsten Morgen um sechs Uhr Hunderte Heißluftballons in allen Höhenlagen über Göreme schwebten, waren wir drei völlig verzaubert. Dass es so einen wunderschönen Ort in der Türkei gab und ich das fünf Jahre lang nicht entdeckt hatte, war kaum zu glauben. Auf der Rückreise nach Deutschland wollte ich hier auf jeden Fall noch mal anhalten, so viel stand fest.

Aber nun kam erst mal der Endspurt bis Gaziantep. Auf dem Weg durch Kahramanmaras gab es noch ein Eis für jeden. Da kannte ich mich ja von meinem allerersten Wochenende in Gaziantep im Dezember 2011 ein bisschen aus und erklärte meinen Mitfahrern stolz, wie dieses Eis aus speziellen Zutaten aus den Bergen, durch die wir gerade fuhren, hergestellt wurde.

Als wir schließlich Gaziantep erreichten, ich am Steuer, wurde mir warm ums Herz. Es war ein Gefühl des »Nach-Hause-Kommens«. Jubelnde Kinder scharten sich bereits am Anfang der Cavus-Straße um unseren Bus. Sie folgten uns rennend bis zur Salam-Schule und halfen uns, die gesamte Ladung in den dritten Stock zu tragen.

Wieder hier zu sein, erfüllte mich mit großer Freude. Gemeinsam sortierten wir die Sachspenden in Winter- und Sommersachen, Schul- und Kindergartenmaterialien. Die Abstellkammer wurde gefüllt bis an den Rand. Gut, dass es sowieso schon so heiß war, dass ich draußen auf dem Balkon schlafen konnte. Für meine Schaumstoffmatte wäre zwischen all den Kisten kein Platz mehr gewesen. Meine Mitfahrer verbrachten noch zwei weitere Tage mit uns in der Salam-Schule, besuchten mit mir Familien und halfen, die Kuscheltiere für die einzelnen Klassen in großen Haufen in der Küche zu sortieren, bevor sie wieder nach Hause flogen.

Ich hätte nicht gedacht, was für eine große Freude diese Lückenstopfer-Kuscheltiere bei den Kindern auslösen würden. Mit einem großen schwarzen Müllbeutel zog ich von Klassenzimmer zu Klassenzimmer und ließ jedes Kind nach vorne kommen und einmal blind in den Beutel greifen. Bei jedem Mal gab es Jubelschreie und Applaus der ganzen Klasse. Es war fast wie die Freude bei einer Geburt und mir wurde klar: Für die meisten Kinder ist dies das einzige persönliche Spielzeug, das sie in der Türkei je bekommen haben. Auf der Flucht konnten sie nichts mitnehmen. Selbst einen eigenen Stift hatte kaum ein Kind, weshalb wir jedem Kind, das neu zu uns kam, immer einen Stoffbeutel mit Bleistift, Radierer und Schulheft schenkten. Aber ein Kuscheltier war ja viel persönlicher und etwas sehr Besonderes. Etwas zum Liebhaben. Dabei sahen manche der Kuscheltiere schon ziemlich zerknautscht und gar nicht so süß aus. Aber egal. Die Kinder waren so froh, dass ich mir fest vornahm, noch öfter Kuscheltiere zu transportieren.

Auch die Pakete, die einige Paten mitgeschickt hatten, kamen gut an. Wir hatten beschlossen, dass solche Päckchen nicht in der Schule verteilt würden, sondern ein guter Grund waren, die jeweiligen Familien zu Hause zu besuchen. Von den Schülerprofilen her wusste ich, dass ein Junge im Mai Geburtstag hatte, daher besuchten wir ihn an diesem Tag. Hier war das Staunen besonders groß. Karam und ich gratulierten dem Jungen zum Geburtstag und überreichten ihm sein Päckchen von den Paten aus Deutschland. Der Junge weinte vor Freude und die Mutter weinte gleich mit und musste gestehen, dass sie ganz vergessen hatte, dass ihr Kind Geburtstag hatte. Sowieso hatte sie noch nie einem ihrer Kinder ein Geschenk zum Geburtstag schenken können. Für uns Deutsche unvorstellbar, aber inzwischen für mich irgendwie verständlich. In ihrem Land war Krieg. Sie hatten andere Sorgen und Gedanken. Und auch viel mehr Kinder.

Apropos viele Kinder. Nur wenige Tage später traf ich plötzlich Meryem beim Einkaufen in der Stadt. Ich hatte sie fast ein halbes Jahr nicht mehr gesehen und wusste nicht, ob die Polizei die Kinder in ein Heim gebracht hatte oder wo die Familie inzwischen steckte. Meryem fiel mir um den Hals und freute sich riesig, mich zu sehen. Als ich sie fragte, wo sie denn jetzt wohnte, wurde sie jedoch still und distanziert und antwortete: »Das darf ich dir nicht sagen, hat mein Papa gesagt.«

»Okay, aber das heißt, ihr seid noch alle zusammen?« Sie nickte. »Und wohnt ihr noch hier im Stadtteil?«

Sie zeigte mit ihrem Finger in eine andere Richtung. Sollte ich mich nun freuen, dass sie als Familie nicht auseinandergerissen worden waren, noch dazu in einem fremden Land? Oder sollte ich mir ernsthaft Sorgen machen, wie das Leben dieser Kinder weitergehen würde und zu was der Vater alles imstande wäre?

»Meryem, ich weiß zwar nicht, wo du wohnst, und das musst du mir auch nicht sagen. Aber du weißt ja, wo ich wohne und du kannst jederzeit kommen, wenn du etwas brauchst, okay?«

Das war in dem Moment das Einzige, was ich für sie tun konnte. Ich steckte ihr noch heimlich einen kleinen Geldschein zu und drückte sie zum Abschied fest. Diese Geschichte war leider sehr schlecht gelaufen. Wie viel mehr hätten wir ihr helfen können, wenn sie weiter zur Salam-Schule hätte kommen dürfen! Aber diese Chance war nun vertan.

Die nächsten Tage war ich weiter damit beschäftigt, die vielen Schätze, die ich mit dem Bus nach Gaziantep gebracht hatte, zu verteilen. Schließlich sollte Narin ihren Rollstuhl bekommen. Das war gar nicht so leicht wie gedacht. Der Keller, in dem sie lebten, lag in einer sehr engen, steilen Gasse im Vatan-Stadtteil, in die ich gerade so mit dem VW-Bus reinfahren konnte. Die zwölfjährige Tochter öffnete mir die Tür und natürlich sollte ich wie immer und überall auf einen Tee reinkommen. Das tat ich sehr gerne, denn ich ahnte, dass Narin außer ihren Kindern sehr lange niemanden mehr gesehen hatte. Sie erzählte ihre schreckliche Geschichte, immer wieder untermalt von den Worten »Alhamdulillah«, was so viel heißt wie »Ehre sei Gott«. Gemeint war wohl: »Gott sei Dank lebe ich noch und Gott hat in all dem Schrecklichen sicher auch Gutes getan und geholfen.« Aber dann wurde sie plötzlich doch wütend und erzählte fassungslos, wie ihr Mann sie verlassen hatte, als sie nicht mehr laufen konnte. Er ging mit den Worten: »Du bist jetzt keine echte Frau mehr. Ich suche mir eine neue.« Sie erzählte, dass er sie zuvor mehrfach geschlagen hatte, während sie ihm schutzlos ausgeliefert war. Ich war fassungslos und wütend zugleich und versprach, ihr zu helfen, so gut ich konnte. Wir verabredeten, sobald wie möglich gemeinsam zum Krankenhaus zu fahren.

Die vielen traurigen Schicksale in Gaziantep überwältigten mich oft und lehrten mich wieder und wieder das Beten. So viel hatte Gott schon erhört und wir durften Wunder über Wunder erleben. Aber dennoch lag noch so viel im Argen und machte mein Herz schwer. Wie sollte Gott dieser Frau helfen können?

13
Unberechenbar

Vor den Winter- und Sommerferien hatten wir es zur Tradition gemacht, ein großes Fest mit Zeugnissen und Vorführungen zu veranstalten und alle Eltern dazu einzuladen. Darauf fieberten wir alle gemeinsam zweimal im Jahr hin. Es war eine gute Gelegenheit, den Eltern erneut zu sagen, was für wertvolle und talentierte Schätze ihre Kinder waren. Wir ermutigten sie jedes Mal, ihre Kinder weiter zur Schule zu schicken, und erklärten, wer wir sind, unsere Ziele und woher das Geld kommt. Sie sollten verstehen, dass wir ihre Kinder liebten und dass nicht ein großer einflussreicher und mächtiger Geldgeber hinter der Schule stand, sondern ein großer Freundeskreis von vielen kleinen Leuten, die auch für die Kinder beteten. Das war völlig neu für die Eltern und berührte immer wieder viele tief und machte sie dankbar. Genau das brachte die Stabilität, die die Kinder so dringend brauchten. Wir waren eben kein auf drei oder sechs Monate begrenztes Projekt, das nur so lange laufen konnte, wie irgendwelche Gelder bewilligt waren. Wir waren, zwar stetig wachsend, aber dennoch klein, familiär persönlich und unabhängig und wollten »da sein«, so lange wir gebraucht wurden.

Obwohl wir inzwischen schon mehr als 190 Kinder unterrichteten, versuchten wir, so unscheinbar wie möglich zu bleiben. Schließlich gab es in Gaziantep und sicherlich auch in unserem Stadtteil nicht nur Leute, die uns gut fanden.

Entsprechend erschrocken war ich am Vormittag dieses Zeugnisausgabetages. Während die Kinder mit ihren Lehrern fleißig ein letztes Mal probten, bevor die Eltern kamen, erschienen plötzlich sechs Männer mit grünen Westen und schwarzen Bärten im Treppenhaus und schauten sich um. Als ich sie sah, rutschte mir das Herz in die Hose. Wer waren sie? Was wollten sie? Meine Befürchtungen gingen sofort in Richtung IS. Wäre es besser, wenn sie mich als Deutsche gar nicht erst zu Gesicht bekämen? Zu spät, sie hatten mich längst erblickt.

Ich sprach sie an. Mit einem sehr akzentreichen Englisch erklärten sie mir, dass sie uns übers Internet gefunden hatten. Oh nein, wir versuchten doch immer zu vermeiden, dass wir übers Internet zu finden wären! Ich wollte nicht, dass sie auf der Treppe im Weg rumstanden und zu viel vom Leben im Haus mitbekämen, daher bat ich sie, ins zweite Stockwerk in unser Lehrerzimmer zu kommen. Auch dort inspizierten ihre Augen gefühlt jeden Zentimeter unserer Wände und Regale, bis dann einer, wohl der Leiter der Gruppe, das Wort ergriff und fragte: »Seid ihr Christen?«

Kurz zögerte ich, bevor ich antwortete: »Ich bin Christin. Aber nicht alle aus unserem Team sind Christen. Und unsere Kinder sind alle Muslime.«

Ich rechnete mit allem, aber nicht mit der folgenden Reaktion des bärtigen Mannes. »Super. Wir sind auch Christen und Gott hat uns gestern Abend aufs Herz gelegt, nach Gaziantep zu fahren. Wir haben im Internet recherchiert, was es dort Bedeutungsvolles geben könnte, und sind auf der Seite des CVJM Schlesische Oberlausitz gelandet. Als wir dort angerufen haben, hat uns eure Sekretärin eure Adresse gegeben. Wir sind Spanier, aber wir arbeiten für eine Organisation in der Schweiz und waren für vier Tage in Izmir beschäftigt.

Morgen müssen wir die Türkei schon wieder verlassen, weil unser Transporter nur eine Aufenthaltserlaubnis von einer Woche bekommen hat. Wir müssen also eigentlich in einer Stunde schon wieder Gaziantep verlassen. Dürfen wir für euch beten?«

Ich war völlig überrascht und sofort veränderte sich meine Gefühlslage. Nun war ich nicht auf der Hut, sondern beeindruckt, dass diese Männer so sehr auf Gott hörten und eine Strecke von 1 200 Kilometer und dreizehn Stunden Fahrtzeit von Izmir bis Gaziantep auf sich genommen hatten, nur um für uns zu beten. Ich willigte sofort ein.

Die Männer legten mir die Hände auf und beteten. Ihr Gebet war so kraftvoll, dass mir die Tränen kamen. Ich war so ausgelaugt wegen all der traurigen Situationen der Kinder und auch die schrecklichen Erzählungen von Narin am Tag zuvor nagten noch an mir. Nun merkte ich, wie durch das Gebet dieser Männer neue Hoffnung in mein Herz kam. Ihr Besuch war wieder mal ein Beweis dafür, dass Gott uns sieht. Anschließend fragten die Männer Karam und Sarap, ob sie auch für sie beten sollten, und beide willigten ein. Sie waren ebenfalls sehr berührt. Schließlich drückten uns die Männer tausend Dollar in die Hand mit den Worten: »Das sollen wir euch geben! Und wenn wir dürfen, würden wir für eure Schülerinnen und Schüler gerne noch ein Segenslied auf Spanisch singen.«

Inzwischen saßen schon die ersten Mütter für die Zeugnisausgabe im großen Saal auf den Plastikstühlen. Wir beschlossen, dass die sechs Männer einfach Teil der Vorführung sein und die Kinder und die Mütter zugleich mit ihrem Lied segnen sollten. Sie spielten Gitarre und sangen wunderbar mehrstimmig. Uns alle überkam ein wohliges Kribbeln und die Kinder und Mütter gaben ihnen zum Abschied einen tosenden Applaus.

Erfüllt von dieser wundersamen Begegnung, die nicht länger als eine Stunde dauerte, konnten wir fröhlich in die Zeugnisausgabefeiern starten. Karam und ich sprühten nur so vor Liebe und Hoffnung, als wir den Müttern erzählten: »Eure Kinder sind wunderbar und diese Schule ist ein Wunder ...«

Es war wirklich ein Wunder, dass diese Schule entstehen und bestehen konnte. Überall in der Stadt wurden seit Monaten kleine Initiativen, aber auch Büros großer Hilfsorganisationen von der Polizei geschlossen und die Mitarbeiter des Landes verwiesen. Bei uns war die Polizei ebenfalls aufgetaucht, hatte uns jedoch für gut und wichtig befunden und uns ermutigt, trotz fehlender Genehmigung weiterzumachen. Sie waren beeindruckt von der Einfachheit, in der wir in der Salam-Schule lebten, und davon, dass wir offensichtlich keinen Profit aus den Kindern schlugen. Als sie fragten, wo ich denn schlafen würde und ich auf die uralte Couch im Lehrerzimmer zeigte, auf der sie gerade saßen, kamen keine weiteren Fragen. Nur mein Handy wollten sie noch sehen, aber das hatte ich dummerweise auf der Fahrt in Kappadokien vergessen.

Genau in dem Moment, als die Polizisten die Frage stellten und meine Antwort darauf wie eine Ausrede klang, klingelte es an der Tür und der Postbote stand davor. Ich sah, dass das Paket von Ufuk aus Kappadokien stammte. Ungeöffnet überreichte ich den Polizisten das Päckchen und sie öffneten es. »Was, das soll dein Handy sein?«, fragten sie lachend, als sie das kleine, kompakte, ganz und gar nicht smarte Telefon aus der Packung zogen. Ich gab meine PIN ein und reichte es ihnen zurück mit den Worten: »Das ist das einzige, das ich habe. Muss ich nun ins Gefängnis?«

Sie lachten wieder und erwiderten: »Nein, natürlich nicht. Mach mal weiter mit der Schule. Wir sehen ja, dass ihr hier gute Leute seid.«

Ich wusste, dass auf die Gründung einer nicht genehmigten Schule fünf Jahre Haft standen, und musste eigentlich immer mit dem Schlimmsten rechnen. Aber das Schlimmste trat nun schon seit so vielen Jahren nicht ein, auch an diesem Tag nicht. Das war sicherlich den vielen Betern in Deutschland zu verdanken, und es war nichts als Gnade. Aus dieser wollten wir weiter leben und lieben.

Mit dieser Zeugnisausgabe verabschiedete sich Mejid aus unserem Team. Er war der Letzte der ersten fünf Lehrkräfte und wie ein Herzstück von Salam. Schließlich hatte er von Anfang an mit uns im Haus gelebt und wir hatten im Sommer auf dem Balkon oder im Winter beim Spielen im Lehrerzimmer mit Karam und Sarap viele gemeinsame Abende verbracht. Mit seiner coolen und zugleich sportlichen Art war er ein großes Vorbild für die Kinder und ich konnte mir keinen besseren Sportlehrer vorstellen als ihn. Außerdem hatte er ein riesiges Herz für die Kinder und sprang mehr als nur einmal über seinen Schatten.

Nie werde ich die Geschichte vergessen, als Mejid eines Abends mit einem schicken weißen Hemd zu uns auf den Balkon kam. Wir staunten: »Mejid, bist du schon wieder zurück? Du wolltest doch mit deinen Freunden in die Stadt gehen.«

»Ja«, antwortete er, »ich muss mich noch mal umziehen.«

Bei genauerem Hinsehen erkannten wir, dass sein weißes Hemd ziemlich braun verschmiert war. »Wie kommt das denn?«, wollte ich wissen.

Mejid erzählte, wie er mit seinen beiden schicken Kumpels den Berg zur Stadt hinuntergegangen und dabei an einer wackelnden und scheppernden Mülltonne vorbeigekommen war. Plötzlich ging der Deckel auf und zwei weiße Augen leuchteten aus der verrußten Metalltonne hervor. »Istaz Mejid – Lehrer Mejid«, rief es voller Freude und heraus sprang ein etwas größerer Junge, der erst in jener Woche an der Salam-Schule angefangen hatte. Er fiel Mejid um den

Hals, küsste und drückte ihn und ließ ihn nicht mehr los. Das Ergebnis konnten wir nun selbst sehen. Mejid lachte und freute sich über das, was ihm passiert war. Für diese stürmische Umarmung nahm er gern in Kauf, dass er noch mal zurücklaufen und sich umziehen musste.

Nun mussten wir diesen tollen und über viele Jahre treuen Mitarbeiter gehen lassen, denn er wollte zu seiner Familie, die inzwischen von Aleppo nach Istanbul gezogen war. Das hatte Priorität. Außerdem war Istanbul für so einen jungen Menschen viel attraktiver und zukunftsversprechender als Gaziantep. Der Abschied war schwer, aber wir versprachen uns, in Kontakt zu bleiben.

Ein Schock war es, als wenige Tage später unser lieber Pastor Peter plötzlich verhaftet und die neu angemieteten Gemeinderäume von der Polizei versiegelt wurden. Eine Nacht hielten sie ihn auf der Polizeistation fest. Anschließend gaben sie ihm zehn Tage, um das Land zu verlassen. Er blieb gelassen, denn er hatte schon immer gewusst, dass das jederzeit passieren konnte. In der Osttürkei waren viele ausländische Pastoren des Landes verwiesen worden. Eifrig übergaben er und seine Frau Sungjin alle Leitungsaufgaben an einheimische Christen, die durch sie zum Glauben gekommen waren, und bereiteten die Gemeinde auf ihre neue Selbstständigkeit vor. Orhan, der Jugendliche, der am Anfang meiner Zeit zur Gemeinde gestoßen war und trotz der Ohrfeige seines Onkels nie aufgehört hatte zu kommen, übernahm eine leitende Rolle. Durch eine große Spende aus Amerika konnten bald neue Räumlichkeiten für die Gemeinde gekauft werden, und so fühlte sich letztlich doch eher wie ein Segen an, was gerade noch wie ein Desaster gewirkt hatte.

Trotzdem war es sehr traurig, auch für mich, dass Peter und Sungjin uns verließen. Inzwischen stand ich zwar viel mehr auf eigenen Beinen in der Türkei, aber Peter und Sungjin waren für mich geistliche Eltern und ein Stück Sicherheit, die nun wegging.

In der Türkei und auch in Syrien dauern die Sommerferien üblicherweise drei Monate, aber das konnten wir unseren Kindern nicht antun. Sie fanden es schon schlimm, dass die Salam-Schule jeden Sonntag geschlossen war, und wollten am liebsten niemals Ferien. Also hielten wir die Ferien, trotz der brutalen Hitze im Sommer, möglichst kurz und begrenzten sie auf drei Wochen.

Für diese schulfreien Wochen standen für mich einige Fahrten in Krankenhäuser mit unserem schönen VW-Bus auf dem Programm. Der Bus war dafür äußerst praktisch und eine riesige Hilfe. Die Besuche in den Krankenhäusern dagegen waren alles andere als schön. Einer war besonders schrecklich:

Um sieben Uhr in aller Frühe ging es los. Die Luft war noch angenehm kühl und die Straßen ziemlich leer. Vor wenigen Tagen hatte ich Narin zum ersten Mal besucht und ihr den Rollstuhl gebracht. Ich war mir sicher, dass sie jeden Tag darauf hoffte, dass ich kommen würde, um mit ihr zum Krankenhaus zu fahren. Daher machte ich mich an diesem Morgen auf den Weg in den berüchtigten Stadtteil Vatan und rangierte den Bus die enge steile Gasse hinauf, sodass er möglichst direkt mit der hinteren Schiebetür an der Treppe zu ihrem Keller parkte. Ich war gespannt, wie ich sie wohl dort rausgetragen bekäme. Mit etwas Mühe und der Hilfe ihrer Kinder ging aber alles gut und es konnte losgehen.

Im Krankenhaus war es unglaublich voll. Schon die Parkplatzsuche lief nur gut, weil ich einen der Parkplatzverwalter kannte, er war ein Verwandter von einem unserer Salam-Kinder. Im Krankenhaus selbst ging es dann drunter und drüber. Durch diese Massen von Menschen einen Rollstuhl zu schieben, schien fast unmöglich, aber Zentimeter für Zentimeter schoben wir uns immer weiter durch, unklar darüber, wohin wir uns wenden sollten. Wir suchten den Doktor, der die OP durchgeführt hatte, als Narin schwerstverletzt eingeliefert worden war. Hin und her wurden wir geschickt, hoch und runter und dann noch mal in ein anderes Gebäude. Endlich hatten wir das Zimmer mit seinem Namen gefunden, doch es drängten sich schon sehr viele Leute vor seiner Tür.

Beim Anblick dieser Massen überkam mich Hoffnungslosigkeit, denn ähnlich wie im türkischen Straßenverkehr muss man auch in Warteschlangen hart darum kämpfen, vorwärtszukommen, sonst schieben sich alle vor einen und man bleibt ewig hinten. Diese Art zu kämpfen und noch dazu im Krankenhaus lag mir gar nicht. Aber der Rollstuhl war in diesem Fall eine gute Hilfe. Es dauerte dennoch eine Stunde, bis wir endlich beim Schreibtisch des sichtlich genervten Arztes ankamen. Er schrieb uns lediglich einen Zettel und schickte uns wieder ins andere Gebäude. Also wieder ab durch die Menschenmassen, dahin, wo wir gerade herkamen. Dort war die Tür des Zimmers, in das wir wollten, ebenfalls total belagert. Ich stellte Narin an der Wand ab und kämpfte mich durch. Als ich endlich den Schreibtisch der Sekretärin oder Krankenschwester erreichte, schnauzte mich diese an: »Syrer ohne gescheite Ausweispapiere bekommen hier keine Hilfe.«

»Das kann ja wohl nicht sein. Sie hatte doch auch die Operation nach der Explosion hier«, argumentierte ich zurück. Die Frau blieb eisern.

Also wieder raus aus der Menge zum Infopult im Foyer des Krankenhauses. Auch dort drängten sich die Menschen und ich musste lange warten. Immer wieder kamen Gruppen von Soldaten zur Tür herein und führten Männer, die den Typen vom IS ähnelten, an Handschellen in diverse Behandlungszimmer. Es schauderte mich jedes Mal zutiefst, wenn mich diese bärtigen Gestalten anstarrten. Aber noch übler war der Anblick, wenn man Leute auf Tragen an uns vorbeischleppte, die überall voller Blut waren und denen Körperteile fehlten. Manchmal musste ich gegen einen Würgereiz ankämpfen.

Was für eine seltsame Realität des Krieges plötzlich um mich herum war! Und mitten in dem allem stand immer noch Narin mit ihrem Rollstuhl an der Wand und hoffte, dass ihre eitrigen Wunden heute versorgt werden würden. Also musste es weitergehen. Ich änderte meine Strategie, pirschte mich von der Seite ans Infopult ran und drückte richtig auf die Tränendrüse, wobei nicht viel fehlte, dass mir wirklich die Tränen gekommen wären: »Bitte helfen sie uns. Die Frau braucht eine Behandlung. Ihr Bein ist amputiert und eitert. Sie hat nur diesen Zettel als Ausweis, aber man will ihr so nicht helfen.«

Die türkische Sekretärin wollte mich abwimmeln, als sich ein Syrer, der als Krankenhausübersetzer arbeitete, einschaltete. Voller Elan sprang er über den Schreibtisch und kam mit mir zu Narin, die immer noch umringt von Menschenmassen an der Wand wartete. Er hörte sich alles an, was wir bisher geschafft oder nicht geschafft hatten, und los ging der Flug. Cemal eilte uns überallhin voraus. Er kannte Narin, denn er war hier gewesen, als sie von der Grenze in dieses Krankenhaus eingeliefert worden war. Er hatte sie damals blutüberströmt gesehen und es hatte ihm das Herz gebrochen, deshalb wollte er uns helfen. Wo auch immer er etwas zu den Securities oder Krankenschwestern oder Ärzten sagte, gingen sofort alle Türen auf.

Plötzlich bekamen wir ein Röntgenbild, eine Infektionsbehandlung und Wundreinigung und alle waren außergewöhnlich freundlich zu uns. Ich konnte es kaum fassen. Dann stellte er uns an einem Zimmer ab und sagte, dass wir hier gleich einen Test machen sollten ... danach war er weg.

Da wir für diesen Test nicht aufgerufen wurden, lief ich unaufgefordert zur Tür rein, um zu fragen, wann es weiterginge. Der Sekretär meinte mürrisch: »Ausweis! – Was, dieser Zettel? Nein ohne richtigen Ausweis gibt es hier nichts.«

Oh Mann, wo war nur Cemal? Ohne ihn waren wir aufgeschmissen. In diesem Moment klingelte mein Telefon. Karam war dran und hatte eine wichtige Frage. Also redete ich noch im Arztzimmer kurz mit ihm auf Englisch. Ich merkte, wie es im ganzen Raum leise wurde und alle der fremden Sprache lauschten. Als ich das Gespräch beendet hatte, fragte ich den Sekretär noch einmal: »Sie wollen also nichts für uns tun, wenn wir nichts außer diesem Zettel haben?«

Er antwortete: »Nein, nein, wir wollen gerne was für Sie tun. Fragen Sie doch mal den Doktor direkt, bitte gehen Sie durch.« Wow, plötzlich ging es also doch. Mit dem Telefon und meinem »super Englisch« hatte ich wohl auf einmal wichtig gewirkt.

Der Doktor machte den besagten Test an der Wunde und gab uns das Probenröhrchen mit. Wir sollten es zur Notaufnahme bringen. Also wieder ins andere Gebäude... Menschen, Menschen, Menschen... Soldaten mit langbärtigen gefesselten Typen überall... Blut, Menschen mit Schmerzen, Schreie.

In der Notaufnahme wies man uns wieder ab: »Wir nehmen hier keine Tests an!«

Also wieder zurück zum selben Doktor und Sekretär, wo wir gerade gewesen waren. Der Doktor meinte: »Wo ist denn der Übersetzer? Geht mit ihm da hin, dann werden die den Test schon annehmen.« Ich konnte den Übersetzter aber leider nicht mehr finden. Daher fragte ich den Doktor, ob ich die Probe mit nach Hause nehmen und morgen wiederkommen sollte, wenn Cemal da wäre.

»Nein, auf keinen Fall.«

»Soll ich den Schwestern in der Notaufnahme Geld zustecken? Könnte das helfen?«

»Süß von dir, aber nein, auf keinen Fall.«

Schließlich meinte er: »Vergiss es!«, schrieb uns ein Medikament auf, das wir kaufen sollten, und warf die Probe in den Mülleimer. Wir waren geschlagene vier Stunden im Krankenhaus gewesen. Und eigentlich hätte ich schon seit anderthalb Stunden mit Abdullah in einem anderen Krankenhaus sein sollen, wo wir einen Termin hatten.

Karam wusste Bescheid und hatte ihn und seine Mutter schon mal losgeschickt, damit sie sich dort an der jeweiligen Tür vorankämpfen könnten, wobei sie als Syrer ohne Türkischkenntnisse und ohne jemanden, der ihnen half, keine Chance haben würden. Daher hievte ich Ramas Mutter so schnell wie möglich zurück ins Auto und nahm sie und ihre beiden Kinder mit zu dem Krankenhaus, wo Abdullah wartete. Dort ging alles erstaunlich schnell, vermutlich deshalb, weil 10 000 Euro im Spiel waren. Die erste OP sollte noch in der gleichen Woche am Freitag stattfinden.

Es war ein komisches Gefühl, illegal und gegen Geld so etwas zu machen. Aber wir wurden gut behandelt und vor allem schnell. Ich hoffte und betete, dass das Ergebnis auch dementsprechend gut sein würde. Bevor wir das mit der OP dingfest machen konnten, mussten wir für Abdullah noch eine Steuernummer und einen gescheiten Ausweis bekommen, damit er nach der OP auf Station versorgt werden konnte. Der Doktor hatte uns dafür extra einen Zettel mit tausend Stempeln geschrieben, mit dem wir zur Polizeiverwaltung gehen sollten. Nun war Mittagspause bei der Polizei. Also fuhr ich Narin und ihre Kinder und Abdullah und seine Mutter erst mal nach Hause. »Wie gut, dass ich diesen Bus habe. Gott sei Dank!«, seufzte ich, als ich endlich vor der Salam-Schule parkte und mir selbst eine Mittagspause gönnte.

Danach ging es um sechzehn Uhr mit Abdullah zur Polizeiverwaltung. Dort wurden wir am Eingang erst etwas unfreundlich behandelt. Als wir dann aber den Zettel vom Arzt vorzeigten, gingen alle Türen auf. Wir wurden in ein Büro eingeladen, in dem sechs rauchende Männer saßen, die laute türkische Musik hörten. Überall lagen Ausweise und Zettel getürmt unter Zigarettenschachteln und Schokoladenpapier. Wir zeigten erneut unseren Wisch vom Doktor, gaben ein Passfoto ab und schwups bekamen wir für Abdullah einen einlaminierten Aufenthaltstitel mit Steuernummer, türkischer Fahne und Schwarz-Weiß-Foto – und das alles innerhalb weniger Minuten. Abdullah hüpfte lachend und tanzend aus dem Zimmer und küsste seinen Ausweis.

Zurück im Krankenhaus machten wir den OP-Termin für Freitag fest. Abdullah konnte sein Glück kaum fassen. Auf dem ganzen Heimweg im Auto sang und lachte er. Das machte mich so froh! Dieser verrückte Tag hatte sich gelohnt und ich durfte wieder mal ein bisschen mehr lernen, wie man sich hier durch das Chaos winden kann. Die Türkei – nervig und liebenswert zugleich.

Nervige Dinge kann man sicherlich in jedem Land dieser Welt erleben. Auch in Deutschland ist oft nicht zu begreifen, warum man für alles irgendwelche Zettel braucht. Aber was ich als Deutsche bisher noch nicht kannte, war diese völlige Unberechenbarkeit und wie eine Situation von jetzt auf gleich umschlagen und gefährlich werden kann.

So kam es noch in der gleichen heißen Sommerferienwoche am 15. Juli 2016 völlig überraschend zu einer schlaflosen Nacht für uns alle. Wir hatten mit den Mitarbeitern, die in der Salam-Schule lebten, die freien Sommerferienabende genutzt, um alle drei Teile von *Herr der Ringe* mit unserem wunderbaren Video-Beamer von der deutschen Raststätte zu schauen. An jenem Abend hatten wir gerade den letzten Teil beendet. Wir saßen zusammen und unterhielten uns darüber, wer in unserem Team wohl am ehesten welche Filmrolle einnehmen würde. Wer wäre der mutige Ringträger, der immer wieder mit sich und allen anderen kämpfen musste? Wer wäre lieber einer der unterstützenden Freunde auf dem schwierigen Weg?

Wir waren innerlich noch völlig im Film, da bekam Sarap auf ihrem Handy Nachrichten von besorgten Verwandten. »Wie geht es euch? In der Türkei findet ein Putsch statt. Der Präsident wurde entführt.« Wir konnten es alle gar nicht glauben. Jeder zückte sein Handy und ich holte meinen Laptop. Alle schauten wir wie gebannt auf die Nachrichten, auf die Bilder und Videos aus Istanbul. Es war 22:30 Uhr. Der Militärputsch war seit etwa dreißig Minuten im Gange. Da klingelte es auch schon in meinem Skype-Account auf dem Computer auf meinem Schoß. Meine Eltern waren dran und wollten wissen, was da los war. Auch sie hatten durch die Nachrichten von dem Putsch mitbekommen. Ich beruhigte sie: »Bei uns ist alles ruhig. Wir sind ja hier in Gaziantep weit weg von allem. Macht euch mal keine Gedanken. Wir machen hier gerade einen schönen Filmabend.«

Während ich das sagte, hörte man draußen plötzlich Schüsse und Schreie. Ich versuchte, das Gespräch mit meinen Eltern möglichst schnell, aber so locker wie möglich zu beenden und ans Fenster zu gehen, um zu sehen, was los war. Eine Gruppe von Männern zog in die Luft schießend durch die Straßen und lud junge Männer ein, mitzukommen und zu kämpfen. Weinende Mütter schrien ihren entschlossenen Söhnen hinterher »Gitme! – Geh nicht!«.

Dann kam ein Gebetsruf aus der Moschee, zu einer völlig ungewöhnlichen Uhrzeit. Nach vielen »Allahu akbar«-Rufen erklang eine Durchsage des Imams: »Alle heldenhaften Männer sollen zum Platz der Demokratie kommen, um ihr Land und ihre Regierung für die Liebe Gottes und des Propheten zu verteidigen.«

Weitere Menschen machten sich auf den Weg. Wieder hallten Schüsse durch die Nacht, von denen wir nicht wussten, was sie zu bedeuten hatten. Aus den Nachrichten wussten wir, dass in Istanbul Putschisten mit Panzern eine Bosporus-Brücke blockierten, dass ein Fernsehsender besetzt worden war und dass es die Absicht gab, Erdogan zu entführen, dies aber nicht gelungen war. Gespannt warteten wir, was als Nächstes passieren würde. An Schlaf war nicht zu denken.

Gegen zwei Uhr hörten wir laute dumpfe Knalle, etwas wie Bombendonnern. Immer wieder zog es mich zum Fenster, aber meine syrischen Mitbewohnerinnen warnten mich. »Sabine, geh da weg. Das ist gefährlich. Man könnte auf dich schießen.«

Karam verstand jedoch meine Neugierde und wir beschlossen, hoch aufs Dach zu gehen und zu sehen, was in der Stadt los war. Während wir auf dem Dach standen, wurde es plötzlich taghell um uns. »Eine Lichtbombe«, erklärte Karam kundig. »Das Militär benutzt so was, um die Gegend auszukundschaften.«

Da sahen wir auch schon Militärhubschrauber über die Häuser jagen. »Vielleicht gehen wir doch lieber rein«, meinte ich, plötzlich kleinlaut.

Wir saßen noch einige weitere Stunden alle zusammen in der Küche. Das war der sicherste Ort, mit den wenigsten Fenstern und am weitesten von der Straße entfernt. »Wie geht es euch als Syrern damit, was hier gerade los ist?«, fragte ich in die Runde.

Sarap meldete sich nach vielen Stunden zum ersten Mal zu Wort »Ich hoffe, dass jetzt nicht auch hier Krieg beginnt. Wo sollen wir denn dann hin?«

Karam beruhigte sie: »Es wird nicht zum Krieg kommen. Die Türkei ist gut organisiert. Sie bekommen das in den Griff. Man kann nur hoffen, dass Erdogan an der Macht bleibt. Immerhin akzeptiert er uns Syrer in seinem Land. Wer weiß, was kommt, falls andere an die Macht kommen.«

Bewegt lauschte ich den verschiedenen Stimmen aus unserer Runde. Als um vier Uhr früh die Nachricht kam, dass Präsident Erdogan am zuvor besetzten Atatürk-Flughafen in Istanbul angekommen war und dort verkündet hatte, dass der Putsch vorbei sei, konnten wir endlich alle ins Bett gehen.

Was nun genau geschehen war und wer die Drahtzieher des Chaos waren, blieb von allen Seiten Spekulation. Von meiner Freundin am Flughafen erfuhr ich jedoch, dass sich viele reiche Gülen-Anhänger an jenem Abend noch vor Beginn des Putsches die letzten Flugtickets nach Deutschland gekauft und fluchtartig das Land verlassen hatten.

In den kommenden Tagen hörte man von zahlreichen Verhaftungen sogenannter »Fetös«, also Gülenisten, überall im Land, auch in Gaziantep. Vor allem aus dem Polizeiapparat und der Justiz wurden Tausende verhaftet. Die Zirve-Universität und die Zaman-Zeitung, vor denen mich der jugendliche Spitzel einmal gewarnt hatte, wurden geschlossen und alle Mitarbeiter verhaftet.

An einem Nachmittag einige Wochen später begegnete ich in der größten Mittagshitze in der Nähe der Salam-Schule einem Mann auf der Straße, der mich ansprach: »Hey Sabine. Du bist noch hier? Wie hast du das geschafft?« Ich musterte den Unbekannten skeptisch.

»Ahhh, du erkennst mich nicht, oder? Ich bin von der Terrorpolizei. Ich war damals dabei, als wir euren Pastor verhaftet haben. Aber ich kann dir sagen, ich hab ihn im Gegensatz zu meinen Kollegen gut behandelt. Die ganzen aggressiven Kollegen, die damals dabei waren, sind inzwischen selbst verhaftet.« Leise fügte er hinzu: »Fetös.« Ja, dieses Wort sollte man auf der Straße nicht allzu laut sagen. Er gratulierte mir nochmals dazu, dass ich noch da war, und wir verabschiedeten uns.

»Was für eine Begegnung«, dachte ich hinterher. Irgendwie fühlte es sich nach einem »Happy End« an, dass seine Kollegen nicht mehr da waren, während ich selbst auf wundersame Weise noch hier war. Wenn selbst er das für ein Wunder hielt, dann musste es ja ein Wunder sein!

Aber dieses »Happy End« stand bei der Unberechenbarkeit in der Türkei immer wieder auf der Kippe. So zum Beispiel einige Tage später, als ich mit Narin zur großen Polizeibehörde musste, damit sie einen Ausweis bekommen konnte. Nach vielen weiteren Krankenhausbesuchen hatten wir endlich erwirken können, dass ihr eiternder Beinstumpf noch mal operiert werden würde. Wie schon bei Abdullah waren dazu aber eine Steuernummer und ein Flüchtlingsausweis nötig, den man ohne viele Stempel von einem Arzt nur schwer bekommen konnte. Gott sei Dank hatte uns ein Arzt so einen Zettel ausgestellt und so fuhr ich fast siegessicher mit Narin zur Polizei und klopfte an die gleiche Zimmertür, wo ich zuvor schon mit Abdullah gewesen war. Im Raum saßen die gleichen zigarettenrauchenden Polizisten hinter voll gestapelten Schreibtischen. Auf am Fenster aufgereihten Stühlen saßen weitere fünf Männer, die wohl ihre Kumpels waren. Ich schob Narin vor mir her in die Mitte des Zimmers.

Freundlich begrüßte ich alle und reichte den Arztbrief, ein Passbild und Narins syrischen Pass dem Mann, der den Ausweisdrucker hinter sich stehen hatte. Er fauchte mich an: »Wer seid ihr?«

Ich erklärte ihm Narins Situation und dass sie eine weitere OP für ihr Bein bräuchte. Wieder fauchte er: »Ich will wissen, wer *du* bist. Was willst du hier in der Türkei?«

Nun rutschte mir das Herz in die Hose. Es ging doch hier gar nicht um mich! Ich versuchte, ihm zu erklären, wer ich bin, was ich tat und dass ich nur wegen Narin gekommen war. Er blieb hartnäckig: »Leute wie dich wollen wir hier nicht. Ich kann dafür sorgen, dass du heute noch unser schönes Land verlässt.«

Ich war schockiert. Diese Art und Weise kam mir total bekannt vor. Wer oder was mir die Worte in den Mund legte, wusste ich selbst nicht, aber ich antwortete: » Gut, Herr Erdem. Hier auf dem Schild an Ihrem Schreibtisch sehe ich ja Ihren Namen. Den merke ich mir. Leute, die so reden wie Sie, gehören meiner Erfahrung nach zu den Gülens.« Es wurde mucksmäuschenstill im Raum. Alle hielten förmlich die Luft an. Dann flüsterten die Männer am Fenster miteinander und immer wieder hörte ich das Wort »Gülen« oder »Fetö«. Ich hatte offensichtlich in ein Wespennest gestochen.

»Bitte wartet kurz draußen«, bat der zuvor so unfreundliche Mann plötzlich in einer anderen Tonart. Narin und ich waren kaum vor der Tür angekommen, da öffnete er auch schon wieder die Tür und bat uns herein. »Hier ist der Ausweis für Narin.« Er war sogar in Farbe und perfekt laminiert und geschnitten. »Außerdem könnte ich dir helfen, eine dauerhafte Aufenthaltsgenehmigung für die Türkei zu bekommen. Dann musst du nicht immer ein- und ausreisen. Komm doch morgen zur gleichen Uhrzeit noch mal her. Dann erledigen wir das.«

Ich bekam eine Gänsehaut. Was lief hier für ein Spiel? Aber ich spielte freundlich mit, bedankte mich vielmals bei ihm und sagte, dass ich zwar am nächsten Tag keine Zeit hätte, aber dass ich wiederkäme, sobald ich könnte.

War ich erleichtert, als wir endlich aus dem Gebäude raus waren und wieder im VW-Bus saßen! Obwohl eine dauerhafte Aufenthaltsgenehmigung verlockend klang, wollte ich mit all dem, was vermutlich dahintersteckte, absolut nichts zu tun haben. Und wer weiß, was am nächsten Tag wirklich passiert wäre? Ich bin heute noch froh, dass ich nicht hingegangen bin.

Lieber konzentrierte ich mich weiter auf die wichtigen Dinge des Alltags, bevor ich zurück nach Deutschland musste. Abdullahs erste OP verlief sehr gut. Er konnte nun endlich seine Arme frei bewegen. Anschließend mussten wir zweimal die Woche ins Krankenhaus zum Verbandswechsel und drei Wochen später stand die nächste OP für ihn an, zu der ich ihn leider nicht mehr begleiten konnte. Stattdessen ging Karam mit, der inzwischen schon gut Türkisch gelernt hatte. Karam freute sich immer über »mehr« Arbeit. Euphorisch registrierte er auch mehr und mehr Kinder für die Salam-Schule, erstellte ausgetüftelte Pläne für die Räume und Lehrkräfte und wollte tatsächlich mit 340 Kindern ins neue Schuljahr starten. Die ersten fünf Tage durfte ich noch dabei sein und das – dank Karam sehr gut geordnete – Chaos miterleben. Dann musste ich abreisen und hoffte, spätestens an Weihnachten zurück zu sein.

Die Ausreise lief erstaunlich unproblematisch und wie immer wurde ich von den Grenzpolizisten in Deutschland bei der Passkontrolle mit einem sehr freundlichen »Hallo« begrüßt. Dieses eine ernst gemeinte freundliche Wort aus dem Mund eines Polizisten ging immer runter wie Öl und normalerweise kam sonst auch nie mehr als eben dieses eine »Hallo«. Dann war ich in der Regel durch und in Deutschland. Aber diesmal kniff der Beamte nach der Begrüßung die Augen ein wenig zusammen und sagte unverblümt: »Was macht man denn in so einer Zeit in Istanbul?«

»In so einer Zeit?«, fragte ich unwissend zurück.

Er antwortete: »Na ja, seit zwei Jahren gibt es dort ständig Anschläge und nun der versuchte Putsch. Das ist doch gefährlich für eine junge Frau wie Sie.«

Ich lächelte und erwiderte: »In Istanbul war ja nur meine Zwischenlandung. Ich komme eigentlich gerade aus Gaziantep.«

Vermutlich hat er keine Ahnung, wo Gaziantep lag und was es da so alles an »Gefahren« gab, denn er antwortete: »Ach so, dann ist ja gut. Willkommen zurück in Deutschland.«

Immer noch lächelnd und ein wenig verdattert über die Kommentare des Polizisten, kam ich im schon recht herbstlichen Berlin an und suchte mir einen Zug nach Görlitz. Fehlanzeige. Wegen umgestürzter Bäume fuhr an jenem Tag leider kein Zug mehr in diese Richtung. Ob in meinem vertrauten Deutschland vielleicht doch nicht alles so wunderbar berechenbar war, wie ich aus der Ferne immer zu behaupten wagte? Gut, dass es noch die Internetplattform »Mitfahrgelegenheit« gab. Wenn auch sehr spät am Abend, aber noch am selben Tag, kam ich an meinem Ziel an.

14
Mehr wert als Gold

Herbst 2016. Während ich in Deutschland sein musste, war unsere kleine Schule in Gaziantep richtig gewachsen. 340 Kinder kamen täglich in drei Schichten zur Salam-Schule. Sie hatten Mathe, Arabisch, Türkisch, Englisch, Naturwissenschaften, Sport, Kunst, Musik und Ethikunterricht. Dazwischen gab es nach wie vor eine warme Mahlzeit. Die Vormittagsgruppe startete um acht Uhr in den Tag und bekam nach einer halben Stunde Spielzeit und drei Schulstunden schon um 11:30 Uhr ihr Mittagessen. Dann kamen die nächsten, die mit dem Mittagessen starteten und dann noch eine halbe Stunde Spielzeit hatten, bevor ihre drei Schulstunden losgingen. Um 15:30 Uhr kam die Nachmittagsschicht. Bis abends um achtzehn Uhr waren die drei Stockwerke gut gefüllt. Und auf allen drei Stockwerken sorgte jeweils eine unserer lieben Küchenfrauen Hevin, Susan und Zeynep für das Mittagessen.

Um das Treppenhaus und die vielen Fenster zu putzen, hatten wir ebenfalls eine Mutter angestellt, deren Kinder von der ersten Stunde der Salam-Schule an dabei gewesen waren. Sie wurde Um Ali, also Mutter von Ali, genannt und lebte mit ihrer Familie in einem sehr maroden Holzhäuschen. Da wir mit vielen Spenden aus Deutschland gesegnet waren, wollten wir den ärmsten Familien etwas Unterstützung zukommen lassen, indem wir ihnen Arbeit gaben.

Es gab auch wirklich viel zu tun, bei so viel Betrieb im Haus! Die Lehrkräfte hatten dennoch nach wie vor die Aufgabe, nach der letzten Stunde ihr Klassenzimmer selbst zu saugen. Einige taten dies von ganzem Herzen und wollten auch auf diesem Weg den Kindern dienen. Für manche neuen Lehrer, die wir inzwischen im Team hatten, war so eine Aufgabe eine echte Herausforderung. Aber Karam und ich waren uns per Skype einig: »Das lassen wir so weiterlaufen.« Dadurch wurde bei den vielen Bewerbern auf unsere Lehrerstellen außerdem schnell klar, wer kam, um den Kindern zu dienen, und wer sich, im typisch türkischen oder syrischen Lehrergehabe, lieber von den Kindern bedienen lassen wollte.

Mittlerweile hatten wir auch zwei türkische Lehrer angestellt, die den Kindern Türkischunterricht gaben. Vor den Sommerferien hatte die Regierung nämlich verkündet, dass die türkischen Schulen sich dafür bereit machen sollten, syrische Kinder aufzunehmen. »Was für eine gute Nachricht!«, dachte ich. »Das wurde aber auch Zeit!« Natürlich wünschte ich mir, dass besonders unsere »Großen«, die nun schon seit zweieinhalb Jahren bei uns lernten, einen Platz in einer türkischen Schule bekämen. Das würde ihnen die Türen zu einem echten Schulabschluss und damit zu einem Studium öffnen. Wir stellten zwar auch sehr professionell wirkende Zeugnisse aus, mit einem eigens angefertigten Salam-Stempel und dem Stempel des CVJM Schlesische Oberlausitz, aber wer würde diese Zeugnisse schon anerkennen? Da half es nichts, dass wir uns selbst als richtige Schule verstanden. Von der ersten bis zur siebten Klasse hatten wir jeweils zwei, drei oder sogar vier Klassenzüge. Das war schon was!

Wenigstens die fünften bis siebten Jahrgänge wollte ich an türkische Schulen vermitteln, was nicht so leicht war wie gedacht. Im Umfeld des Stadtteils Sahveli gab es vier weiterführende Schulen.

Ich ging zu allen, bat darum, mit dem Schulleiter zu sprechen, und schilderte die Lage unserer Kinder. An drei Schulen wurde mir klipp und klar gesagt, dass es keinen Platz gäbe.

Aber an einer Schule war der Direktor kooperativ: »Ich nehme fünfzig von deinen Schülern, und du kaufst für uns im Gegenzug einen Kopierer und zwanzig Packungen Kopierpapier.«

»Sind solche Deals denn erlaubt?«, fragte ich mich innerlich. Aber erlaubt oder nicht erlaubt, ich fand, das war ein super Angebot, zumal der Direktor ja nicht nach einer Armbanduhr für sich selbst oder dergleichen fragte. Er wollte nur etwas, was den Kindern zugutekäme. Also gab ich ihm die Hand drauf, zahlte den Kopierer, brachte das Kopierpapier eigenhändig noch vor den Sommerferien vorbei und begleitete nach und nach die Familien mit den Kindern zum Registrieren in sein Büro. Ich war gespannt, ob er denn sein Wort halten und in meiner Abwesenheit in den ersten Schulmonaten nach den Sommerferien die Kinder alle in seiner Schule willkommen heißen würde.

Von Deutschland aus war ich mit Karam per Skype fast täglich in Kontakt und er berichtete Gott sei Dank nur Positives vom Schulstart an den türkischen Schulen. Inzwischen war auch ein anderer Direktor auf die Idee gekommen, dass er einen Kopierer gebrauchen konnte, und kontaktierte Karam. Er wollte außerdem ein Selbstporträt in Öl von sich als Bedingung, um dreißig unserer Kinder aufzunehmen. Der Deal war definitiv schlechter. Aber unsere türkische Kunstlehrerin nahm sich der Sache persönlich an, besuchte den Direktor und malte ihn auf einer großen Leinwand. Nun hatten wir an einer zweiten Schule einen Fuß in der Tür.

Die Kinder, die nun das Glück hatten, eine türkische Schule zu besuchen, kamen je nachdem, ob sie dort morgens oder nachmittags im Unterricht waren, vorher oder nachher in die Salam-Schule. Bei uns bekamen sie etwas zu essen, Hilfe bei den türkischen Hausaufgaben und zusätzlich weiterhin die wichtigsten Fächer wie Mathe,

Türkisch, Englisch und Arabisch. Tatsächlich waren unsere Kinder völlig entsetzt, wie schlecht die Englischlehrer an den türkischen Schulen waren.

Karam berichtete auch, wie unmöglich unsere Kinder es fanden, dass manche Lehrer sie zum Tee-Holen schickten. Wir hatten unsere Kinder in der Salam-Schule offensichtlich ganz schön geprägt, wenn nicht verwöhnt. Aber Karam sagte ihnen sehr deutlich, dass sie immer freundlich und demütig an der türkischen Schule sein mussten: »Schließlich sind wir hier nur Gäste im Land.« Es war sehr gut, dass er ihnen das so eintrichterte, denn es hatte ja in der Vergangenheit schon oft nicht viel gefehlt, dass es zwischen den türkischen und syrischen Kindern eskalierte. »Ihr seid Salam-Schüler und vertretet sozusagen die Salam-Schule nach außen. Zeigt den anderen an euren türkischen Schulen, dass ihr gute Menschen seid. Wir wollen keine Klagen über euch hören«, so lautete Karams beinahe tägliche Ansprache an unsere Fünft- bis Siebtklässler.

Ich konnte es kaum erwarten, endlich zurück in Gaziantep zu sein und die vielen Entwicklungen selbst zu sehen.

Meine Zeit in Deutschland verging wie immer wie im Flug. Ich überlegte, wie es wohl sein würde, im Winter mit dem VW-Bus nach Gaziantep zu fahren. Die vielen Berge, die auf dem Weg lagen, waren sicher vereist und verschneit und diesmal waren meine beiden Mitfahrer zwei sehr junge, nicht sehr fahrerfahrene Damen. Johanna hatte erst seit einigen Wochen den Führerschein und Filiz war bisher keine langen Strecken gefahren. Die Fahrt lag mir schwer im Magen, aber es half alles nichts. Gerade jetzt im Winter war es so gut, Sachspenden nach Gaziantep mitnehmen zu können. Schuhe, Winterjacken und warme Pullover in allen Größen und Farben waren schon im Bus verstaut.

Wir hatten sogar von der Arche Berlin eine riesige Kiste Finkid-Jacken geschenkt bekommen. An einigen hing noch das Preisschild dran: 150 Euro, an einem Schneeanzug stand sogar 350 Euro. Ich staunte nicht schlecht, machte die Preisschilder aber mal lieber ab. Bislang hatte ich diese Marke nicht gekannt, aber es fühlte sich nach einer super Qualität an und würde die Kinder sicher über Generationen gut durch die kommenden Winter bringen. Dafür musste ich allerdings den Eltern klarmachen, dass diese wertvollen Stücke auf keinen Fall zu Beginn des Frühjahrs im Ofen landen durften. Da die meisten von ihnen keinen Stauraum hatten und am Ende des Winters oft auch kein Brennmaterial mehr, verbrannten sie üblicherweise die Winterjacken in ihren alles fressenden Öfen. Irgendwie verständlich, aber in dem Fall ein klares »No-Go«.

Erstaunlich gut kamen wir drei Mädels über die winterliche Balkanroute zur türkischen Grenze und diesmal sogar fast ohne Probleme durch die Passkontrolle. Ich musste noch nicht mal aussteigen und wurde nicht abgeführt. Ob das an dem jugendlichen Charme meiner beiden Mitfahrerinnen lag? Oder daran, dass der verstorbene Papa von Filiz, die wir bewusst vor der Grenze am Steuer platziert hatten, Türke war? Oder daran, dass wir fast die gesamte Fahrt über Lobpreislieder miteinander sangen?

> Stadt, Land, Welt – eine Botschaft zieht Kreise.
> »Gehet hin«, so hat Jesus gesagt.
> Gottes Geist geht mit uns auf die Reise.
> Alle Grenzen überwindet seine Kraft.[2]

So trällerten wir fröhlich die ganze nächtliche Fahrt hindurch.

Nachdem wir im Grunde fast herzlich in der Türkei willkommen geheißen worden waren und es ruck, zuck durch die Grenze und den Zoll gegangen war, hielten wir diesmal statt im Hotel bei Armanj und Khamlin in Istanbul an und verbrachten eine Nacht in ihrer winzigen Wohnung. Wir passten gerade eben so nebeneinander auf den Boden, aber das war kein Problem. Was für eine Wiedersehensfreude! Es war toll, Zeit mit ihnen zu verbringen, ihnen die Neuigkeiten aus der Salam-Schule zu berichten und zu erfahren, dass sie ein Baby erwarteten.

Weitere siebzehn Stunden Fahrt lagen bis Gaziantep vor uns. Daher verbrachten wir die nächste Nacht wieder in der Ufuk-Pension in Kappadokien. Da ich nun bereits zum dritten Mal in seiner Pension übernachtete, fragte Ufuk: »Wie kann ich von dir Geld für die Übernachtung verlangen? Wir sind doch inzwischen Freunde geworden.« Natürlich bezahlte ich trotzdem. Aber das war wirklich das besondere Flair der Türkei. Man war zu Hause bei Freunden, egal, wo man hinkam. Immer gab es kostenlosen Begrüßungstee, ständig alles günstiger als ohnehin schon und Menschen, die sich sichtlich freuten, dass man kam.

Als wir nach drei Tagen Fahrt endlich in Gaziantep ankamen, wurden wir erst recht sehr herzlich begrüßt. Sogar der Muhtar, unser Stadtteilvorsteher, lief dem weißen VW-Bus hinterher, als wir in die Cavus-Straße einbogen, und begrüßte mich mit den Worten: »Gut, dass du wieder da bist. Es gibt viele neue syrische Familien im Stadtteil, die eure Hilfe brauchen.«

Karam hatte gleich am ersten Abend vieles zu berichten. Die beste Nachricht war: »Merwes und Yusufs Vater ist mit seinem Sohn Omer von Deutschland zurückgekommen und kümmert sich jetzt super um seine Kinder. Sie haben eine kleine Wohnung direkt um die Ecke der Schule gemietet. Wenn du willst, können wir sie morgen besuchen.« Das wollte ich sehr gerne. Ich war so gespannt, die ganze Geschichte zu hören und die Familie vereint zu sehen.

Schon als wir das kleine Zimmer betraten, das als Küche, Bad, Wohn- und Schlafraum genutzt wurde, war offensichtlich, dass hier Ordnung herrschte. Der Vater und Omer begrüßten mich auf Deutsch und erzählten, wie sie sich ein zweites Mal, nur diesmal entgegengesetzt, auf die Balkanroute begeben hatten und mit einem Schlauchboot von Griechenland zurück in die Türkei geschmuggelt worden waren. Ich fragte, warum sie denn nicht einfach mit dem Flugzeug gekommen waren. Doofe Frage. Sie erklärten, dass sie ja keine Pässe hatten und als Syrer nicht einfach in die Türkei einreisen konnten.

Ich hatte großen Respekt davor, dass der Mann diesen Weg mit erneuten Gefahren auf sich genommen hatte, um seinen Kindern beizustehen. Omer, der ja fließend Deutsch sprach und in seiner Grundschule in Mannheim etwas völlig anderes erlebt hatte, war nun mit seinen Geschwistern und all den anderen syrischen Kindern Teil der Salam-Schule geworden und musste von null an Türkisch lernen. Was für eine verrückte Geschichte! Aber es war herrlich zu sehen, wie viel besser es Merwe, Yusuf und Ahmed mit dem Vater an ihrer Seite ging.

Meine beiden deutschen Begleiterinnen waren dankbar, dass Omer ihnen immer mal das viele Arabisch in der Salam-Schule ins Deutsche übersetzen konnte. Sie verbrachten noch vier weitere Tage bei uns, bastelten mit den Kindern Papiersterne und besuchten ihre Patenkinder zu Hause. Dann flogen sie zurück und ich blieb mit dem VW-Bus wieder für drei Monate in Gaziantep.

Dank unseres Busses konnte ich in dieser kurzen Zeit viel erledigen. Weitere Kinder brauchten eine Krankenhausbehandlung. Hasan hatte von Geburt an zwei Löcher im Herzen, die längst operiert werden sollten. Da die Eltern kein Türkisch konnten, hatten sie sich selbst nie zu einem Arzt gewagt. Nach viel Papierarbeit konnte nun aber die OP durchgeführt werden.

Außerdem gab es da noch den anderthalbjährigen Mustafa, dessen große Schwester Dünya schon seit zwei Jahren zur Salam-Schule kam. Er konnte sein linkes Auge von Geburt an nicht öffnen. Die Verwandtschaft behauptete, das läge daran, dass seine Mutter in der Schwangerschaft in den Mond geschaut hätte.

Auch für ihn konnten wir alle nötigen Papiere ergattern und er wurde wenige Wochen später operiert. Außerdem war ich gut damit beschäftigt, die viele Winterkleidung aus Deutschland von Haus zu Haus zu bringen. Ich hoffte jedes Mal, dass ich die richtigen Größen in die schwarzen Plastiktüten gepackt hatte, wenn ich an die verschiedenen Türen klopfte. Auch der kleine Mustafa bekam ein paar Schuhe, die ersten seines Lebens. Bisher war er nur barfuß gelaufen. Es war Gold wert, ihn mit den kleinen Schühchen in der Ruine, in der seine Familie hauste, langstolzieren zu sehen.

Eine meiner Aufgaben war es, in meinen kurzen Zeiten an der Salam-Schule den Musikunterricht zu gestalten. Nicht dass ich besonders musikalisch wäre, aber ich war die Einzige, die in ihrer Kindheit Musikunterricht erlebt hatte. Abgesehen von den deutschen Praktikanten und Helfern, die uns hin und wieder unterstützten, konnte sich kein Lehrer vorstellen, Musikunterricht zu geben. Dabei liebten die Kinder es über alles, Flöte zu spielen und sich auf ihre Auftritte zu den Zeugnisausgaben vorzubereiten. Auch bei den Flöten kam es leider ab und zu vor, dass die Eltern oder irgendwelche Onkel sie zu Hause in den Ofen warfen, weil Brennmaterial benötigt wurde. Umso mehr hüteten die Kinder ihre Flöten und versuchten, sie gut zu verstecken.

Am 23. und 24. Dezember hatten wir insgesamt drei Zeugnisausgabefeiern mit den verschiedenen Jahrgängen. Die Kinder führten wunderschöne Tänze, Lieder und Theaterstücke für die Eltern auf. Wir hatten Gelegenheit, mit den Eltern zu reden, und jedes Kind bekam ein kleines Geschenk, liebevoll gepackt von koreanischen Geschwistern aus Gaziantep.

Am 23. Dezember gab es abends wie auch schon die zwei Jahre zuvor eine Weihnachtsfeier mit den Mitarbeitern der Salam-Schule. Mit allen Lehrerinnen, Lehrern, den Küchenfrauen und unserer damaligen Praktikantin aus Deutschland Isabel waren wir insgesamt neunzehn Leute. Wir lachten viel, tanzten, aßen und schenkten uns gegenseitig lustige Schrottwichtelgeschenke.

Dabei hatte ich auch die Gelegenheit, ein bisschen von der Weihnachtsgeschichte zu erklären und davon, wie die Salam-Schule selbst eine Weihnachtsgeschichte war: »So wie das Baby namens Jesus klein und arm in einer unschönen Umgebung geboren wurde, so erscheint uns auch unsere Arbeit oft sehr klein, schwach und ohne große Hoffnung in einer sehr finsteren Umgebung. Und dennoch wohnt in dem Ganzen ein göttlicher Glanz und wir erleben jeden Tag, wie Gott große und kleine Wunder unter uns tut.«

Eine Lehrerin meinte auf dem Heimweg in unserem weißen VW-Bus zu mir: »Ich gehe anders nach Hause, als ich gekommen bin.« Gut, dass ich alle heimfahren konnte und wir so noch die Gelegenheit hatten zu reden. Das war sonst im Schulalltag selten möglich. Und dass trotz Schnee und Eis alle zur Feier gekommen waren, war an sich schon ein Wunder und zeigte mir noch mal, wie gut und wichtig es für die Mitarbeiter war, neben all dem Arbeiten auch zusammen zu feiern. Wir zehrten oft das gesamte Schuljahr über von den schönen Erlebnissen bei den Weihnachtsfeiern.

In dieser Zeit um den Jahreswechsel kamen allerdings auch ein paar ungebetene Gäste. Wir hatten schon vom Muhtar gehört, dass in den letzten Nächten viele Diebe und Einbrecher in der Nachbarschaft unterwegs gewesen waren. Eines Morgens stellte ich mit

Erschrecken fest, dass eine Scheibe von unserem Bus eingeschlagen worden war. Gestohlen wurden aber nur leere Tüten von der letzten Klamottenverteilaktion. Gott sei Dank war der Bus noch da.

An einem anderen Tag wurde Geld aus dem Schlafzimmer unserer Lehrerinnen gestohlen. Es waren nur zwanzig Euro und der Laptop und das Handy daneben hatten die Diebe liegen lassen. An wieder einem anderen Tag wurden die Schuhe unserer lieben Küchenfrauen aus dem Flur gestohlen. Gott sei Dank hatten wir aus Deutschland so viele Schuhe geschenkt bekommen, dass sie sich einfach ein paar schicke neue aus den Kisten aussuchen konnten.

In all dem Unangenehmen und doch auch irgendwie Erschreckenden waren wir so behütet und beschenkt zugleich, dass wir die Angst vor und den Ärger über die Diebe nicht siegen ließen.

Nach einer Woche »Weihnachtsferien«, die es an den anderen Schulen nicht gab, da ja in der Türkei kein Weihnachten gefeiert wird, wollten wir mit den Kindern einen Ausflug machen. Nach jeder Zeugnisausgabe gab es eine besondere Aktion mit den Kindern, vorausgesetzt, ihr jeweiliges Anwesenheitsheftchen war ausreichend gestempelt. Für dieses Mal fand ich einen Ausflug ins Kino passend. Erstens war keines unserer Kinder jemals in einem Kino gewesen und außerdem wollten wir einen türkischen Kinderfilm schauen und dabei gleich mit allen etwas besser Türkisch lernen. Die Kinder waren begeistert, die Eltern leider nicht so sehr, vor allem nicht die Väter unserer Schülerinnen. Für sie war Kino ein verruchter Ort, etwas, das »haram«, also Sünde war. Sie konnten sich nicht vorstellen, ihre Mädchen zu so einem Ort gehen zu lassen, selbst nicht vormittags um elf Uhr. Bei manchen konnten wir mit ein bisschen Erklären und Überzeugen eine Erlaubnis rausschlagen, bei anderen leider nicht. So saß ich nach der Aktion noch auf zehn nicht genutzten Kinokarten für diesen Kinderfilm, die ich in einer anderen Vorstellung einlösen durfte.

Inzwischen kannte ich etliche syrische Straßenkinder, die Müll sammelten oder im Park bettelten und leider nicht zur Salam-Schule kommen durften, wie Meryem oder auch eine freche süße Göre namens Tesnim. Mit ihnen wäre so ein Kinoausflug sicher auch ein Erlebnis!

Gesagt, getan. Ich fand sie tatsächlich an ihren typischen Bettelplätzen oder in ihren Behausungen, lud sie in den VW-Bus und fuhr mit ihnen zum Shoppingcenter mit Kino. Unsere kleine quirlige, bunte, aber auch sehr schmutzige Truppe fiel unter den schicken Menschen im Shoppingcenter deutlich auf. Den Kindern war das völlig egal, sie waren es wohl schon gewohnt. Und als wäre es das Natürlichste auf der Welt, setzte sich Tesnim in einen Massagesessel vorm Kino, schmiss eine Lira in den Kasten und ließ sich massieren. Sie lud die anderen Kinder ein, sich auch auf einen Sessel zu setzen, und warf ihnen auch jeweils eine Lira rein. »Tesnim, das ist viel Geld«, fuhr ich sie fast ermahnend an.

Sie lachte nur und meinte: »Ich hab den ganzen Rucksack voll damit.«

Jetzt musste ich lachen. Sie hatte recht. Jeden Tag sammelte sie auf der Straße diese Lira-Münzen von Passanten ein. Warum nicht auch mal eine Massage genießen und sogar anderen eine schenken? Zu Hause würde ihr der Vater das Geld abknöpfen und sicher nicht für sinnvollere Dinge verwenden.

Ich hatte schon öfter mal Diskussionen mit ihm gehabt, denn ich hätte Tesnim so gerne in die Salam-Schule aufgenommen. Aber da führte kein Weg hin. Sie musste täglich Geld zu Hause abliefern. Unter fünfzig Lira (damals etwa zwölf Euro) brauchte sie gar nicht erst zu erscheinen.

Manche Eltern machten mich echt so wütend! Aber ich fühlte mich machtlos dagegen – und war es auch. Ich konnte nur den Kindern zeigen, dass sie wertvoll, wichtig und geliebt sind, und ihnen immer mal was Gutes tun, wenn ich sie traf. Wie gut, dass sie offensichtlich längst gelernt hatten, sich auch mal was Gutes zu gönnen.

Es war ein Kampf um jedes einzelne Kind, auch um einige Kinder, die bereits seit Jahren an der Salam-Schule waren. Immer wieder erzählten uns Mädchen aus der fünften bis siebten Klasse, dass sie leider bald nicht mehr zur Schule kommen dürften, weil sie verheiratet werden sollten. Und immer wieder ließen wir nicht locker, redeten mit den Eltern und überzeugten sie, ihre Mädchen weiter kommen zu lassen. Bei einigen Eltern war der Grund tatsächlich der, dass sie das Geld brauchten, dass sie bekommen würden, wenn sie ihr Kind vermählten. Es war zum Heulen.

Einmal brachte ein Mädchen selbst gehäkelte kleine Täschchen und Schühchen. Sie fragte, ob ich die für sie in Deutschland verkaufen könnte. Auch wenn ich wusste, dass dieses glitzernde Wollzeug den Geschmack der Deutschen auf keinen Fall treffen würde, kaufte ich ihr alles ab, um es mit nach Deutschland zu nehmen. Und Karam hatte direkt eine geniale Idee: »Wenn wir ein Projekt starten würden, in dem die älteren Mädchen etwas herstellen und ein bisschen Geld dafür bekommen könnten, dann wäre das ein gutes Mittel, dass sie weiterhin zur Schule kommen dürfen und nicht so schnell verheiratet werden würden.«

Ich war begeistert. Einige meiner Freunde würden gnädig genug sein, uns ein bisschen Krempel abzukaufen, was auch immer es sein würde. So fingen wir mit vier älteren, besonders armen Mädchen, die schon dreizehn Jahre alt waren, und zwei verwitweten Müttern an,

Schlüsselanhänger zu nähen und mit einem kleinen Salam-Aufdruck zu besticken. Karam hatte alles sehr klar reguliert, sodass jede von ihnen zunächst nur fünf Schlüsselanhänger pro Woche herstellen durfte, dafür aber immerhin wöchentlich fünfzig Lira bekam. Das entsprach fast dem Gehalt der Kinder in den vielen Untergrundnähereien, die dafür aber sechs Tage die Woche jeweils zehn bis zwölf Stunden schuften mussten. Bedingung war, dass sie fleißig zum Unterricht kamen.

Noch bevor meine Rückreise nach Deutschland anstand, waren einige Plastiktüten mit den doch recht hübschen Schlüsselanhängern gefüllt. Und im Bus gab es mehr als genug Platz, um diese zu transportieren.

Ende Januar 2017 flogen meine ehemalige Mitbewohnerin Kathleen und Anna, eine weitere Freundin aus Görlitzer Zeiten, nach Gaziantep, um mich bei der Rückfahrt nach Deutschland zu begleiten. Auch sie verbrachten einige Tage in der Salam-Schule, um ihre Patenkinder zu besuchen und uns beim Nähen, Kochen und Spielen zu unterstützen.

Kathleen hatte meinen verstorbenen Mann gekannt. Wir waren damals alle noch so jung gewesen, ich gerade mal 26 und Kathleen etwa 23, als er völlig überraschend aus dem Leben gerissen wurde. Sie war mir eine liebevolle Wegbegleiterin in der schweren Zeit danach gewesen. Und sie hatte auch miterlebt, wie ich langsam wieder anfing, nach vorn zu schauen.

In einem Gespräch erinnerte Kathleen mich beiläufig: »Sabine, wolltest du nicht im Jahr 2017 wieder heiraten?«

Oh ja, das war damals in der WG immer mein Spruch gewesen beziehungsweise auch das, was ich von Gott so verstanden hatte. Ich sollte mir keine Gedanken um Beziehung machen, sondern die Zeit des Single-Seins mit all ihren Vorteilen in vollen Zügen nutzen und genießen. Dann würde 2017 schon von allein wieder jemand in mein Leben treten. Und tatsächlich hatte ich mich die meiste Zeit, seitdem mein Mann gestorben war, gedanklich frei gefühlt, was dieses Thema betraf.

In Harran bei meiner Freundin Ayshe wurde ich immer wieder mal von Frauen aus dem Dorf gefragt, ob ich mir nicht vorstellen könnte, die Zweit- oder sogar die Drittfrau ihres Mannes zu werden. Ich war völlig überrascht, dass die Frauen das wollten und nicht eifersüchtig waren. Eine winkte bei der Frage ab und erklärte mir lachend: »Wenn endlich eine Zweitfrau kommt, hab ich mehr Ruhe vor meinem Mann. Außerdem muss ich dann nicht mehr so viel im Haushalt machen und es ist nicht mehr so langweilig zu Hause.«

Das ergab in der Situation der Frauen in Harran irgendwie Sinn. Wobei Ayshe das für sich selbst nicht akzeptieren konnte. Schließlich hatte sie aus Liebe zu ihrem Mann in dieses Dorf hineingeheiratet und kam eigentlich aus der Stadt. Eine Zweitfrau in ihrem Haus war undenkbar. Lieber lebte sie alleine mit ihren Kindern und ließ »die Liebe ihres Lebens«, wie sie ihn trotz allem noch nannte, zur Zweitfrau ziehen. Trotzdem war auch Ayshe der Meinung, ich solle doch jemanden in Harran heiraten, dann wären wir immer zusammen. Da konnte ich nur lachend abwinken: »Meint ihr wirklich, ich würde es hier auf lange Sicht und in so einer Ehe aushalten?« Nun waren sich alle Frauen in der Runde einig: »Nein, nein, mach das nicht.«

All die Jahre über hatte ich genug anderes zu tun gehabt, als übers Heiraten nachzudenken. Aber nun, da Kathleen es erwähnte, fing es wieder an, in mir zu arbeiten. Vom Jahr 2017 war bereits ein Monat verstrichen. Und mit fast 36 Jahren wurde es langsam Zeit, mir Gedanken zu machen, wenn ich eine Familie wollte. Und die wollte ich eigentlich gerne. Klar, die Kinder der Salam-Schule waren irgendwie auch wie meine Kinder. Wenn mich eine der Mütter mit ihren vielen Kindern fragte, wie viele Kinder ich denn hätte, erlaubte ich mir den Spaß, zu antworten: »340.« Ja, ich hatte viele Kinder und doch auch keins.

Als ich wenige Monate zuvor im Herbst in Deutschland bei meinem Mentor Waldi und seiner Frau in Hoyerswerda übernachtet hatte, war dort auch ein Iraner namens Nabi gewesen, der bei Waldi einen Bundesfreiwilligendienst machte. Aufgrund eines Verkehrsunfalls schaffte Nabi es nicht mehr die Treppen im Flüchtlingsheim hoch und hatte deshalb seine Bleibe für einige Zeit bei Waldi in der Gästewohnung. Erst nervte es mich total, dass da nun ein fremder Mann im Gästezimmer nebenan war. Aber nachdem er mir einen etwas ungewöhnlichen Kräutertee gekocht und mich damit in der Küche empfangen hatte, fand ich ihn doch ziemlich sympathisch und ließ mich auf ein Gespräch ein. Gespräch ist vielleicht etwas zu viel gesagt. Er war so schüchtern und leise, dass das meiste eher von mir ausging. Aber vielleicht machte ihn gerade das so sympathisch. Danach war ich ehrlich gesagt ein bisschen verzaubert und fuhr mit klitzekleinen Schmetterlingen im Bauch von Hoyerswerda weg.

Vielleicht würde ich ihn in den nun anstehenden drei Monaten in Deutschland ein bisschen besser kennenlernen, so mein innerer Plan.

Isabel, die derzeitige Praktikantin oder vielmehr tüchtige Helferin und Beterin aus Deutschland, Kathleen und Anna machten sich nun also mit mir auf die lange Reise zurück in die Heimat. Wieder überquerten wir hohe, verschneite Gebirge, übernachteten bei Ufuk in Kappadokien, quälten uns durch die Staus an den vielen Grenzübergängen und genossen diesen Roadtrip diesmal sogar zu viert. Bis auf unser persönliches Gepäck im Kofferraum und einigen Tüten mit

Schlüsselanhängern war der Bus leer, sodass ich mich gegen Ende der Reise auf der letzten Bank ausstreckte, um ein bisschen zu schlafen, während Kathleen fuhr.

Plötzlich knallte es und ich flog in hohem Bogen von der Bank. Wir drehten uns und krachten dann in irgendetwas rein. Vorne bei Isabell und Kathleen rauchte es und Isabells Auge blutete. Sie war vom Airbag eingequetscht und kam nicht raus. Wie durch ein Wunder war ich unverletzt. So schnell ich konnte, sprang ich auf, öffnete die hintere Schiebetür und dann die Beifahrertür und versuchte, Isabel rauszuziehen. Als ich ihr Auge sah, konnte ich nicht mehr. Ich wurde ohnmächtig und kippte um. Da lag ich nun auf der vereisten Überholspur der Autobahn in Tschechien, morgens um 5:30 Uhr und machte damit alles noch dramatischer, als es eh schon war.

Kurz darauf waren Polizei und Krankenwagen zur Stelle und brachten Isabel und mich ins nächstgelegene Krankenhaus. Obwohl wir nur noch zwei Stunden von zu Hause entfernt waren, verstand ich kein Wort von den vielen Fragen, die mir im Krankenwagen gestellt wurden. Wäre ich doch wenigstens in der Türkei!

Die anderen beiden Mädels mussten mit dem total mitgenommenen Bus ohne Seitenscheibe, Rück- und Seitenspiegel alleine zum Krankenhaus kommen. Nach einigen Untersuchungen wurden wir wieder entlassen. Isabels Auge war lediglich geprellt und bei mir war es, wie schon öfter, nur der Kreislauf gewesen.

Die Polizei hatte noch einige Fragen. Gott sei Dank konnte Anna super Tschechisch und alles übersetzen. Am Unfall hatten wir keine Mitschuld. Ein junger Mann, der definitiv zu schnell gefahren war, war auf der eisigen Fahrbahn ins Schleudern gekommen und an der Seite, an der mein Kopf lag, in uns hineingeprallt. Ein Wunder, dass da nicht Schlimmeres passiert war! Mit einem schicken Mietwagen, ausgestattet mit Lenkradheizung und anderen Spielereien, der uns von der Versicherung vor die Krankenhaustür gebracht wurde, fuhren wir nach Deutschland. Aber der Schock saß uns noch lange tief in den Knochen.

Zu Hause angekommen bekam ich eine Nachricht von Nabi auf mein Handy. »Ich habe von Waldi gehört, dass ihr einen Unfall hattet. Ich bete für dich.«

Hey, das war ja ein guter Start in meinen Deutschlandaufenthalt! Bei der Gelegenheit fragte ich Nabi gleich, ob er mir helfen könnte, ein Dankesessen für unsere Salam-Spender in Görlitz zu kochen. Hilfsbereit wie er war, konnte er da nicht Nein sagen. Was für eine gute Gelegenheit, uns beim vierstündigen Kochen ein bisschen besser kennenzulernen!

An dem Abend kamen über vierzig Leute aus Görlitz und Umgebung, die für das Salam-Projekt spendeten, dafür beteten oder einfach Interesse daran hatten. Ich konnte Fotos und Videos zeigen, viel erzählen und auch Schlüsselanhänger und glitzerndes Wollzeugs verkaufen.

Meine Deutschlandaufenthalte waren jedes Mal gut gefüllt mit solchen Veranstaltungen. Sehr oft wurde ich auch in Schulen eingeladen, um den deutschen Kindern und Jugendlichen einen Blick in diese so andere Welt an der syrischen Grenze zu ermöglichen. Sie waren oft tief betroffen, stellten gute und wichtige Fragen, und mehr als einmal habe ich erlebt, dass sie mir das Geld für ihr Pausenbrot mitgeben wollten.

Bei einigen Abendveranstaltungen oder Gottesdiensten, in denen ich unser Salam-Video zeigte, waren auch Syrer anwesend. Oft war ich mir erst unsicher, wie das für sie sein würde, so ein Video über Kinder aus ihrem eigenen Land zu sehen. Aber jedes Mal kamen sie danach sehr bewegt und dankbar auf mich zu. Dreimal wurden mir sogar von einem Syrer heimlich fünfzig Euro in die Hand gedrückt, jedes Mal mit ähnlichen Worten: »Danke, dass du meinen Leuten hilfst. Ich will auch helfen. Bitte nimm wenigstens dieses Geld.«

Fünfzig Euro einer »Fremden« wie mir in die Hand zu drücken, wenn man selbst im Flüchtlingsheim lebt, das fand ich mehr als beeindruckend. Und dass das dreimal an drei verschiedenen Orten passierte, entfachte das Feuer in mir nur noch mehr, weiterzumachen mit Salam.

Von Nabi kam nach der Veranstaltung in Görlitz seit Wochen nichts mehr. Keine Nachricht. Kein Anruf. Wahrscheinlich hatte er kein Interesse, während ich mich längst Hals über Kopf verliebt hatte. Ich musste über mich selbst schmunzeln, dass ich so ungeduldig war.

Eines Morgens, als ich mal wieder bei Waldi und Evi wohnte, fragte ich beim Frühstück frech heraus: »Waldi, du kennst ja den Nabi besser als ich. Meinst du, dass er und ich zusammenpassen könnten?«

Waldi und Evi grinsten und ihre Augen blitzten. Dann platzte es aus Waldi heraus: »Na, das haben Evi und ich schon lange gedacht. Aber wir wollten nichts sagen. Wir dachten, da müsst ihr selber drauf kommen.«

Na, dann war es ja gut, dass ich endlich selbst draufgekommen war. Aber was war mit Nabi? Ob er da alleine draufkommen würde?

Waldi bot an, mal mit ihm zu sprechen.

Eine Familie, etwa eine Stunde südlich von Görlitz, hatte davon gehört, dass unser VW-Bus noch kaputt in Tschechien lag und ich zurzeit ohne Auto oder nur mit geliehenen Autos in Deutschland unterwegs war. Sie wollten ihren sehr geräumigen Fiat verkaufen und fragten, ob ich ihn mir mal anschauen wolle. Das tat ich sehr gerne, schließlich wusste ich mittlerweile einen fahrbaren Untersatz sehr zu schätzen. Egal, wohin ich zu einem Vortrag eingeladen wurde, es war meist zu ländlich, um mit öffentlichen Verkehrsmitteln hinzukommen, und ich wollte ja auch die vielen Schlüsselanhänger mitbringen und Kuscheltiere, Kleidung, Schuhe und so weiter von den jeweiligen Orten für die Salam-Kinder mitnehmen. Auch die Paten der Kinder wollten ihre Päckchen lieber mir mitgeben, als sie mit der Post zu schicken. Ich kam mir selbst im Sommer manchmal vor wie der Weihnachtsmann. Immer gab es gute Sachen zu transportieren. Da kam das Angebot mit dem günstigen Fiat wie gerufen.

Als ich ihn sah, wurde ich aber unsicher. Zu klein, um die vielen Sachen in die Türkei zu bringen, war er definitiv. Er würde mir nur für die Fahrten innerhalb Deutschlands sehr hilfreich sein. Daher fragte ich, ob ich ihn ausleihen könnte. Und dann passierte wieder mal das Unglaubliche: »Wir schenken ihn dir.«

»Wie kann man nur so viel geschenkt bekommen?«, fragte ich mich wieder.

Als es fünf Jahre zuvor für mich klar geworden war, dass ich in der Türkei bleiben sollte, um das Jugendcafé zu starten, sagte mir der Pastor einer Gemeinde in Hildesheim, ich solle die Chroniken, ein Buch im Alten Testament der Bibel, lesen. »Wie langweilig!«, dachte ich damals. »Da steht doch fast nur was über Namen und Zahlen« – so glaubte ich.

Es dauerte fast ein Jahr, bis ich mich durch die ersten neun Kapitel gequält hatte, in denen es tatsächlich fast nur um Familien, Stämme und Nachkommen ging. Und es dauerte vermutlich ein weiteres Jahr bis ich bei 1. Chronik, Kapitel 28 gelandet war, wo König David von Gott den Auftrag bekam, den Tempel zu bauen. Relativ zeitgleich ging damals die Salam-Schule mit 25 Kindern an den Start, und es ermutigte mich sehr, in Kapitel 29 zu lesen, dass David für den Tempelbau zunächst alles aus seinem eigenen Besitz gespendet hatte. So wollte ich damals auch bereit sein, was ich hatte, erst für die Flitzpiepe und dann für die Salam-Schule zu geben.

Weiter in Kapitel 29 kann man jedoch lesen, dass eben diese Häupter der Großfamilien und Vorsteher der Stämme, von denen die ersten Kapitel der Chroniken handeln, durch Davids Vorbild inspiriert so viel spendeten, dass zum Schluss viel mehr als geplant an Gold und Silber für den Tempelbau zusammenkam. Genau in dieser Situation fühlte ich mich nun auch. Ja, ich hatte einiges von mir persönlich gegeben, mein Auto und nicht zuletzt sogar meinen Bausparvertrag. Aber nun gaben andere mindestens genauso viel und machten mir so viel Mut und Freude damit.

In 1. Chronik 29,9 (NLB) steht: »Das Volk jubelte über diese Freigebigkeit, denn alle hatten dem Herrn großzügig und frohen Herzens gespendet, und auch König David freute sich sehr darüber.« Beim wiederholten Lesen dieser Verse kribbelte es im ganzen Körper. Und weiter wollte ich mich David anschließen, wie er in Vers 14 betete: »Denn wer bin ich, und was ist mein Volk, dass wir dir etwas geben könnten? Alles, was wir haben, stammt von dir; wir geben dir nur, was du zuvor uns geschenkt hast.«

Es steckt ein besonderes himmlisches Prinzip dahinter, wenn wir anfangen zu geben. Ich merkte, dass die vielen Freunde und Unterstützer in Deutschland so gerne geben wollten und dadurch nicht nur zum Segen für uns, sondern auch selbst gesegnet wurden. Wo es mir anfangs noch unmöglich erschienen war, Spenden anzunehmen, kam es mir jetzt so vor, als gäbe ich den Leuten damit die Möglichkeit, ihr Geld in himmlische Aktien anzulegen und Teil eines besonderen Baus zu sein. So ähnlich sagte das auch die Familie, die mir einfach so ihr Auto schenkte: »Wir haben so viel Segen erleben dürfen, wir wollen gern etwas davon weitergeben. Und weißt du, Sabine, am Ende gibt das uns selbst am meisten, wenn wir geben dürfen.«

Trotzdem war es für mich schwerer zu nehmen und von Spenden zu leben, als geben zu können. Aber das Auto war wirklich genial, um von Dorf zu Dorf zu kommen und die vielen Dinge für die syrischen Kinder einzusammeln. Der Lagerraum, den ich in der Herberge beim CVJM in Görlitz nutzen durfte, füllte sich schon wieder zusehends mit Kleidung, Spielzeug und Schulmaterialien. Aber wie sollte ich das alles diesmal nach Gaziantep transportieren? Das geschenkte Auto war zu klein dafür. Unser geliebter weißer VW-Bus stand noch in Tschechien auf dem Schrottplatz eines Abschleppdienstes. Würde es sich lohnen, ihn zu holen und zu reparieren?

Kathleens Stiefpapa war dafür und machte sich mit seinem Anhänger und mir auf den Weg nach Tschechien. Er machte den Bus mit den paar hundert Euro von der Versicherung wieder absolut straßentauglich und brachte ihn sogar auf Hochglanz. Der Bus sah besser aus als zuvor. Ich war so dankbar!

Inzwischen hatte ich bei einer Oster-Konferenz des CVJM die Gelegenheit, Nabi besser kennenzulernen. Tatsächlich wagte es dieser sonst so schüchterne Typ, am ersten Abend der Konferenz auf mich zuzugehen und mich um eine Unterhaltung im Klavierzimmer zu bitten. Waldis Vorstoß hatte ihm Mut dazu gemacht. Nabi hatte nämlich geglaubt, dass ich verheiratet sei, und war daher immer schön auf Distanz geblieben. Aber dank Waldi waren nun alle Unklarheiten beseitigt und Nabi schlug vor, dass wir uns ja besser kennenlernen könnten. Eine Woche später kam er mit Rosen zu mir und nach etlichen langen Spaziergängen und vielen Gesprächen überlegten wir, zu heiraten.

Nabis Plan war es eigentlich nie gewesen, so früh und vor allem so schnell in einer Beziehung zu heiraten. Aber ich war inzwischen ganz in der arabischen Welt angekommen und erlebte ja auch bei unseren jüngeren Lehrerinnen, wie so eine Entscheidung oft innerhalb weniger Wochen umgesetzt wurde. Man muss sich nicht Jahre kennen, um zu heiraten, wenn einem vertraute, erfahrene und weise Begleiter von außen bestätigen können, dass das passt. Also legten wir im Mai fest, dass wir im Oktober heiraten würden. Dazwischen würde ich noch mal Juni, Juli und August in der Türkei sein.

Diesmal schwebte ich beim Beladen des Busses auf rosa Wolken und doch tat es auch weh »Auf Wiedersehen« zu sagen.

Dann kam der Schock am Abend vor der Abreise. Unterm Bus sah man Öl tropfen. So konnte ich auf keinen Fall auf so eine Reise gehen, aber alle Werkstätten hatten über Pfingsten zu. Also musste ich drei lange Tage warten, bevor der Mechaniker die Hiobsbotschaft brachte, dass der Motor einen Schaden hatte, vermutlich durch den Unfall in Tschechien. Da Waldi diesmal mitkommen wollte und seine freien Tage dafür schon geplant hatte, beschlossen wir, zu fliegen und die wertvolle Fracht zurückzulassen.

Nun durfte Waldi einmal selbst hautnah dabei sein, wie ich am Flughafen in Istanbul bei der Passkontrolle abgeführt wurde. Ich war verwirrt, dass es nach so vielen Malen unproblematischer Einreisen nun wieder so schroff zuging. Aber so unangenehm und unfreundlich es auch war, diesmal durfte ich schon fünfzehn Minuten später, die Waldi betend auf mich gewartet hatte, aus dem Kämmerchen der Terrorpolizei rauskommen und zum Weiterflug nach Gaziantep antreten.

Es war so schön, Waldi endlich die vielen Kinder, Familien, Mitarbeiter und Orte vorzustellen, die er bisher nur aus meinen Erzählungen und Videos kannte. Und die Kinder flogen sofort auf ihn. Dann kam Waldi mit der guten Nachricht, dass jemand in der Oberlausitz uns seinen grünen VW-Bus günstig verkaufen würde. Also flog ich einige Tage später wieder mit ihm zurück, unterschrieb den Kaufvertrag und musste nun nur noch alles vom weißen in den grünen Bus laden, um nach Gaziantep zu fahren. »Der Motor funktioniert einwandfrei«, beteuerte Fred, der fröhliche Verkäufer. »Aber die Tankanzeige geht leider nicht, und der Rückspiegel ist abgefallen... und ach so, den Kofferraum kann man leider auch nicht von außen abschließen, nur von innen.«

Leider hatte ich das später beim Packen schon wieder vergessen und so konnte ich den voll beladenen Bus nicht abschließen, als ich ihn noch mal bei Nabi vorm Haus parkte, um mich ein weiteres Mal für lange Zeit zu verabschieden. »Na ja, was wird in Hoyerswerda schon passieren?«, dachte ich, naiv, wie ich war. Doch der Bus wurde geöffnet und etliches Spielzeug gestohlen. Nun musste ich sogar am Morgen vor der Abreise noch mal schnell in einen Spielzeugladen, um die Lücken in der sonst dicht gepackten Ladung zu stopfen. Was für ein Kraftakt es diesmal doch war, endlich mit allen Dingen nach Gaziantep zu reisen!

Als meine Mitfahrer für diese Reise, Johanna und Martin, ein junges Ehepaar aus der Region, mit ihrem kleinen Gepäck aufkreuzten und in den Bus einstiegen, hielten sie erst mal die Luft an, als ich ihnen erklärte, was alles an dem Fahrzeug nicht ging. Aber sie ließen sich dennoch auf das Abenteuer ein. Sie kamen zum einen für die Fahrt selbst mit und zum anderen, um uns als studierte Erziehungswissenschaftler einige Wochen zu helfen, Sennes Babygruppe in einen richtigen Kindergarten umzugestalten. Auch das war ein unschätzbarer Segen, immer wieder Leute mit so viel Einsatzbereitschaft und Know-how in Gaziantep dabeizuhaben.

Wir kamen wieder wunderbar bis zur Grenze und in die Türkei hinein, hatten dann aber in den Bergen eine kleine Panne, die noch am späten Abend in einer nahe gelegenen Werkstatt behoben werden konnte. So kamen wir erst mitten in der Nacht bei Ufuks Pension an. Keiner öffnete uns, doch da wir unmöglich eine weitere Nacht hätten durchfahren können, schliefen wir einfach auf den Sofas in seinem Garten, warm genug war es ja. Er staunte nicht schlecht, als er morgens aus der Tür kam.

»Tja, so ist das mit Freunden, Ufuk. Die sind immer für eine Überraschung gut«, begrüßte ich ihn grinsend. Er ging gerade durch einige Probleme und freute sich, so überraschend Freunde da zu haben, denen er das alles frei von der Leber erzählen konnte. Dann machte er uns ein tolles Frühstück mit Melonen, Oliven, Käse und richtig gutem Kaffee. Es war so genial, wieder hier zu sein, wenn auch nur für ein paar Stunden, schließlich war unser Ziel Gaziantep.

Dort wurden wir wie immer sehnsüchtig erwartet. Alle waren gespannt, was diesmal geliefert werden würde, und staunten über die besonderen Kindergartenmaterialien.

Unter den Müttern unserer Kinder hatte sich schon herumgesprochen, dass ich heiraten würde, und so begrüßten mich einige mit »Alhamdullilah«, und »Hoffentlich bekommst du einen Jungen«. Sie hatten untereinander ausgemacht, dass sie eine Verlobungsfeier für mich organisieren wollten, die einen Abend später stattfinden sollte. Dafür bereiteten sie alle möglichen Süßspeisen und Kuchen vor und dekorierten alles schön im großen Klassenzimmer des untersten Stockwerkes der Salam-Schule. Enttäuscht sahen sie mich an, als ich, zwar in meinem schönsten Kleid, aber doch für ihren Geschmack viel zu ungeschminkt dort erschien.

»Und wo ist dein Gold?«, raunzte mich in schrillem Ton eine der Mütter an und trommelte mit den Lauten »Taktaktaktaktak« mit ihrer rechten Hand auf ihren linken Unterarm.

»Mein Gold?«, fragte ich sie ungläubig und schon schoss es etwas unüberlegt aus mir heraus: »Das steckt in euren Kindern.« Einen kurzen Moment wurde es still im Raum. Dann sagte eine andere

Mutter: »Ja, das ist richtig und das ist viel besser, als es am Arm zu tragen. Danke Sabine.« Sie hatte die Stimmung gerettet. Gott sei Dank!

»Ja guck mal«, schrie da eine andere »sie trägt sogar Ohrringe aus Holz, nicht aus Gold.« Nun lachten wir alle. »Ja, ich steh eben mehr auf Holz«, gab ich selbstbewusst zu.

Natürlich konnte ich damit nicht gerade für eine neue Mode werben. Schließlich hat es seinen Sinn, dass Bräute im Mittleren Osten mit Gold behangen werden. Es verspricht eine gewisse Absicherung, besonders da kaum jemand über ein Bankkonto oder eine Immobilie oder Ähnliches verfügt. Ich jedoch konnte es mir sozusagen leisten, mit Stolz meine Holzohrringe zu tragen. Schließlich hatte ich das Privileg, Eltern im Hintergrund zu haben, die mich eher unterstützten, als Geld von mir zu erwarten. Und noch wichtiger als das, trug ich in mir die Gewissheit, dass ich einen himmlischen Vater habe, der mich mehr als gut versorgt und mich bedingungslos liebt. Und das ist wirklich mehr wert als Gold.

15

Ein Ende mit Schrecken

Da in der Salam-Schule Sommerferien waren, hatten wir mit Martin und Johanna, Senne, Hevin und Sarap viel Zeit, Pläne für den in wenigen Wochen eröffnenden Kindergarten zu schmieden. Hevin, die zuvor in der Küche gearbeitet hatte, sollte als Erzieherin mit einsteigen. Ihre Fürsorge und ihr liebevoller Umgang mit den Kindern beim Essenausteilen hatten sie dafür qualifiziert. Und Sarap, Karams Frau, die zuvor als Lehrerin mitgearbeitet hatte, sollte die Leitung und Verantwortung für den Kindergarten übernehmen. Martin erstellte mit ihr ein Konzept und hatte fest vor, sie über die kommenden Monate wöchentlich per Skype in ihrer neuen Aufgabe zu begleiten.

Zwei helle, große Räume im zweiten Stockwerk sollten für fünfzehn Kinder ab drei Jahren vorbereitet werden, während Senne weiterhin im ersten Stockwerk die Babys und Kleinkinder von null bis drei Jahren versorgen würde. Wie schon zuvor sollte auch der Kindergarten nur für diejenigen Kinder sein, die Vater oder Mutter verloren hatten oder deren Eltern bei uns an der Schule mitarbeiteten. Die große Frage war nur, wie wir die nun fehlenden Klassenzimmer für die großen Schulkinder ersetzen würden. Aber diese Frage klärte sich innerhalb weniger Tage auf ziemlich ungewöhnliche Weise.

Wegen der unerträglichen Hitze in Gaziantep schlug ich mal wieder mein Nachtlager auf dem Balkon auf. Ich schlief dort meist sehr gut, bis ich eines Morgens um halb acht unschön von dem dumpfen Aufprall einer leeren Ketchup-Flasche an meinem Kopf geweckt wurde. Sofort kochte ich vor Wut, denn ich wusste schon, woher das kam. Die Nachbarn über uns, eine syrische Familie mit schon fast erwachsenen Kindern, waren zu faul, ihren Müll in einer Tüte zu sammeln und nach unten zur Tonne zu tragen. Stattdessen schmissen sie einfach immer alles aus dem Fenster. Der Müll landete dann im Wechsel auf unseren Balkons, auf den Dächern anderer Nachbarn oder unten bei Dünyas Familie in der alten Ruine.

Ich schnappte mir die Ketchup-Flasche und stapfte die Treppen hoch, um Sturm zu klingeln. Der Großteil der Familie schlief noch und nun waren sie ihrerseits wütend, weil ich um diese Uhrzeit klingelte. Natürlich gab keiner zu, die Flasche aus dem Fenster geworfen zu haben, und überhaupt sollte ich mich nicht so anstellen, denn schließlich litten sie ja täglich unter unserem Schullärm. Und deshalb wollten sie auch Ende des Monats wegziehen, weil sie was viel Besseres gefunden hatten. Wow, Halleluja! Was für eine gute Nachricht am frühen Morgen!

Vor Freude hüpfend sprang ich mit der Ketchup-Flasche wieder die Treppen hinunter und erzählte Karam die frohe Botschaft. Noch am gleichen Morgen riefen wir den Hausbesitzer an und sagten ihm, dass wir die Wohnung unbedingt wollten und auch dringend brauchten. Er sollte sie auf keinen Fall irgendwem anderen geben. Er stimmte sofort zu, denn wir waren seine zuverlässigsten und ordentlichsten Mieter. Und so hatten wir noch im gleichen Sommer für nur fünfzig Euro monatlich vier weitere kleine Klassenzimmer zusätzlich und konnten die zwei riesigen Dachterrassen endlich für uns alleine in Anspruch nehmen. Dort sollte zusätzlich ein kleiner Spielpark mit Sonnensegel, Dreirädern und Bobbycars für den Kindergarten entstehen. Wie doch immer wieder alles so wunderbar zusammenkam!

Viel Arbeit lag also diesen Sommer vor uns. Die Räume mussten renoviert und möbliert werden. Im Kindergarten sollte eine zweite Ebene aus Holz eingebaut werden, die es den Kindern ermöglichen würde, sich im Klettern zu üben und oben in einer gemütlichen Ecke Kinderbücher anzuschauen. Martin und Karam schlugen sich mit schlechtem Werkzeug tapfer durch alle Herausforderungen und wir Frauen putzten gemeinsam mit Um Ali tagelang, was das Zeug hielt.

Nach getaner Arbeit gönnten wir uns gemeinsam einen Kurztrip mit dem grünen VW-Bus nach Antalya in ein Hotel am Meer. Aufgrund einiger Anschläge in der Türkei, einer Zwistigkeit zwischen dem türkischen und dem russischen Präsidenten und vermutlich einiger anderer Gründe standen die Hotels diesen Sommer so gut wie leer und waren zu einem Spottpreis zu haben – eine tolle Gelegenheit für uns alle, und besonders für Karams Töchter, die es genossen, zu schwimmen und so viele pinke und glitzernde Törtchen vom All-inclusive-Büfett zu naschen, wie sie nur wollten. Es war einfach traumhaft!

Kurz darauf war schon Ende August und der Schul- und Kindergartenalltag mit insgesamt 390 kleinen und großen Kindern im Haus begann. Martin und Johanna begleiteten den Kindergarten die ersten Tage, bevor auch sie wieder zurück nach Deutschland zu ihren Arbeitsstellen mussten. Ich fand es genial, dass Leute ihren Urlaub opferten, um bei uns zu arbeiten. Wir waren so dankbar für sie!

Auch für mich rückten der erneute Abschied aus Gaziantep und die geplante Hochzeit am 7. Oktober immer näher. Gerade mal fünf Wochen blieben bis dahin.

Für eine deutsche Hochzeit war das alles viel zu spontan und ungeplant. Außer dem Termin stand eigentlich nichts. Einige Einladungen hatten wir schon im Juni verschickt, aber einige noch nicht.

Das Standesamt in Görlitz stellte sich von Anfang an völlig quer und die Standesbeamtin sagte uns klipp und klar, dass wir das mit dem Heiraten ohne eine Ehefähigkeitsbescheinigung aus dem Iran, mit der sichergestellt werden sollte, dass Nabi nicht schon verheiratet war, vergessen könnten. Wir wollten daher erst mal nur kirchlich heiraten, doch dafür brauchten wir eine Sondergenehmigung des Superintendenten, mit dem ich nun langsam Kontakt aufnehmen sollte. Eigentlich war alles ungewiss und doch wussten wir, dass wir heiraten würden.

Nabi bekam seine Aufenthaltsgenehmigung für Deutschland, während ich mit dem grünen VW-Bus von Antalya nach Gaziantep zurückfuhr. Das war eine positive Überraschung und ein Wunder an sich, zumal er schon zwei Jahre darauf wartete. Aber das brachte uns noch längst keine Ehefähigkeitsbescheinigung.

»Ach ja, und wäre es nicht sinnvoll, ein Brautkleid in der Türkei zu kaufen? Das wäre doch sicher viel günstiger als in Deutschland«, fiel mir eine Woche vor der Abreise ein.

Und so machte ich mich mit Halima, der fünfzehnjährigen Tochter unserer Küchenfee Zeynep, auf Brautkleidsuche. Halima wollte im September heiraten und wünschte es sich sogar wirklich von Herzen selbst. Es war also keine Zwangsheirat, wie man aufgrund ihres Alters hätte vermuten können.

Wir fuhren zusammen nach Cinderesse, wo ich am Anfang meiner Zeit in der Türkei in der Grundschule gearbeitet hatte. Dort gab es einen Brautkleiderladen neben dem anderen mit den günstigsten Preisen der Stadt. Überall hingen riesige Prinzessinnenkleider mit viel Tüll, meist nur zum Ausleihen. Halima war begeistert. Genauso eines wollte sie. Aber mir stand so was überhaupt nicht. Ich erkannte mich ja selbst nicht wieder in so einer pompösen Aufmachung.

»Gibt es nichts Schlichteres?«, fragte ich immer wieder. In den meisten Läden gab es dazu nur ein klares Nein. In einem Laden zog jedoch eine wahrscheinlich ebenfalls fünfzehnjährige Helferin ein eher schlichtes Kleid hervor mit den Worten: »Das ist unser Ladenhüter. So was zieht hier keiner an. Aber es ist nur zum Verkauf, nicht zum Leihen.«

»Perfekt«, sagte ich sofort. Umgerechnet sollte das Kleid gerade mal hundert Euro kosten. Da konnte man auch nicht meckern, weil die Perlen nur mit der Heißklebepistole angeklebt waren. Ich war höchst zufrieden und die jungen Mädels um mich herum völlig verwundert, dass mir so ein seltsames und schlichtes Kleid gefiel. Nun kam ich mir selbst unendlich alt und wie ein Ladenhüter vor.

Mit meinen 36 Jahren war ich sowieso mehr als doppelt so alt wie die meisten Bräute, die sich in diesem Geschäft befanden. Vermutlich war ich sogar älter als ihre Mütter. Was ihnen wohl durch den Kopf ging, während sie mich in diesem Brautkleid musterten? Ein silbernes Plastikkrönchen und ein buntes Bukett aus Plastikblumen gab es kostenlos dazu. Darüber durfte sich dann aber Halima freuen. Stand ihr auch viel besser als mir.

Zum feierlichen Abschluss meiner drei Monate in Gaziantep durfte ich am selben Abend noch erleben, wie unsere ältesten Kinder bei einem Tanzprojekt mit Aleksi, einem finnischen Tänzer, völlig aufblühten. Birte, die ich zuvor mal in der Stille im Kloster in Frankreich getroffen hatte und die seit einiger Zeit die Salam-Schule unterstützte, hatte ein Tanzprojekt mit ihm bei sich auf Sylt gehabt und davon geträumt, Aleksi nach Gaziantep einzuladen. Und Birte ist eine Frau, die nicht nur gut träumen kann, sondern die auch Wege findet, Träume wahr werden zu lassen. Und so hatte sie alles organisiert, damit unsere Kinder wie schöne bunte Vögel auf der Dachterrasse förmlich abhoben und nach etwas mehr als einer Woche Workshops den Eltern eine tolle Performance darbieten konnten. Aleksi lud am Ende sogar die Eltern ein, mitzutanzen, worauf sich tatsächlich einige einließen. Karam und ich schauten fassungslos und begeistert zu. Diese Inspiration von außen tat uns gut und machte Sachen möglich, die Karam und ich nie für möglich gehalten hätten.

Auf die Heimreise mit dem grünen Bus machten sich nun mit mir Birte, Jonas und Kerstin. Jonas war für einige Tage bei uns gewesen, um uns als Arzt zu dienen und einigen Kindern und Eltern zu helfen. So konnte er den vielen an Mumps erkrankten Kindern in der Salam-Schule zur Seite stehen und bei Um Ali einen Eisenmangel diagnostizieren. Das war für sie eine Riesenwende, da sie zuvor dauerhaft erschöpft gewesen war und nur mit viel Mühe putzen konnte. Bis heute reden viele von Jonas, dem Arzt, der gar nicht aussieht wie ein Arzt, weil er kurze Hosen trägt und ungekämmte Haare hat.

Kerstin, seit zwanzig Jahren meine gute Freundin, kam bereits zum zweiten Mal und diesmal für drei Monate zu uns. Sie spielte mit dem Gedanken, dauerhaft in das Salam-Projekt einzusteigen, beziehungsweise neue Projekte innerhalb des Projektes zu starten. Sie fuhr mit Jonas, Birte und mir nun mit bis Kappadokien und wollte danach selbstständig nach Gaziantep zurückreisen, um noch einige Wochen dort mitzuarbeiten.

Vor Jonas, Birte und mir lag nach einer gemütlichen Nacht in Ufuks Pension eine lange Fahrt mit siebzehn Stunden Stau an der türkisch-bulgarischen Grenze, sechs Stunden Stau an der bulgarisch-serbischen Grenze und weiteren acht Stunden Stau an der serbisch-ungarischen. Gott sei Dank hatten wir ab da eine relativ zügige und bewahrte Heimfahrt bis Görlitz, wo Nabi schon mit gefüllten Paprika in einer großen Auflaufschale auf uns wartete.

Am 7. Oktober 2017 feierten wir eine fröhlich bunte Hochzeit in und um die Kirche in Kodersdorf, wo Alt und Jung, Deutsche, Perser, Syrer und Koreaner im Walzerschritt oder auch im Kreis ausgelassen tanzten. Dazu gab es ein ungarisches Büfett. Es war keine teure, aber eine wunderschöne Hochzeitsfeier, bei der viele Freunde viel geholfen haben.

Dankbar und erfüllt von diesem Fest durften wir am 27. Oktober in Dänemark nur zu zweit auch standesamtlich heiraten. Dort wurde nämlich keine Ehefähigkeitsbescheinigung verlangt und dank der Aufenthaltsgenehmigung für Deutschland konnte Nabi problemlos mit mir dorthin reisen.

Nachdem wir uns in Görlitz im Dachgeschoss eines Altbauhauses guter Freunde so richtig häuslich eingerichtet hatten und ich den einen oder anderen Salam-Vortrag hier und da gehalten hatte, sollte es Mitte November schon wieder zurück nach Gaziantep gehen. Drei Monate wollte ich diesmal nicht bleiben, denn Nabi konnte mich nicht begleiten. Er wäre sehr gern mitgekommen, aber dafür hätte er ziemlich umständlich ein Visum beantragen müssen, was so schnell nicht bewilligt worden wäre. Aber wenigstens für fünf Wochen wollte ich hinreisen und die Zeugnisausgaben vor den Weihnachtsferien mit den Kindern und ihren Flöten vorbereiten. Mit dem VW-Bus durch verschneite Berge zu fahren, wollte ich nach dem Unfall im Februar jedoch nicht noch mal wagen.

Außerdem hätte mich die Fahrerei hin und zurück fast eine Woche gekostet, die ich entweder weniger bei Nabi oder weniger bei den Kindern in Gaziantep hätte sein können. Das war mir zu kostbar. Wir hatten inzwischen auch mehr als genug Notfallkleidung und Schuhe in allen Größen auf Lager.

Also flog ich lieber mit dem Flugzeug. Aber nicht alleine. In meinem Bauch befand sich ein fünf Wochen kleines Baby. Um bei der Grenzkontrolle am Flughafen in Istanbul nicht am Ende doch noch ins Gefängnis zu müssen, ließ ich mir vor der Abreise einen Mutterpass ausstellen, auch wenn es fraglich war, ob das im Fall der Fälle ein Schutz gewesen wäre.

In Gaziantep freuten sich alle riesig zu hören, dass ein Kind unterwegs war. »Inschallah wird es ein Junge«, hörte ich vermutlich Hunderte Male. Auch Halima, die mit mir ein Brautkleid gesucht hatte, war schwanger. Unglaublich, wie schnell das alles passierte und wie 2017 überhaupt so schnell verging. Bei Armanj und Khamlin aus den Anfängen der Salam-Schule war bereits das zweite Kind unterwegs. Layla, die kurz nach der Gründung der Salam-Schule ihr Visum für Deutschland bekommen hatte, studierte inzwischen am Johanneum in Wuppertal Theologie und Shorash war seit Kurzem verlobt. Mejid, der ja schon immer ein sehr sportlicher und gut aussehender Typ gewesen war, arbeitete in Istanbul in einem Hotel und modelte nebenbei. Mit allen standen wir immer noch mehr oder weniger regelmäßig in Kontakt.

Eines Tages während dieser fünf Wochen in Gaziantep rief Mejid an und erzählte entsetzt, dass er Dünya in Istanbul in der Fußgängerzone getroffen hatte. Wir hatten uns schon gewundert, warum sie nach den Sommerferien nicht wiedergekommen war, aber gedacht, dass die Familie in einen anderen Stadtteil gezogen sei. Jedenfalls war das die Begründung des Vaters. Und wir freuten uns mit der Familie, dass sie nicht länger in dieser Ruine unterhalb unseres Gebäudes hausen mussten. Entsprechend überrascht und schockiert war ich über diese Nachricht von Mejid.

Dünya hatte gerade auf der Straße gebettelt, als sie Mejid sah und ihm mit dem Schrei »Istaz Mejid« in die Arme rannte.

»Beim Betteln?«, fragte ich erschrocken.

»Ja«, bestätigte Mejid. »Sie sagte mir, dass sie und ihre Geschwister täglich an bestimmten Plätzen abgesetzt werden, um zu betteln. Ich wusste nicht, wie ich reagieren sollte, aber ich schrieb ihr meine Nummer auf und bat sie, den Zettel ihrem Vater zu geben. Ich hoffe er meldet sich.«

Was für ein Stich ins Herz. Ausgerechnet unsere kleine Dünya, die es so sehr liebte, zur Salam-Schule zu kommen, und die ein bisschen unser »Videostar« im zweiten Salam-Vortrags-Video gewesen war, weil sie einfach so zum Knuddeln ist. Dieses kleine Mädchen musste nun auf der Straße in Istanbul betteln. Sofort schrieb ich ihren Paten eine Mail, damit sie weiterhin für sie beteten und von ihrer Lage erfuhren. Immerhin wussten wir nun, was bei ihr los war. In allem Übel war es genial, dass Mejid dieses kleine Mädchen in einer 22-Millionen-Metropole auf der Straße getroffen hatte.

Leider rief ihr Vater nie bei ihm an. Mejid hielt weiterhin die Augen nach ihr offen, aber vergebens. Ein weiteres tragisches Schicksal eines Kindes, das mich tief traurig machte. Mal wieder hätten wir so gerne geholfen, aber konnten nicht mehr tun.

Die fünf Wochen in Gaziantep vergingen viel zu schnell, obwohl ich Nabi jeden Tag mehr vermisste. Gedanklich war ich oft mehr bei ihm als vor Ort. Es war auch seltsam für mich, dieses Mal nicht so aktiv dabei zu sein, weil ich es nicht durfte und es auch gar nicht nötig war. Schwangerschaftsbedingt sollte ich viel liegen. Und zugleich unterstützte uns ein Ehepaar aus Deutschland, das nicht nur ein paar Wochen, sondern sage und schreibe sechs Monate blieb, um mit vielseitigen Begabungen der Salam-Schule zu dienen. Verena und Bene arbeiteten an Listen, gaben Unterricht, unterstützten Karam bei EDV-Sachen und Sarap im Kindergarten, halfen, die Weihnachtszeit zu gestalten und die Zeugnisausgabefeiern vorzubereiten. Sie waren musikalisch, kreativ, sprachlich begabt und überhaupt die absoluten Überflieger.

Eines Abends kam ich in den unteren Stock und entdeckte den Adventskalender für die Kinder der ersten und zweiten Klassen, fertig gefüllt, wunderschön beschriftet und in den herrlichsten Farben dekoriert. Das war Verena. Ein Herz von Mensch.

So konnte ich in den fünf Wochen die Gemeinschaft mit allen im Haus genießen und einfach nur »da sein«. Es war toll zu sehen, wie gut alles einfach lief und dass alle Aufgaben bestens verteilt waren. Gemeinsam feierten wir am 23. Dezember abends noch Weihnachten mit allen syrischen, türkischen und deutschen Mitarbeitern im Haus und am 24. Dezember war ich schon wieder bei Nabi.

Mein Plan war es nun, ab sofort kürzere Zeiten in Gaziantep zu sein, aber dafür öfter zu kommen. Und so flog ich schon im Februar wieder für einige Wochen hin und Ende Mai gleich noch mal. Bei dieser letzten Reise vor der Geburt kam unsere Görlitzer Vermieterin und Freundin Jördis mit ihrer zehnjährigen Tochter Kiara für drei Wochen mit.

Kiara hatte eine Befreiung von der Schule bekommen unter der Prämisse ihres Schulleiters, dass sie für diese Zeit Schülerin an der Salam-Schule wäre. Das war für alle unglaublich spannend. Die Kinder der vierten Klasse in Gaziantep wollten alle unbedingt neben Kiara sitzen und jubelten, als sie am zweiten Tag wieder das Klassenzimmer betrat. Auch für mich war es ein spannendes Experiment, bei dem ich unbedingt von Kiara hören wollte, wie denn zum Beispiel die Themen in Mathe, Englisch oder Biologie denen in Deutschland in der vierten Klasse ähnelten oder ob wir eher hinterherhinkten. Für Kiara war es vermutlich am allerspannendsten, plötzlich in einer Schule zu sein, in der nur arabisch gesprochen wurde und wo es Reis mit Joghurt oder Kartoffeln mit rohen Tomaten zum Mittagessen gab. Aber sie schlug sich tapfer und bescheinigte uns sogar, dass wir in den meisten Themen auf einer Höhe mit dem Unterrichtsstoff in

Deutschland waren beziehungsweise in Mathe sogar leicht voraus. Das hörten unsere Lehrkräfte gerne.

Beim Talentwettbewerb an einem Samstag glänzte Kiara mit ihrem Einrad, das sie extra mitgebracht hatte, um es der Salam-Schule zu schenken. Einige Kinder, besonders die Jungs, wollten sofort beweisen, dass sie das auch konnten. Schließlich drehte Kiara darauf locker flockig ihre Runden und machte dabei sogar noch Kunststücke, dann konnte es ja nicht so schwer sein. Aber einer nach dem anderen fiel sofort mit dem »neuartigen« Fahrrad auf die Nase und die Zuschauer grölten vor Lachen. Es war ein Riesenspaß, der allen noch lange in Erinnerung blieb. Die Einzige, die in dieser Zeit tatsächlich Einrad fahren lernte, war Karams Tochter Lulu. Für sie war es besonders traurig, als Kiara und ihre Mutter wieder abreisten.

Aber Kerstin war bereits unterwegs. Sie kam nun schon zum dritten Mal nach Gaziantep. Das war für Lulu ein guter Trost und für mich war es beruhigend, zu wissen, dass jemand da war, der Karam bei allem zur Seite stehen würde. Karam leistete Großartiges und war absolut fähig, alles alleine zu managen. Aber er betonte immer wieder, wie wichtig es ihm war, jemanden da zu haben, mit dem er reden und Entscheidungen treffen konnte. Das gab ihm Sicherheit.

Bei der Ausreise am Flughafen in Gaziantep kam ich diesmal, trotz sichtbar dickem Bauch, wieder in die kleine verrauchte Kammer und wurde ewig von vielen verschiedenen Polizisten ins Kreuzverhör genommen. Immer wieder die gleichen Fragen: »Warst du in Syrien?«, »Was wolltest du hier in Gaziantep?«, »Wer ist dein Chef?«, »Hast du hier mit Syrern zu tun?«

Dann ein Blick auf meinen Bauch: »Bist du mit einem Syrer verheiratet?« Auf meine Antwort, dass ich mit einem Iraner verheiratet sei, waren sie nicht gefasst. Einer testete, ob ich arabisch sprechen konnte. Er war ziemlich überrascht und begeistert von meinem Arabisch und sagte das seinen Kollegen auf Türkisch. Einer von ihnen antwortete: »Da brauchst du gar nicht so begeistert zu sein. Die werden doch darauf trainiert.«

Innerlich schmunzelnd fragte ich mich, wer mich da wohl trainiert haben sollte. Aber die Situation war diesmal wieder wirklich angespannt und sie ließen nicht locker, immer wieder dasselbe zu fragen, und wurden dabei immer lauter. Jördis und Kiara warteten draußen schon ungeduldig, denn in wenigen Minuten würde der Direktflug nach Berlin starten. Aber sie wollten mich auf keinen Fall zurücklassen, ohne zu wissen, was bei mir los war und wie es weitergehen würde.

Plötzlich kam eine freundliche Polizistin in den Raum und ermahnte die Männer: »Ihr Flug startet gleich.«

Auf einmal war das Spiel zu Ende und ich konnte gehen. Puhhh, wieder einmal gut gegangen! Aber an Adrenalin hatte es auch diesmal nicht gefehlt.

Dann war ich erst mal wieder »zu Hause«. Es war komisch, nicht mehr Gaziantep als mein Zuhause zu sehen. Sonst war ich ja in Deutschland mehr oder weniger nur zu Besuch gewesen und von Dorf zu Dorf und von Stadt zu Stadt gefahren, um mal bei diesen, mal bei jenen Freunden, Verwandten oder oft sogar noch unbekannten Menschen zu übernachten und vom Salam-Projekt zu erzählen. Nun kam ich mit Jördis und Kiara zurück in ein tolles Haus mit lieben Leuten und vor allem mit Nabi in unserer gemütlichen Dachgeschosswohnung. Deutschland war irgendwie wieder mein Zuhause geworden.

Ich genoss es, in Görlitz ins Büro des CVJM zu radeln und dort ein paar Dinge für die Spender und Paten zu erledigen, abends Freunde zu treffen, Siedler zu spielen und in aller Ruhe zu warten, bis das Baby Ende Juli zur Welt kam. Was für ein friedliches Leben das doch war! Ein echtes Geschenk. Man sollte meinen, dass mir der allmähliche Abschied aus Gaziantep schwergefallen wäre. Aber das tat er nicht, weil ich wusste, dass Gott sich um seine Sache gut kümmern würde. Schließlich hatte er das von Anfang an getan. Und bei den tollen Mitarbeitern vor Ort konnte ich getrost für einige Zeit in Deutschland sein.

Dennoch blieb ich mit Karam und Kerstin verbunden. Wir hatten vor einiger Zeit eine tägliche Morgenandacht im Lehrerzimmer in Gaziantep gestartet und per Skype konnte ich nach wie vor daran teilnehmen. Danach besprachen wir immer noch, was gerade so anstand und gebraucht wurde. So blieb ich immer auf dem Laufenden und konnte auch die Spender und Beter in Deutschland auf dem Laufenden halten.

Die Kraft des Gebets war immer wieder nötig und ich war froh, dass im Grunde eine kurze Mail genügte, um viel Unterstützung zu bekommen. Diese brauchten wir zum Beispiel, als unser Praktikant Tobias nachts im Schlaf ausgeraubt wurde. Er hatte sein Nachtlager im ersten Stock der Salam-Schule im großen Klassenzimmer aufgeschlagen. Als er morgens aufwachte, war sein Handy weg und sein Portemonnaie lag am anderen Ende des Klassenzimmers geöffnet unter der Tafel. Die Balkontür stand offen und die Wohnungstür auch. Er hatte nächtlichen Besuch gehabt. Einbrecher. Ein Schock für alle im Haus. Sofort informierte mich Karam. Er machte sich große Sorgen. Wir überlegten hin und her, wie man mehr Sicherheit schaffen könnte. Karams Idee war es Gitter an die Balkons zu bauen, Kameras aufzuhängen, einen Nachtwächter anzustellen … Ich war für alles offen, um Karam diese Sicherheiten zu geben. Aber dann sagte Karam plötzlich, ich solle mal beten. Das tat ich am nächsten Morgen um vier Uhr beim Stillen – inzwischen war unser kleiner Nio geboren. Und ich hörte seit Langem mal wieder Gott reden: »Ich bin eure Sicherheit. Seht ihr nicht, wie ich längst ein unsichtbares Gitter um euch herumgebaut habe, das euch schützt? Nie schaffen es die Diebe weiter an euch heran, als ich erlaube. Nie können sie euch Dinge nehmen, die wirklich wichtig sind. Vertraut auf mich ... immer mehr.« Ich schrieb mir diese Worte sofort auf und übersetzte sie ins Englische, um sie noch in der Nacht Karam zu schicken.

Um 7:30 Uhr trafen wir uns wie jeden Morgen per Skype zum gemeinsamen Tagesstart. In der Losung stand an diesem Morgen:

> »Du nahtest dich zu mir, als ich dich anrief, und sprachst: Fürchte dich nicht!« (Klagelieder 3,57; LUT).
> »Und er (Jesus) sah, dass sie sich abplagten beim Rudern – denn der Wind stand ihnen entgegen –, da kam er um die vierte Nachtwache zu ihnen« (Markus 6,48; LUT).

Gemeinsam waren wir total baff von Gottes Zusage und erinnerten uns an die Einbrüche davor, bei denen die Einbrecher auch immer nur unser kaputtes Zeug oder etwas Geld mitgenommen hatten und blind gewesen waren für die tatsächlich wertvollen Dinge, die direkt daneben lagen. In diesem Fall lag Tobias als das Wertvollste direkt daneben ... und die Wahrheit war, dass er tatsächlich hätte sterben können, wenn diese Einbrecher vielleicht bewaffnet gewesen wären und Tobias hochgeschreckt wäre.

Gemeinsam dankten wir Gott für die Bewahrung. Auch Karam war damit einverstanden, dass wir uns nicht selber Zäune bauen würden, sondern Gott vertrauen und in seinem Frieden weitermachen wollten. Und ich mailte den Betern, so oft ich konnte, Infos und Anliegen zu.

Unser größtes Anliegen war es nach wie vor, allen Kindern einen Platz an einer türkischen Schule zu verschaffen. Karam hatte darin inzwischen starke Unterstützung durch unsere türkische Kunstlehrerin, die ja zuvor schon einen Direktor in Öl gemalt hatte, um dafür Schulplätze rauszuschlagen. Sie ging mit einigen syrischen Familien zu den Schulen und kämpfte für sie um einen Platz. Auch Karam machte sich immer wieder mit anderen auf den Weg und verbuchte mehr und mehr Erfolge. Unser erklärtes Ziel war es, dass alle unsere 420 Salam-Kinder an eine türkische Schule gehen sollten. Und davon waren wir nicht mehr weit entfernt.

Am Morgen des 2. Oktober 2018 nahm ich wieder per Skype an der Andacht in Gaziantep teil. Unser kleiner Nio war inzwischen acht Wochen alt. Meistens schlief er morgens gegen sieben Uhr noch mal eine Runde, sodass ich ganz entspannt an der Andacht teilnehmen konnte.

Karam berichtete an diesem Tag stolz, dass sie heute das letzte Kind an einer türkischen Schule registrieren würden. Dann hätten endlich alle Salam-Schülerinnen und -Schüler einen Platz. Wir freuten uns riesig darüber.

Außerdem waren gerade wieder Aleksi und Birte zu Besuch und hatten bereits den ersten Tag Tanzprojekt mit den älteren Kindern auf dem Dach hinter sich. Solche Highlights taten Karam, aber besonders den Schülerinnen und Schülern immer richtig gut. Kerstin war auch vor Kurzem wieder angereist und verbrachte nun schon zum vierten Mal drei Monate in Gaziantep. Alles lief wunderbar und ich konnte innerlich und äußerlich ganz bei meiner kleinen Familie in Görlitz sein und lernen, wie das Leben mit einem Baby funktionierte.

Doch wenige Stunden später, um zehn Uhr deutscher, also elf Uhr türkischer Zeit kam eine Nachricht von Kerstin: »Die Polizei ist da.«

Ich erzählte ihr in einer Sprachnachricht, dass sie schon oft gekommen waren, uns aber immer hatten weitermachen lassen.

Eine Stunde später schrieb Kerstin: »Die lassen uns Deutsche im Kindergarten warten, wollten unsere Ausweise und eine Unterschrift, aber reden nicht mit uns.«

Das klang nun doch beunruhigend und so gar nicht, wie ich die Polizeibesuche kannte. Ich wurde panisch, fing an zu beten und bat einige Leute über WhatsApp, ebenfalls zu beten.

Eine Stunde später kam von Kerstin die Nachricht: »Sie nehmen uns mit. Alle weinen.«

Verzweifelt versuchte ich zu erfahren, wen sie denn mitnahmen. Aber es kam keine Antwort mehr. Einige Zeit später erhielt ich einen Anruf im Flüsterton von Kerstin: »Wir sitzen in einem Bus in Richtung syrische Grenze. Ich hab ein Schild gesehen: Aleppo. Wir sind sieben syrische Mitarbeiter, darunter Karam, Sarap, Senne und wir drei Deutschen. Sie haben uns verboten, unsere Handys zu benutzen. Karam gibt mir Sichtschutz. Aber ich muss vorsichtig sein.«

Es war zum Verzweifeln. Was konnte ich tun? Ich bat Kerstin, mir zu schreiben, sobald sie irgendwo ankamen. Ich wollte mich inzwischen bemühen, einen Anwalt zu finden, der in dieser Sache helfen konnte.

Einige Zeit später kam wieder eine SMS von Kerstin: »Sie haben uns alle ins Gefängnis gebracht.«

Ich fragte zurück: »Wo? In Kilis?«

Kilis lag kurz vor der Grenze nach Syrien. Syrische Flüchtlinge wurden häufiger in das dortige Lager gebracht, um nach Syrien abgeschoben zu werden. Das war nun meine größte Befürchtung für die sieben Syrer, die dabei waren. Aber es kam keine Antwort mehr.

Nun hieß es, einen klaren Kopf bewahren. Einige Leute, denen ich morgens eine WhatsApp-Nachricht geschickt hatte, wollten wissen, was los war. Aber ich merkte, dass die Situation mich total überforderte, und bat alle um Geduld und einfach um weiteres Gebet. Dann rief ich beim Auswärtigen Amt an, um sie über unseren Fall in

Kenntnis zu setzen, und versuchte, die Eltern und Angehörigen der drei deutschen Inhaftierten zu informieren. Auch mit der deutschen Botschaft in Ankara gingen die Telefonate hin und her.

Wichtig war es außerdem, einen Anwalt zu finden, daher telefonierte ich alle meine Kontakte in der Türkei ab, die mit so etwas schon mal Erfahrung gemacht haben könnten. Zu guter Letzt wurde ich an einen Star-Anwalt in Ankara vermittelt, der mir wiederum einen befreundeten Anwalt in Gaziantep nennen konnte. Um 21:30 Uhr türkischer Zeit schaffte ich es endlich, diesen Anwalt zu erreichen. Er machte mir klar, dass er der Einzige sei, der uns in diesem Fall helfen könne, weil er den Direktor des Abschiebegefängnisses in Gaziantep persönlich kannte. Ich sagte, dass ich sie eher in Kilis vermutete. Aber der Anwalt war sich ganz sicher, dass sie in Gaziantep waren. Und so war es tatsächlich. An sich klang das gut. Aber als er dann die Summe von 20 000 Euro nannte, die er für seine Arbeit forderte, wurde mir schlecht und ich lehnte seine Hilfe vorerst ab.

Wieder telefonierte ich mit verschiedenen Leuten in der Türkei und fragte, ob so eine Summe gerechtfertigt sei und wie ich entscheiden sollte. Man bestätigte mir, dass die Rechtsanwaltskosten so hoch seien und ich eigentlich keine andere Wahl hatte, besonders in Bezug auf die Beziehungen, die der besagte Anwalt hatte.

Dann erschien ein Anruf auf meinem Handy aus Saudi-Arabien. Einige Stunden zuvor hatte ich schon einen Anruf aus Amerika von Birtes Schwester gehabt, die sich Sorgen machte. Aber Saudi-Arabien? An einem anderen Tag wäre ich bei dieser Anzeige auf dem Display garantiert nicht drangegangen. Aber heute war alles denkbar.

Es war der Verlobte einer unserer syrischen Lehrerinnen, die nun im Gefängnis saß. Er war außer sich vor Sorge und bedrängte mich, alles zu tun, was in meiner Macht stand, um seine Verlobte da rauszuholen. Er nannte mir die Kontaktdaten von Leuten, die sofort alle aus dem Gefängnis holen könnten. Innerhalb von einer halben Stunde wären sie frei. Aber sie verlangten 2 000 Euro pro Person. Das war mir nicht geheuer und ich machte ihm klar, dass wir solche Deals nicht eingehen würden. Aber er ließ nicht locker. Ich sagte ihm, wir könnten am nächsten Tag noch mal reden. Das war ein Fehler.

Am nächsten Tag überschlugen sich die Ereignisse. Bereits um acht Uhr schrieb mir der Anwalt, dass er jetzt im Abschiebegefängnis sei, um alles zu klären. Aber er wollte nun nicht mehr nur 20 000 Euro, sondern zusätzlich die Steuern. Es ging hin und her. Ich machte ihm klar, dass wir das sowieso nur in Raten zahlen könnten. Außerdem war ich mir sicher, dass die Deutschen ohnehin nicht lange festgehalten werden könnten, und wollte, dass er sie aus der Summe rausrechnete. »Hauptsache, die Syrer werden nicht nach Syrien abgeschoben«, betonte ich. Tatsächlich ließ er sich darauf ein und verlangte nun nur noch 14 000 Euro. Wir hatten also einen Deal, bei dem der Anwalt mit Sicherheit trotzdem noch gut verdiente. Sofort schickte er seine Kontodaten.

Zwischen all dem galt es immer wieder, Nio zu stillen, zum Schlafen zu bringen und unzählige WhatsApp-Nachrichten zu beantworten. Ich war mit den Nerven völlig am Ende und lag irgendwann nur noch weinend auf dem Küchenboden. Jetzt erst realisierte ich, was passiert war und dass dies das Ende der Salam-Schule war.

Dann wieder ein Anruf aus Saudi-Arabien. Der Verlobte versuchte, weiter Druck zu machen, und wollte, dass wir über schwarze Kanäle seine Verlobte und alle anderen befreien. Ich sagte ihm deutlich, dass er das selbst für seine Verlobte arrangieren könne, ich aber keine 20 000 Euro bezahlen würde. Dann legte ich wütend auf.

Am Abend gegen 18:30 Uhr deutscher Zeit schrieb der türkische Anwalt: »All your staff and friend are freedom now.« Damit meinte er, dass alle aus dem Gefängnis freigekommen waren. Dann kam um 18:57 Uhr eine Nachricht von Kerstin: »Wir sind zu Hause.«

Was für eine Erleichterung! Nach etwas mehr als 33 Stunden Panik und einer schlaflosen Nacht für alle Beteiligten waren nun wenigstens wieder alle frei. Unsere Salam-Schule wurde zwar geschlossen, ja sogar von der Polizei mit Pappstückchen versiegelt. Aber sie waren so gnädig gewesen, das Stockwerk, auf dem Karam mit seiner Familie lebte, offen zu lassen. So konnten sie wenigstens dorthin zurückkehren und wieder in ihren eigenen Betten schlafen.

Doch die Erleichterung hielt nicht lange an. Kurz darauf erhielt ich schon wieder einen Anruf aus Saudi-Arabien. »Wir haben das durchgezogen und alle sind freigekommen. Du hast es sicher schon gehört, oder? Aber die Befreier wollen jetzt ihr Geld.« Vehement machte ich klar, dass das unser Anwalt gewesen war und nicht irgendwelche dubiosen Befreier. Ich hatte von Anfang an gesagt, dass ich nichts zahlen würde und daran würde ich auch weiterhin festhalten. Der Anrufer am anderen Ende geriet plötzlich in Panik, denn er hatte mich angeblich falsch verstanden und den Leuten diese hohe Summe versprochen. Aus dieser Nummer konnte ich ihm nicht raushelfen.

Danach ging das eigentliche Chaos erst los. Diese gefährlichen Leute fingen an, bei Karam anzurufen, und standen sogar nachts um vier Uhr bei ihm vor der Tür um »ihr Geld« abzuholen. Vermutlich hatte der Verlobte unserer Lehrerin oder auch ihre in Gaziantep lebenden Brüder dem Druck nicht mehr standgehalten und Karams Telefonnummer und Adresse preisgegeben. Was für ein Horror! Karam war völlig verzweifelt und wünschte sich fast, lieber im Gefängnis geblieben zu sein.

Hinzu kamen die Gerüchte und die Spekulationen im Lehrerteam, wer hinter diesem Polizeieinsatz gesteckt haben könnte. War jemand von den Mitarbeitern involviert und steckte nun auch mit hinter diesen Erpressungen? Mal fiel der eine, mal der andere Name.

Nach einigen Tagen des emotionalen Drucks und der Angst überlegte Karam, die Stadt zu verlassen, um den Erpressern zu entgehen. Immer wieder drohten sie ihm, dass er nach Syrien deportiert werden würde, wenn er nicht innerhalb einer bestimmten Zeit das Geld überwies. Am Ende drohten sie ihm sogar mit Mord. Ihm blieb nichts anderes übrig, als erst mal mit seinen Kindern und seiner Frau zu verschwinden. Aber als Syrer brauchten sie eine Genehmigung, um die Stadt zu verlassen, und die würden sie unter diesen Umständen keinesfalls bekommen. Sie waren zwar alle frei, aber gegen alle stand eine Abschiebung im Raum, gegen die unser Anwalt nun kämpfte.

Die Lage war verzwickt und ich fieberte täglich mit Karam mit. Auch die anderen syrischen Lehrerinnen waren total verängstigt und hatten Sorge, abgeschoben zu werden. Es war nicht in Sicht, dass diese Situation sich schnell ändern lassen würde. Unser Anwalt legte zwar Klage gegen eine Abschiebung ein, betonte aber, dass es Monate dauern könnte, bis ein Bescheid vom Gericht käme. So lange würde definitiv niemand abgeschoben werden können. Diese Aussage beruhigte jedoch kaum jemanden.

Karam machte sich mit seiner Familie heimlich über Nacht auf den Weg nach Istanbul, in der Hoffnung dort beim deutschen Konsulat ein humanitäres Visum für Deutschland zu bekommen. Auch ich wünschte mir nichts sehnlicher, als sie endlich in Sicherheit hier in Deutschland zu haben und damit auch selbst nach diesen ungezählten Wochen voller Panik Frieden zu finden.

16

Die Wüste lebt

Wie gut, dass Kerstin da war. Sie musste zwar nach der Nacht im Gefängnis innerhalb von fünfzehn Tagen die Türkei verlassen, aber sie konnte problemlos wieder einreisen und regelte mit Senne und Saraps Schwester in Gaziantep die Auflösung der Schule. Vieles wurde verschenkt und einiges Wertvolleres verkauft. Das dauerte einige Wochen. Immer wieder kamen unsere ehemaligen Schülerinnen und Schüler und schauten traurig auf das nun leer stehende und unheimlich stille Gebäude. Mit Kreide schrieben sie an die gegenüberliegende Mauer ihre Liebesbekundungen für die Salam-Schule. Mit Tränen schaute ich mir die herzzerreißenden Fotos an, die Kerstin mir schickte. Dann wurden die vier Wohnungen ab dem ersten November an andere vermietet.

Kerstin machte sich auf den Weg nach Istanbul, um Karams Familie dort beizustehen. Karam war immer noch völlig verzweifelt. Er war ein totaler Sicherheitsmensch und nun war ihm komplett der Boden unter den Füßen weggezogen worden. Es war schwer, ihm beim Skypen zuzuhören und auszuhalten, wie schlecht es ihm ging. Gut, dass Kerstin wenigstens eine Weile für seine Kinder eine leichtere Atmosphäre schaffen konnte. Ich versuchte währenddessen, gemeinsam mit Thomas und Waldi herauszufinden, wie wir

Karams Familie von Görlitz aus helfen könnten, nach Deutschland zu kommen. Abgeordnete und Bischöfe wurden kontaktiert, Unterschriften gesammelt und Bürgschaften unterzeichnet. Aber es öffnete sich keine Tür.

Karam verstand das für sich als klares Zeichen Gottes, dass sein Weg nicht nach Europa gehen sollte und Gott ihn noch in der Türkei oder vielleicht sogar in Syrien gebrauchen wollte. Sarap jedoch sah das anders und wollte den illegalen Weg gehen. Irgendwann konnte Karam seiner Frau diesen Wunsch nicht mehr abschlagen und so wagten sie in einer eiskalten Dezembernacht einen Versuch. Noch bevor das Schlauchboot starten konnte, kam die türkische Grenzpolizei und nahm alle in einem Polizeibus mit. Sie landeten in einem UN-Lager und Karam wurde von seiner Familie getrennt in einem Container mit zig anderen Männern untergebracht. Es war darin so eng, dass sie nur seitlich wie die Sardinen auf dem Boden kauern konnten. Ähnlich war es auch bei Sarap und ihren beiden Mädchen. Zu essen gab es Kekse in UN-Pappschachteln, sonst nichts. Als Lulu auf die Toilette wollte, schnauzte sie der Soldat an, der die Tür bewachte, und nahm ihr ihre kleine Kinderarmbanduhr ab. Was für eine furchtbare Erfahrung! Nachdem die ganze Familie einige Tage später wieder freigekommen war, war für Karam umso klarer, dass das der erste und letzte Versuch gewesen war, illegal nach Europa zu kommen.

Im Gegenteil, nach all dem, was sie erlebt hatten, hatte selbst die Angst vor den gefährlichen Menschen in Gaziantep keine Macht mehr über ihn, und er entschied, dass sie zurückgehen würden. Ein Telefonat mit unserem ehemaligen Hausbesitzer genügte und Karam konnte sofort wieder ein Stockwerk mieten und mit seiner Familie beziehen. Ich war völlig überrascht, sowohl von der Tatsache, dass er so ohne Weiteres eine Wohnung in unserem ehemaligen Gebäude zurückbekam, als auch von Karams Entscheidung überhaupt, sich wieder auf dieses gefährliche Pflaster mit den Erpressern in Gaziantep zu begeben. Verstehen konnte ich das nicht. Aber Karam war sich inzwischen sicher: Schlimmer als nach Syrien abgeschoben zu werden, war die Angst vor der Abschiebung. Er wollte sich keine Angst mehr machen lassen.

Im Dezember, nur wenige Wochen bevor Karam mit seiner Familie wieder in Gaziantep ankam, flog ich mit Nabi und Nio hin. Zuerst wollten wir Nabis Familie aus dem Iran in der Türkei treffen. Er hatte sie seit fünf Jahren nicht mehr gesehen und es war ein unglaublich berührender Moment, als seine Mutter ihm mit Tränen in den Augen entgegenlief. Ich musste ebenfalls mit den Tränen kämpfen. Außerdem war es eine Riesenfreude, ihnen ihren Enkel vorzustellen und sie endlich mal in echt und nicht nur über einen Bildschirm zu sehen.

Nach einer Woche mit ihnen in einem Hotel in Antalya ging es weiter nach Gaziantep, wo wir einzelne Familien besuchten, aber vor allen Dingen ein Treffen mit den ehemaligen Mitarbeitern der Salam-Schule hatten. Wie in den letzten Jahren sollte es eine Weihnachtsfeier geben und die Mitarbeiter sollten noch mal reich beschenkt werden für die Mühe und Aufopferung der letzten Jahre. Senne nahm uns in ihrer Wohnung auf und richtete sogar die Feier in ihrem Wohnzimmer aus. Es war ein fröhliches und zugleich sehr trauriges Wiedersehen. Aber es war uns wichtig, mit unserem Besuch ein Zeichen zu setzen, dass wir die Menschen in Gaziantep nicht einfach vergessen würden.

Besonders für die Mitarbeiter war es hart, jetzt ohne Arbeit und die enge Gemeinschaft der Salam-Familie dazustehen. Aber was konnten wir tun? Viele fragten immer wieder: »Wann wird es mit Salam weitergehen?«, und meine Antwort lautete immer nur: »Ich weiß es nicht.«

In dieser Zeit merkte ich wieder deutlich, dass ich nichts, aber rein gar nichts weiß. Und irgendwie passte diese Situation so gut zum Advent, denn der Advent, den wir sonst so feierlich mit vielen Dekorationen, Kerzen und Adventskalendern begingen, ist doch im eigentlichen Sinne ein Tappen im Dunkeln, ein Hoffen darauf, dass da was kommt, ein großes Warten auf den, der das Licht in die Welt bringt. An dieser Hoffnung hielt ich mich fest.

Die ehemaligen Schülerinnen und Schüler der höheren Klassen kamen zu Sennes Wohnung und erzählten, wie sehr sie die Salam-Schule vermissten und wie anders es in den türkischen Schulen zuging. Aber gleichzeitig zeigten sie uns stolz ihre türkischen Zeugnisse und wir ermutigten sie, fleißig weiterzumachen. Es war toll, dass sie nun auch Nabi kennenlernten, und ich hatte den Eindruck, seine Meinung und Anerkennung für ihre Zeugnisse war ihnen fast noch wichtiger als meine.

Ich genoss es sehr, mit Nabi und Nio unterwegs zu sein und gemeinsam einige unserer ärmsten Familien zu besuchen. Zu vielen konnten wir sogar noch Geschenke ihrer Paten bringen, die diesmal Nabi schleppte, denn ich hatte Nio im Tragetuch. Es war schon verrückt, mit einem fünf Monate alten Baby durch diese winterlich verrauchten Gassen zu ziehen, in denen überall Plastikmüll verbrannt wurde.

Trotz allem merkte ich, wie wichtig es war, nach der Schulschließung und dem Ende von Salam noch mal nach Gaziantep zu kommen, mit den Mitarbeitern und Kindern gemeinsam zu trauern, aber auch schöne Geschichten von früher aufleben zu lassen. Nur Karam war eben leider nicht dabei.

Als er Anfang Januar mit seiner Familie wieder nach Gaziantep zurückkam, war die Freude bei allen riesig. Senne begrüßte die vier mit einem großen Willkommensessen und die ehemaligen Salam-Schüler konnten es kaum abwarten, ihn zu besuchen. Es war viel mehr als eine Lehrer-Schüler-Beziehung, die Karam zu ihnen hatte, für viele war er wie ein Vater.

Karam war froh, wenigstens einigen von ihnen weiterhin helfen zu können. Er organisierte ausstehende Operationen gemeinsam mit der netten türkischen Krankenschwester, half den Kindern vor Prüfungen in ihren türkischen Schulen, brachte einigen Päckchen von ihren Paten und organisierte sogar Anfang Juni einen Ausflug zum Freizeitpark für alle, die ein türkisches Schuljahresabschlusszeugnis vorweisen konnten.

Nebenbei trafen wir uns weiterhin täglich per Skype mit Karam, Kerstin und Sarap zu unserer kleinen Salam-Andacht. Anfangs lasen wir ein Stückchen aus dem Lukasevangelium, als wir damit fertig waren, fingen wir mit der Apostelgeschichte an. Immer war etwas Ermutigendes für uns alle dabei und wenn die Internetverbindung es zuließ, sangen wir auch Lobpreislieder zusammen.

»No longer slaves« von Bethel Music[3] wurde sehr schnell Karams Lieblingslied. In dem Song geht es darum, dass man nicht länger ein Sklave der Angst sein muss, wenn man ein Kind Gottes geworden ist. Ich merkte deutlich, dass diese alles durchdringende Angst keine Macht mehr über Karam hatte, obwohl die Umstände um ihn herum nicht besser wurden. Inzwischen wurden so viele Syrer aus der Türkei zurück nach Syrien deportiert, dass selbst die Tagesschau davon berichtete. Aber Karam, der früher so stark um Sicherheiten gekämpft hatte, hatte nun seine Sicherheit bei Gott gefunden.

Wir hatten schon früher oft abends nach der Schule auf dem Balkon Gespräche über den Glauben geführt und darüber, wie anders es ist, wenn man Gott »Vater« nennen kann und keine Angst vor ihm haben muss. Das war ein faszinierender Gedanke für Karam und seit fast zwei Jahren machte er Andeutungen, dass er sich irgendwann taufen lassen würde. Aber der Zeitpunkt war bisher noch nicht gekommen.

Doch eines Tages im August 2019 bekam ich eine Sprachnachricht von ihm: »Ich weiß jetzt klar von Gott, dass ich zurück nach

Syrien gehen soll. Ich will so bald wie möglich mit meiner Familie aufbrechen. Aber vorher will ich mich taufen lassen. Geht das auch per Skype?«

Für mich war sofort klar, dass ich mit Nio hinfliegen würde. Thomas und Waldi waren ebenfalls startklar. Und so trafen wir uns alle in Gaziantep im ehemaligen Salam-Schulgebäude und Karam wurde in der Badewanne getauft, in der Senne früher immer die Babys gewaschen hatte. Es war ein fröhlicher und Mut machender Tag. Es gab ein Fest im Himmel und bei uns in der Cavus-Straße in Gaziantep. Zugleich war mir bewusst, dass es nun Jahre dauern würde, bis ich Karam und seine Frau und Kinder wieder in die Arme schließen könnte. Syrien war nun mal nicht Gaziantep, wo man mal eben so hinfliegen konnte.

Zum Abschied schrieb Karam noch einen langen, auf Arabisch sehr poetisch klingenden Brief an die Salam-Familie, den ich ins Deutsche übersetzt habe:

Ich bin aus meinem Heimatland weggerannt, habe nach Harmonie zwischen mir und dem Leben gesucht. Die Salam-Familie hat mich in ihrem Schoß aufgenommen. Ich habe mich ihnen hingegeben und es geliebt. Ich habe versucht, die Salam-Gemeinschaft und die Gemeinschaft mit Gott zu leben. Aber zugleich hatte ich Angst, dass es eines Tages enden könnte und ich wieder ganz verloren bin.

Aber jetzt sind meine Ängste verschwunden, denn ich vertraue Gott und ich glaube an seine weltweite Gemeinschaft, die immer mit mir ist. Ich glaube, dass er mit mir lebt, und ich bekomme meine Sichtweise und meine Kraft von ihm, also habe ich keine Sorgen mehr. Ein neues Leben hat in mir zu wehen begonnen – Liebe, Leben, Arbeiten, gute Zeiten, schwierige Zeiten und Gedanken. Und am wichtigsten: etwas für Kinder zu tun, die ebenfalls aus ihrer Situation zu uns geflüchtet sind. Das hat mir eine neue Lebensharmonie gegeben.

Ich war verändert und ich habe versucht, auch anderen zu helfen, anders zu denken. Ich habe Verantwortung und Freiheit gelernt und gelernt, das anderen beizubringen. Ich habe gelernt, nicht aufzugeben, sondern weiterzumachen. Ich habe gelernt, dass das Ende ein Neubeginn ist. Ich habe gelernt, das Unerwartete zu erwarten und darauf vorbereitet zu sein. Ich habe gelernt, zu teilen, was ich gelernt habe. Ich habe gelernt, dass nichts Zufall ist, sondern alles Gottes Plan für mich. Ich habe viel mehr gelernt, als ich schreiben könnte.

Und jetzt hat Gott mir den Mut gegeben, die Entscheidung zu treffen, nach Hause zu gehen. Dorthin, wo Leute ihre Leute verloren haben, und Freunde ihre Freunde. Sie haben ihre Lebensharmonie verloren. Mein Wunsch ist es, dass wir wieder Hoffnung in diesen Teil der Welt wehen lassen können und die Salam-Familie wächst und wächst mit Gott.

Ich bin so dankbar für jeden, der Teil der Salam-Familie ist. Bei jedem Wort, das ich geschrieben habe, habe ich euch alle gefühlt. Und alles ist dank euch allen. Danke, Salam-Familie.

Karam

Dieser Mut konnte nur von Gott kommen!

Es sprach sich schnell herum, dass Karam sich hatte taufen lassen und nach Syrien gehen wollte. Er bekam vor seiner Abreise etliche anonyme Drohnachrichten, dass man ihn in seiner Heimatstadt bereits erwarten und töten würde. Aber Karam hatte sich entschieden und ließ sich nicht mehr umstimmen. Selbst seine Frau, die sich sehr schwer mit dieser Entscheidung getan hatte, stand ihm zur Seite.

Für sie als Syrer war es nicht leicht, wieder nach Syrien und vor allem durchs Land bis in ihre Heimatstadt zu kommen. Sie mussten durch viele Checkpoints der Kurden und des IS. Auf wundersame Weise gab es, trotz der dicken arabischen Studienbibel im Gepäck und einer Gitarre auf dem Rücken, keinerlei Probleme. Dabei sind Musikinstrumente für den IS etwas Sündhaftes und ich war überrascht, dass Karam tatsächlich mit Gitarre reisen wollte. Alle Unterstützer und Beter der Salam-Familie in Deutschland fieberten und beteten mit.

Einige Tage später kamen die vier gut in ihrer Heimatstadt an und konnten bei Saraps Familie unterkommen, bis sie bald darauf eine günstige Wohnung bezogen. Nun ging das eigentliche Ankommen aber überhaupt erst los. Sie merkten schnell, dass sie in den fünf Jahren Türkei »anders« geworden waren und dass ihre Freunde und Verwandten und überhaupt die ganze Gesellschaft durch den Krieg und den IS ebenfalls »anders« geworden waren. Karams größte Sehnsucht war es, Menschen um sich zu haben, denen er vertrauen konnte. Aber die ließen sich einfach nicht finden.

Kerstin und ich bemühten uns weiterhin, anfangs beinahe täglich, über Skype mit Karam im Austausch zu bleiben. Er erzählte uns, wie er versucht hatte, sich einem christlich-stämmigen Bekannten aus alten Zeiten anzuvertrauen, und vorsichtig gefragt hatte, wie es denn wäre, wenn jemand, der Muslim war, Christ geworden sei. Die Antwort war ernüchternd: »So etwas gibt es nicht, und wenn doch, dann ist dieser Muslim trotzdem kein richtiger Christ. Entweder man wurde als Christ geboren oder man ist keiner.«

Kerstin und ich widersprachen sofort und Karam sagte, dass er schon weiß, dass das nicht stimmt. Die Bibel ist ja durchdrungen vom Gegenteil. Aber enttäuscht war er trotzdem und darin bestätigt, dass man in Syrien eben niemandem wirklich vertrauen konnte. Hinzu kamen die Bekannten von früher, die nun durch den IS zu einer sehr radikal-islamischen Einstellung gekommen waren. Egal, wem er begegnete, er musste immer auf der Hut sein. Besonders in Acht nehmen musste er sich vor der Armee des syrischen Regimes, bei der er ja als Deserteur zählte, weshalb er verhaftet werden sollte.

Eines Tages traf er an einer Straßenecke überraschend auf eine kleine Gruppe solcher Soldaten und erschrak, als ihn einer von ihnen mit Namen ansprach. »Erkennst du mich nicht mehr? Ich bin einer deiner ehemaligen Schüler. Abdullah. Du hast mich früher immer geschlagen.«

Karam wurde übel bei der Erinnerung an diese Zeiten. War er wirklich mal ein Lehrer gewesen, der Kinder geschlagen hatte? Ja, er musste es zugeben. Aber komischerweise konnte er sich nun dem jungen Soldaten gegenüber ein Stück öffnen und erzählte ihm davon, wie anders er inzwischen geworden war. Sie hatten noch ein richtig gutes Gespräch und verabschiedeten sich am Ende in der Hoffnung, sich vielleicht einmal wiederzusehen.

Solche Erzählungen von Karam verfolgten Kerstin und ich immer mit großer Spannung. An den meisten Tagen ging es jedoch darum, dass Karam unbedingt eine Arbeit finden wollte und die Schnauze voll davon hatte, nutzlos zu Hause rumzusitzen. Sein Traum war, wieder so etwas wie in Gaziantep zu machen. Er sah die Not der Kinder um sich herum und wollte ihnen so gerne einen Ort des Friedens schenken, an dem sie lernen und wachsen könnten und eine neue Perspektive auf die Welt und ihr Leben bekämen. Aber gleichzeitig steckte sowohl Karam als auch Kerstin und mir der Schock über die brutale Schulschließung in Gaziantep noch so in den Knochen, dass es auf keinen Fall noch mal ein Projekt ohne offizielle Genehmigung geben sollte. Karam stimmte zu, meinte aber zugleich, dass er im kleinen Rahmen schon was starten wollte.

Er fing daher an, in zwei kleinen gemieteten Räumen Kindern Nachhilfe zu geben, und bezog auch Sarap mit ein. Parallel war er mit dem Direktor einer kurdischen Hilfsorganisation im Gespräch und versuchte, über sie eine Genehmigung für ein Bildungsprojekt von der kurdischen Autonomieregierung zu bekommen. Die Stadt war zweigeteilt. Ein Teil unterlag dem syrischen Regime und der andere Teil den Kurden. Da Karam sich im Regimegebiet nicht aufhalten konnte, versuchte er, obwohl er Araber war, mit den Kurden zu kooperieren. Aber Bildung war ein Thema, das bei den Kurden von vorneherein die Türen zugehen ließ. Und so musste er alles aus dem Konzept streichen, was nur annähernd in diese Richtung ging. Keine leichte Aufgabe, alles so zu formulieren, dass es unverfänglich klang!

Als es dann nach vielen Monaten tatsächlich gelang, eine dreimonatige Genehmigung für das Projekt zu bekommen, fing das Kopfzerbrechen erst recht an. Die Hilfsorganisation wollte einen Prozentsatz des Projektbudgets für sich haben. Außerdem hatten die Verantwortlichen Karam vorgeschlagen, das Projekt in dem Haus umzusetzen, das sie gemietet hatten, aber völlig überraschend wollte der Vermieter dafür plötzlich das Dreifache der vorherigen Miete. Auch die Mitarbeiter, die Karam schon für das Projekt ins Auge gefasst hatte, hatten plötzlich diverse Anliegen und Gehaltsvorstellungen. Von allen Seiten zerrte es nur so an Karam, und ich kam von Deutschland aus immer wieder mit Einschränkungen, Bedenken, Ideen und Tipps, die vielleicht in der Türkei funktioniert hatten, aber in Syrien unrealistisch waren. Karam stand total zwischen den Fronten und am Ende blieb nur die Entscheidung, das Projekt unter diesen Umständen nicht zu starten.

Zum einen war es zu gefährlich für Karam, so etwas alleine durchzuführen, ohne den Rückhalt eines Teams vor Ort, dem er vertrauen konnte. Zum anderen war ich nicht bereit, in Deutschland Spenden für korrupte Systeme in Syrien zu sammeln und damit die Ungerechtigkeit im Land noch zu vergrößern. Es war keine leichte Entscheidung, aber Karam traf sie selbst in aller Klarheit. Auch hier galt wieder: Entweder Gott würde die Türen öffnen und ein Projekt entstehen lassen oder eben nicht. Es erzwingen und dafür bei jedem bösen Spiel mitspielen, das wollten wir nicht.

Nun war wieder die Frage, wie es für Karam weitergehen würde. Der Winter stand vor der Tür und um ihn herum nahm die Armut zu. Eines Tages erzählte er nebenbei in einem Skype-Gespräch, dass einem Bekannten die Jacke vom Mofa geklaut worden war, während dieser kurz mit Karam in einen Laden gegangen war. Der Bekannte war total außer sich und ärgerte sich zutiefst darüber. »Aber wisst ihr«, sagte Karam, »ich hab ihm gesagt, dass seine Jacke ja nun wenigstens etwas Gutes bewirkt und einen armen Menschen wärmt. Eigentlich kann man sich darüber doch freuen.«

Karam erzählte uns diese Begebenheit, ohne zu wissen, dass in Deutschland St.-Martins-Tag war. Seine Worte und seine Sicht auf diese Situation bewegten mein Herz sehr. Schon lange wusste ich, dass Karam vieles von dem verschenkte, was wir ihm monatlich schickten, und einigen armen Witwen regelmäßig half. Nun kam mir der Gedanke, ob wir Karam nicht wenigstens über die Wintermonate offiziell vom CVJM damit beauftragen könnten, St. Martin zu spielen und ohne großes Konzept einfach armen Leuten etwas zuzustecken. Decken und Jacken im großen Stil zu kaufen und zu verteilen, wäre zu auffällig gewesen. Aber jeden Tag die Augen offen zu halten, wo jemand wäre, den man unterstützen könnte, das wäre doch sicher möglich. Und Spenden aus Deutschland hatten wir auch genug. Karam ließ sich auf dieses St.-Martins-Projekt ein und wurde selbst erfüllt davon.

Eines Tages sah er einen blinden Mann mit seinem Sohn beim Gemüsegeschäft. Mit wenigen Münzen wollte der Mann einzelne Gemüsestücke kaufen. Normalerweise kaufen die Menschen im Orient Gemüse kiloweise und nicht bloß eine einzelne Tomate, denn zu Hause gibt es in der Regel viele Esser. Karam sah, dass der Blinde immer wieder in seiner Hosentasche nach mehr Münzen suchte. Aber er fand nichts. Also bat er den Verkäufer: »Bitte packen Sie für den Mann zwei Kilo Tomaten, zwei Kilo Gurken und fünf Kilo

Kartoffeln ein. Ich bezahle das.« Dann drückt er dem Blinden noch zusätzlich etwas Geld in die Hand und machte sich aus dem Staub. Der Mann strahlte übers ganze Gesicht.

Diese und viele weitere Geschichten erfüllten uns alle miteinander den Winter 2020/2021 hindurch. Karam gab weiterhin einigen Kindern bei sich zu Hause Unterricht und bewarb sich nebenbei fleißig bei Hilfsorganisationen vor Ort. Große Hoffnung auf einen dieser heiß begehrten und gut bezahlten Jobs hatte er aber nicht, denn ihm war klar: Solche Stellen werden alle unter der Hand an Verwandte und Leute mit der richtigen Connection vergeben.

Dann bekam er plötzlich ein Angebot, sich als Kontrolleur bei der kurdischen Regierung zu bewerben. Auch hier rechnete er sich keine Chancen aus, zumal er als einziger Araber unter Kurden arbeiten würde. Niemals würden sie ihn nehmen, da war sich Karam sicher. Aber sie luden ihn tatsächlich ein und boten ihm eine Arbeit an. Ich hatte kein gutes Gefühl und Thomas und einige andere aus der Salam-Familie ebenfalls nicht. Doch Karam wollte wenigstens eine Probewoche mitmachen. Viele Menschen vor Ort rieten ihm, die Stelle auf jeden Fall zu nehmen. Es wäre ein sicheres Einkommen und brächte auch gewissen Einfluss. Aber Karam wurde sich im Laufe seiner Probewoche immer unsicherer.

Einmal musste er mit einer Patrouille einen Laden kontrollieren, in dessen Keller sie Hilfspakete einer namhaften Organisation fanden. Die Inhalte sollten vermutlich im Laden verkauft werden. Das war natürlich nicht rechtens und sie beschlagnahmten die Pakete. Am Abend bekam Karam zahlreiche Anrufe von entfernten Verwandten, die behaupteten, dass der Ladenbesitzer ein Verwandter von Karam sei, und meinten, dass er die Beschlagnahmung rückgängig machen solle. Ein Desaster. Karam ließ sich davon nicht beeinflussen. Genau diese korrupten Machenschaften und Vetternwirtschaften mochte er ja überhaupt nicht. Aber auf Dauer solche

Anrufe auszuhalten, würde definitiv eine nervige Angelegenheit werden.

Karam überlegte hin und her, ob er diese Arbeit trotzdem annehmen sollte. »Leg es in Gottes Hand«, war Kerstins und mein Ratschlag. Und so machte er es und nahm die Stelle zur Enttäuschung seiner Familie und Verwandtschaft nicht an.

Nur wenige Tage später wurde diese mutige Entscheidung belohnt und er bekam nach mehr als einem Jahr Bewerbungen eine Stelle als Camp-Manager bei einer größeren ausländischen Hilfsorganisation. Wir waren alle sprachlos und glücklich. Damit war ihm ein sehr gutes Einkommen garantiert und außerdem gab ihm das die Möglichkeit, seine vielen Begabungen für die Ärmsten der Armen im Flüchtlingslager einzusetzen. Voller Enthusiasmus ging er ans Werk, verbesserte Strukturen im Camp und hörte aufmerksam zu, was den Bewohnern fehlte. Er deckte Korruption auf, sprach Missstände offen an und scheute sich nicht, andere Hilfsorganisationen im Camp bei Fehlverhalten zu kritisieren, so zum Beispiel eines Tages bei einer größeren Konferenz zum Thema »Childprotection«.

Mehrere Stunden trafen sich wichtige Männer, um darüber zu sprechen, wie die Sicherheit von Kindern im Camp gewährleistet werden könnte. Karam war zunächst zurückhaltend. Aber zum Schluss musste er doch etwas sagen: »Nun sitzen wir hier und reden davon, wie wir die Kinder schützen können, und zugleich lassen wir uns von einem Kind die ganze Zeit den Tee servieren? Von einem Kind?! Passt das zusammen?«

Der Leiter der Konferenz war betroffen und gab zu, dass ihm das nicht mal aufgefallen sei. Aber er ermahnte Karam zugleich, dass er sich in diese Dinge nicht einmischen dürfe, denn das Camp unterlag der kurdischen Autonomieregierung. Karam stellte klar: »Dann brauchen wir auch keine mehrstündigen Konferenzen zum Thema Childprotection.«

Natürlich bringt so etwas nicht nur Freunde und Karam rechnete damit, dass sein Vertrag nach drei Monaten nicht verlängert werden würde. Aber das war ihm egal. Er konnte Ungerechtigkeiten nicht einfach kommentarlos ansehen.

Und siehe da, bereits nach zwei Monaten wurde sein Vertrag sogar um sechs Monate verlängert. Das war ungewöhnlich und für uns alle ein weiteres großes Wunder. Es zahlte sich aus, dass er das tat, was richtig war, und weiterhin den Frieden lebte, für den Salam steht.

17

Wunder über Wunder

So viele Menschen durfte ich im Laufe der Jahre in Gaziantep begleiten. Ich kann hier nicht von allen erzählen, wie es mit ihnen weiterging, aber ein paar (Wunder-)Geschichten von Personen aus dem Buch möchte ich zum Abschluss mit euch teilen.

Narin, der ich einen Rollstuhl aus Görlitz nach Gaziantep gebracht hatte, lebt inzwischen mit ihren Kindern in den Niederlanden. Gemeinsam mit Nabi und Nio habe ich sie im Sommer 2021 besucht. Aufgrund der vielen ermüdenden und oft erfolglosen Krankenhausfahrten hatte ich sie damals auf eine Liste der UN setzen lassen, damit sie irgendwo Asyl bekäme, wo ihr Beinstumpf gut behandelt würde. Nach sechs Jahren des Wartens wurde sie ausgewählt und Anfang 2020 nach Holland eingeladen. Nach einem Jahr im Flüchtlingsheim lebt sie nun in einer behindertengerechten Wohnung und ist überglücklich. Sie selbst öffnete mir am 29. August 2021 die Tür zu ihrer Wohnung und ich war völlig überrascht, sie da stehen zu sehen. Sie hat eine Bein-Prothese und dank Physiotherapie wieder laufen gelernt. Den Rollstuhl hat sie einem behinderten Mädchen in Istanbul hinterlassen.

Viele Male hat Narin betont, wie gut die Christen zu ihr gewesen sind und dass das mehr wert ist als stumpfe Religion. Sie und ihre Kinder haben uns ein tolles Essen bereitet und wir haben viel von den alten schweren Zeiten geredet. Ihre Tochter kramte irgendwann eine Winterjacke aus dem Schrank mit den Worten: »Weißt du noch? Die hast du mir damals geschenkt.« Das wusste ich bei den vielen hundert Jacken, die ich verschenkt hatte, wirklich nicht mehr – und eigentlich habe ich sie auch nur überbracht. Geschenkt hatten sie andere. Aber dass sie diese inzwischen viel zu kleine Jacke immer noch als Erinnerung aufbewahrte, zeigte mir, wie wichtig und wertvoll sie damals für sie gewesen war.

Oft habe ich mich in den letzten Jahren gefragt, ob diese Zeit in der Türkei und überhaupt das Salam-Projekt tatsächlich sinnvoll gewesen sind. In Momenten wie diesem konnte ich diese Frage mit einem klaren Ja beantworten.

Auch Um Ali und ihre Familie sind inzwischen in Holland gelandet und ich konnte sie besuchen. Ich freue mich besonders für ihre Kinder, die vom ersten Tag an in der Salam-Schule dabei waren. Sie waren schon immer total intelligent und fleißig. Wie schön, dass sie jetzt in Holland einfach zur Schule gehen können, ohne nebenbei arbeiten zu müssen oder Angst davor zu haben, verheiratet zu werden. Für den sechzehnjährigen Ali schien es jedoch emotional nicht so leicht zu sein, in dieser neuen Welt Fuß zu fassen. In Gaziantep musste er neben der Schule sehr viel arbeiten, um die Familie zu versorgen, da der Vater sich alleine auf den gefährlichen Weg nach Europa begeben hatte. Jetzt lebt Ali auf einer holländischen Insel und drückt die Schulbank mit Jugendlichen, die keinen Schimmer von dem haben, was er alles erlebt hat.

Und wie ging es in Gaziantep weiter? Immer wenn ich dort zu Besuch war, war ich auch in der mal kleineren, mal größeren christlichen Gemeinde, in der ich von Anfang an eine Heimat gefunden hatte. Sie hat viele Höhen und Tiefen durchlitten, Studenten kommen und gehen sehen und mit Anfechtungen und Drohungen zu kämpfen gehabt. Es ist ein Wunder, dass es sie trotz allem noch gibt und sie wie ein unauslöschliches Licht weiterhin in Gaziantep leuchtet.

Serkan, einer der Jugendlichen von damals, der auch aus dem Stadtteil Sahveli kam, ging 2014 auf mein Anraten hin nach Ankara zu einer einjährigen Bibelschule. Dort verliebte er sich in eine junge Christin. Sie heirateten, bekamen ein Kind und sind als Familie ein Segen für die Gemeinde dort. Ich bin gespannt, wie Gott die Geschichte mit diesem jungen Mann weiterschreiben wird.

Nach Karams Taufe und Reise zurück nach Syrien war ich, auch Corona-bedingt, leider nicht noch mal in Gaziantep. Dank Whats App sind jedoch sowohl Karam und Sarap von Syrien als auch ich von Deutschland aus mit vielen Familien, Lehrkräften und ehemaligen Schülerinnen und Schülern der Salam-Schule in Kontakt geblieben.

Senne, die erste syrische Frau, die ich zu Beginn der Salam-Geschichte auf der Straße kennenlernte und die in der Salam-Schule die Babys betreute, hat inzwischen mit ihrer Familie ein Haus in der Nachbarschaft der ehemaligen Salam-Schule gekauft. Sie hat nach der Schulschließung mithilfe unserer türkischen Kunstlehrerin eine neue Arbeitsstelle bei einer türkischen Fabrikbesitzerin gefunden. Ihre Kinder gehen alle an türkische Schulen. Immer wieder spielen sie mit dem Gedanken, den ältesten, sechzehnjährigen Sohn in Richtung Europa zu schicken.

Einige der Mädchen aus dem Nähprojekt sind nun verheiratet und haben sogar selbst schon Kinder. Von ihnen geht wohl leider nur noch eine einzige an ein türkisches Gymnasium. Doch immerhin können alle lesen, schreiben und rechnen. Da immer noch kistenweise Schlüsselanhänger und Salam-Stoffkörbchen bei mir lagern, fliegen meine Gedanken und Gebete regelmäßig zu diesen jungen Frauen.

Hasan, für den wir damals die Herz-OP organisiert hatten und dessen Traum es immer war, Arzt zu werden, geht inzwischen in die elfte Klasse eines türkischen Gymnasiums. Mit ihm sind vier weitere Jungs der Salam-Schule auf dem Weg zum Abitur. Darüber freue ich mich sehr. Und zugleich frage ich mich, wie viel mehr Jungs und auch Mädchen es hätten sein können, wenn wir mit der Salam-Schule hätten weitermachen dürfen.

Über die derzeitige Situation der syrischen Kinder in der Türkei findet man im Internet folgende Informationen:

**MELDUNG VOM 18.09.2019/
KFW ENTWICKLUNGSBANK
180 NEUE SCHULEN FÜR DIE TÜRKEI**

Überfüllte Klassen und Unterricht in Doppelschichten gehören derzeit in vielen Schulen der Türkei zum Alltag. 3,5 Millionen Flüchtlinge aus Syrien leben momentan in der Türkei, die damit das größte Aufnahmeland der Welt ist. Unter den Flüchtlingen sind eine Million Kinder im schulpflichtigen Alter, von denen bisher 400 000 keine Schule besuchen. Der Neubau von Schulen wird die Situation im Bildungssektor der Türkei verbessern. Die neuen Schulen werden vor allem im Südosten des Landes, in der Nähe der syrischen Grenze, aber auch in Istanbul und Ankara errichtet.[4]

**MELDUNG VOM 16.10.2020/
KFW ENTWICKLUNGSBANK
TÜRKEI: LEHRER FÜR SYRISCHE FLÜCHTLINGS-
KINDER**

Die Familien, die aus Syrien geflüchtet sind, leben inzwischen vor allem in den türkischen Städten, nur sehr wenige sind noch in Camps untergebracht. Von den rund 1,6 Mio. schulpflichtigen syrischen Kindern in der Türkei besuchten vor der Corona-Krise 680 000 die öffentlichen Schulen des Landes. Bildungschancen für die syrischen Kinder in der Türkei verhindern eine »lost generation« und sorgen für die Stabilität der Region.[5]

Wenn man sich die Zahlen genau anschaut, werden zwar immer mehr Kinder an türkischen Schulen aufgenommen, aber es gibt auch immer mehr schulpflichtige Kinder, die eben noch nicht zu einer Schule gehen wollen, dürfen oder können. Trotzdem ist über die Jahre viel passiert. Es war 2013 völlig klar, dass die Türkei nicht auf diesen Ansturm von Flüchtlingen vorbereitet sein konnte. Und auch wenn die Salam-Schule nur wie ein Tropfen auf den heißen Stein war, so war sie trotzdem zur richtigen Zeit am richtigen Ort und hat immerhin 420 Kindern, deren Familien und über siebzehn Angestellten für ein paar Jahre das Leben schöner gemacht. Gott macht halt doch so einiges aus fünf Broten und zwei Fischen. Nun können wir nur hoffen und beten, dass die Türkei weiterhin die Verantwortung für diese verlorene Generation an syrischen Kindern übernimmt.

Zu meiner lieben Freundin Ayshe in Harran besteht bis heute ein lebhafter Kontakt. Sie hatte die letzten Jahre hart zu kämpfen, um ihre Kinder zu ernähren und ihnen Bildung zu ermöglichen. Ein Studium kostet in der Türkei viel und der Vater drehte ziemlich bald den Geldhahn zu, nachdem er sich eine dritte Frau aus Syrien genommen hatte – selbst für seinen ältesten Sohn. Allein mit Nebenjobs hätte Memoli, Ayshes Sohn, unmöglich sein Lehramtsstudium beenden können. Ein kleiner Kreis von Freunden aus Deutschland hat ihn deshalb finanziell durch die letzten vier Semester getragen und nun hat er sein Diplom in der Hand und Ayshe ist überglücklich und dankbar. Er wird, wenn dieses Buch gedruckt ist, hoffentlich schon in der Grundschule in Harran unterrichten und seine Mutter und Geschwister mit seinem Gehalt unterstützen.

18

Loslassen – immer wieder

Und was mache ich jetzt? Ich bin gefühlt in einem neuen Leben als Ehefrau und Mutter angekommen und genieße es, jedenfalls meistens, in vollen Zügen. Auch in meiner Familie darf ich mich ständig auf neue Kulturen einlassen, sei es die persische oder die, die auf deutschen Spielplätzen herrscht. Es wird so schnell nicht langweilig und mit Nio erleben wir sowieso jeden Tag neue und schöne Überraschungen. Ich bin dankbar, mit meinen beiden Männern »unterwegs«, aber auch »zu Hause sein« zu dürfen.

Eine Herausforderung ist und bleibt es, das Salam-Projekt in gewisser Weise loszulassen und dennoch an den einzelnen Menschen und ihren Geschichten dranzubleiben, allen vorweg an Karam und seiner Familie. Wir haben immer noch die Vision, dass in Syrien etwas entstehen wird, und Kerstin steht in den Startlöchern, um Karam und Sarap vor Ort zu unterstützen. Ich kann es kaum erwarten, mich wenigstens mal für einen ausgedehnten Besuch zu ihnen nach Syrien auf den Weg zu machen. Aber zugleich versuche ich, ganz dort zu sein, wo ich gerade bin. Und das ist nun in Wiesbaden. Durch Nabis Arbeitsstelle hat es uns hierhin verschlagen, aber auch, weil wir den Eindruck hatten, dass Gott uns an diesen neuen Ort stellt.

Es dauerte nicht lange, da trafen wir in Wiesbaden auf Leute, die das Salam-Projekt schon viele Jahre im Gebet begleiteten. Mit ihnen gemeinsam bemühen wir uns ehrenamtlich um Menschen in einem Stadtteil, in dem neben Russisch überwiegend Arabisch und Türkisch gesprochen wird. Ich freue mich, weiterhin von diesen Sprachen, aber vor allem von Menschen aus diesem Kulturkreis umgeben zu sein.

Besonders überwältigt war ich von der Begegnung mit Aysel, einer türkischen Frau, die mir auf Anhieb sympathisch war, die sich aber, direkt nachdem sie ihren Namen genannt hatte, als Gülen-Anhängerin vorstellte. Mir lief es eiskalt den Rücken runter. Die Erinnerungen an etliche gruselige Begegnungen und damit verbundene Ängste kamen wieder in mir hoch. Dennoch hatte ich das Gefühl, dass ich ehrlich zu ihr sein konnte. Und so erzählte ich ihr meine seltsamen Erfahrungen mit ihrer Bewegung in Gaziantep.

Sie war schockiert und beteuerte, dass bei Weitem nicht alle Gülens so seien und sie zum ersten Mal hörte, dass es in ihrer Bewegung solche Menschen und Systeme gab. Sie erzählte, was eigentlich ihre Werte seien, und entschuldigte sich stellvertretend für das, was ich mit den Gülens in Gaziantep erlebt hatte.

Wer sind nun eigentlich die Guten und wer die Bösen? Tja, wahrscheinlich kann man das nie so genau sagen. Es sind alles Menschen, Gott sei Dank! Und es ist gut, wenn ich es schaffen kann, mein Herz offen zu halten für alle. So luden Aysel und ich uns immer mal wieder gegenseitig mit unseren Kindern zum Frühstück ein und tauschten tolle türkische Rezepte aus. Man könnte sagen, wir wurden Freundinnen. Ich bin dankbar, dass ich auf diese Weise ein ganzes Stück Versöhnung mit dieser Gruppierung finden konnte.

Zwischenzeitlich dachte ich, ich müsste mich unbedingt auf diverse Stellen in Wiesbaden und Umgebung bewerben, um endlich wieder »richtig« zu arbeiten und auch mal ein gutes Gehalt zu verdienen. Vor allem bewarb ich mich bei christlichen, kirchlichen und diakonischen Trägern in der Jugendhilfe, schließlich bin ich im Ursprung eine gut ausgebildete Jugendreferentin mit theologischfundiertem Wissen. Außerdem erwartete ich, dass ich mit den Sprachen und dem kulturellen Know-how der letzten Jahre sicher ohne Weiteres eine Arbeit bekommen würde. Dass ich stattdessen eine Absage nach der anderen erhielt, ohne jemals zu einem Vorstellungsgespräch eingeladen zu werden, überraschte mich sehr.

In mir kamen viele schlimme Gedanken hoch: Bin ich inzwischen zu alt für die Jugendarbeit? Mit knapp vierzig und noch dazu mit Familie ist man dort sicher nicht mehr gefragt. Wie soll es mit uns weitergehen, jetzt wo Nabi nach einem Unfall mit einer künstlichen Hüfte nur unter starken Schmerzen arbeiten kann? Ein Panikgedanke nach dem anderen schoss mir durch den Kopf und es wurde von Tag zu Tag dunkler in mir.

Endlich fing ich an, meine Situation, meine Gedanken und Gefühle Gott hinzulegen und von ihm eine Antwort zu erwarten. Und die kam umgehend: »Sabine, habe ich dir jemals gesagt, dass du dich auf zig Stellen bewerben sollst? Bisher hast du dich doch immer von *mir* an deinen Platz stellen lassen. Egal, ob mit oder ohne Gehalt. Hab ich dich nicht immer versorgt und gebraucht?« Ja, so war es gewesen.

Beim Vorbereiten des Gottesdienstes für den kommenden Sonntag stolperte ich dann über folgenden Liedvers von Jochen Klepper: »Will vollen Lohn mir zahlen, fragt nicht ob ich versag. Sein Wort will helle strahlen, wie dunkel auch der Tag.«[6]

Wow, das stimmte. Gott hatte mir immer mehr als vollen Lohn gezahlt und mich dort gebraucht, wo er es wollte. Wie konnte ich das vergessen? Deutschland ist diesbezüglich ein sehr gefährliches Pflaster. Nun war ich wieder bereit, innerlich loszulassen und weiter an Gottes Hand mitzulaufen.

Nur einen Tag später bekam ich einen Anruf von einem christlichen Verein in Wiesbaden: »Hallo, meine Frau erzählte, dass du eine Stelle suchst. Wir suchen jemanden wie dich, mit Feuer im Herzen, für eine Jugendreferenten-Stelle.«

Wir sprachen eine Weile miteinander und ich fühlte mich geehrt und freute mich, so ein tolles Angebot zu bekommen. Aber gleichzeitig wurde in dem Gespräch schnell klar, dass der Ort und die Zielgruppe nicht das waren, wofür Gott mich gebrauchen wollte. Ich wusste doch inzwischen, dass Gott mich zwischen die arabisch- und türkischsprachigen Familien in diesem einen Stadtteil hier platziert hatte. Dort wollte ich ehrenamtlich weitermachen. Wäre der Anruf nur einen Tag früher gekommen, wäre ich sofort auf das Angebot angesprungen. Aber Gott weiß schon, wie ich ticke. Plötzlich kam sogar noch ein weiteres Stellenangebot aus einer anderen Stadt, ohne dass ich mich dorthin beworben hatte. Auch das konnte ich von Herzen ablehnen und mich dem widmen, was Gott vorbereitet hat.

Für unbestimmte Zeit ist mein Platz nun hier. Und vielleicht wird die Prophetie der beiden Männer von Zypern in Peters und Sungjins Kinderzimmer doch irgendwann wahr, dass Gott mich in die angrenzenden Länder der Türkei senden wird. Nun ist Karam bereits in Syrien und mein lieber Nabi kommt aus dem Iran. Vielleicht sind das schon kleine Anzeichen dafür, dass wir irgendwann dort landen könnten? Aber gerade sind die Türen alle noch zu. Mir bleibt nur, weiter voll Vertrauen an Gottes Hand zu gehen wie ein Kind. Ich hoffe, dass ich dieses himmlische Prinzip in meinem sicheren Leben in Deutschland nicht verlerne. Denn das Salam-Projekt geht weiter. Gemeinsam mit Karam, Kerstin und vielen anderen wollen wir Teil sein von Gottes Friedensplänen für Syrien und uns von seinem Wirken überraschen lassen.

Friede mit euch. Salam.

Danke!

So viele Menschen haben daran mitgewirkt, dass Salam in der Türkei entstehen konnte. Einigen von ihnen möchte ich hier Danke sagen.

Vor allem bin ich dankbar für den kleinen CVJM-Landesverband Schlesische Oberlausitz, der mich zuvor schon viele Jahre geprägt und begeistert und in der Türkei in aller Treue und Gottvertrauen geleitet, ermutigt und gestützt hat. Von euch kann man wirklich lernen, auf dem Wasser zu laufen!

Ich bin so dankbar für Peter und Sungjin, die mir vorgelebt haben, nichts zurückzuhalten. Ihr offenes Haus und ihr offenes Herz haben den Weg für Salam bereitet.

Danke an Derick und seine achtköpfige Familie, die uns mit den zur Verfügung gestellten Wohnungen und ihrer persönlichen Begleitung so viel ermöglicht haben.

Ein großer Dank geht an unser allererstes kleines Lehrerteam. Diese fünf jungen Syrer waren unter widrigsten Umständen und fast ohne Gehalt bereit, sich selbst in die Kinder zu investieren und an sie zu glauben. Ohne sie hätte es Salam nie gegeben! Danke Layla, Armanj, Khamlin, Shorash und Mejid!

Und natürlich bin ich unendlich dankbar für Karam, Sarap und ihre Familie. Sie haben Salam zu ihrem eigenen Projekt gemacht und der Schule ein Gesicht gegeben. Es war und ist mir eine Ehre, mit ihnen unterwegs zu sein.

So viele Mitarbeiter in der Küche, beim Putzen und Unterrichten haben ihre Arbeit mit ganzem Herzen getan. Danke dafür!

Ich bin auch dankbar für unseren Muhtar, der stets seine schützende Hand über uns gehalten hat. Und für die türkischen Nachbarn, die unseren Lärm viele Jahre lang ertragen und uns trotzdem geliebt haben.

Unzählige Helfer aus Deutschland haben ihre Urlaube und ihre freie Zeit geopfert, um uns ehrenamtlich zu unterstützen. Sie wurden für uns die gesamten Jahre hindurch zum Segen und ich möchte sie an dieser Stelle gern einmal namentlich nennen:

Yasin, Esim, Filiz, Bärbel, Jael, Sarah Yona, Johannes-Matthias R., Birte, Oliver und seine Söhne Tobias und Roman, Isabell, Suse, Jonas, Birte, Aleksi, Anne, Kerstin, Joaddin, Verena und Bene, Johanna und Martin, Helena und Antonio, Tim und Johanna mit Mica, Familie Scissek, Familie Reinhardt, Waldi, Thomas, Markus H., Markus S., Martin und Erica, Lore, Jördis und Kiara, Florian, Patrizius, Yosi, Ewa, Mirianna, Matthias L., Clowns ohne Grenzen.

Danke auch den mutigen Fahrern, die teils sogar zweimal mit mir die Strecke von circa 3 200 Kilometern zurückgelegt haben: Kathleen, Ulli, Johanna, Filiz, Holger, Timo, Marit, Johanna und Martin, Birte, Jonas.

Danke auch für die vielen Leute, bei denen ich quer durch Deutschland immer wieder schlafen durfte: Schingnitzes, Buttlers, Susanne, Schuberts, Müllers, Schüllers, Hackers, Brendels, Ulli, Waldhoffs, Strässers, Johanneum, Haags, Johannes-Matthias, Ballheimers, Salewskis, Schreibers, Zeidlers, Erdems, Wenigers, Scisseks, Reinhards, Barnas und meine Familie – und das sind nur die Namen von Menschen, wo ich öfter und länger übernachtet habe.

Namentlich lassen sich nun leider nicht alle Spender, Beter und Vereine auflisten, die uns so viele Jahre finanziell und im Gebet durchgetragen haben. Aber wenigstens die Orte, aus denen sie kommen, möchte ich nennen und ihnen allen nochmals herzlich für so viel Liebe und Zuwendung danken. (Die fett markierten Orte sind Gemeinden oder Gruppen, die aus sehr vielen Spendern bestehen.)

Achern, Adorf, Aldingen, Ammerbuch, Aue, Augustusburg, Aulendorf, Aumühle, Bad Friedrichshall, **Bad Liebenwerda,** Bad Salzdetfurth, Bahlingen, Bautzen, **Berlin,** Bernsdorf, Bochum, Bonn, Boxberg, Braunfels, Buchholz, Büchenbach, Bühl, Burbach, Burghasungen, Busenberg, Calw, Celle, Chemnitz, Dahn, **Denklingen,** Dettingen, Diespeck, Dillenburg, Dinklage, Doberschau, Dörfles-Esbach, Dortmund, Dresden, Ebersbach (Schöpstal), Ehingen, Elsterheide, Emmendingen, Ennepetal, Erfurt, Escherhausen, **Essen,** Esslingen, Falkenstein, Filderstadt, Frankfurt, Frauendorf, Freiburg, **Geroldsgrün,** Gengenbach, Geiselwind, Gießen, **Görlitz, Graben-Neudorf,** Gräfeling, Greiz, Halle, Hamburg, Hänichen, **Hannover,** Harsefeld, Hattingen, Heidenau, Heilbronn, Heiligenhaus, Helsa, Heroldsberg, **Hildesheim,** Hohendubrau, Horka, Hoyerswerda, Hüttenberg, Ingelfingen, Issigau, Jesewitz, Karlsruhe, **Kassel,** Kaufering, Kirchheim, Kodersdorf, Köln, Köngen, Korntal, Kraichtal, Krauschwitz, Kressbronn, Kubschütz, Kusterdingen, Landau, Laubusch, Lauf a. d. Pegnitz, Leipzig, **Lengenfeld,** Lichtenau, Lohsa, Lübtheen, Ludwigshafen, Marburg, Mattstedt, Meinersen, Mistelgau, Moritzburg, Morsbach, Mundelsheim, Münster, Niddatal, Nienburg, Nierstein, Niesky, Nordheim, Nordhorn, Nortmoor, **Nürnberg,** Osterholz-Scharmbeck, Ostfildern, Paderborn, Parsberg, Pfaffendorf, Potsdam, Pulsnitz, Puschendorf, Reichenbach (Oberlausitz), Reichshof, Rehden, Rietschen, Rothenburg, Rottenburg, Rückersdorf, Ruhland, Salzburg, Satteldorf, Schellerten, Schleife, Schöpstal, Schwalbach, Schwelm, Sebnitz, Seelitz, Seevetal, Selbitz, Senftenberg, Springe, Stade, Stuttgart, Sylt, Tangerhütte, Tettau, Tinnum, Torgau, Tübingen, Tuttlingen, Umkirch, Unterschneidheim, Waldbröl, Walddorfhäslach, **Walxheim,** Weigersdorf, Weißenstadt, Weißkeisel, Weißwasser, **Weingarten** (bei Karlsruhe), Wetzlow, Wienhausen, Wriezen, Wuppertal, Zell.

Ganz herzlich danke ich meiner Freundin Beate, die bis zur Anzahl von sechzig Kindern das Patenschaftssystem aufgebaut und von ihrem Wohnzimmer aus gemanagt hat. Nie werde ich die vielen Fotos der Kinder vergessen, die mich dort von ihrer Wand anstrahlten. Danke an Maria im Büro des CVJM SOL, die das immer größer gewordene Spender- und Patenschaftssystem übernommen hat und der neben ihrer eigentlichen Büroarbeit Salam zusätzlich nie zu viel geworden ist.

Und danke an Ulli, Reinhold, Marie-Luise, Mirjam, Yasin und Eva, die bereit waren, dieses Buch Probe zu lesen und mich hier und da zu korrigieren.

Danke an Nabi und Nio. Ihr habt mein Leben noch reicher gemacht. Danke, dass ich mit euch gemeinsam unterwegs sein darf, um Menschen zu lieben.

Danke an meine Eltern, dass sie trotz all meinen queren Wegen immer zu mir gehalten und mich so sehr unterstützt haben.

Ihr alle seid ein wichtiger Teil meines Lebens. Danke dafür!

Die Autoreneinnahmen für dieses Buch wird der CVJM Schlesische Oberlausitz e. V. für syrische Kinder in Syrien und der Türkei einsetzen.

Türkische und arabische Vokabeln

Türkisch

Neyse = Was soll's
Gitme! = Geh nicht!
Gel! = Komm!
Çay = Tee
Bekle! = warte!

Arabisch (Hocharabisch und syrischer Dialekt)

Allahu akbar = Gott ist größer
Alhamdulillah = Gott sei Ehre
Inschallah = »So Gott will«, im Arabischen notwendige Ergänzung bei allen Aussagen über die Zukunft
Istaz = Lehrer
Läsch lä? = Warum nicht?

Aussprache arabischer Namen:
j = dsch (wie in Dschungel oder John)
kh = ch (wie in ach, nicht wie in ich)

Anmerkungen

1. So bist nur du, Originaltitel: Our God, Text und Melodie: Chris Tomlin, Matt Redman, Jonas Myrin und Jesse Reeves; Deutsch: Albert Frey und Arne Kopfermann © 2010 Thankyou Music/Atlas Mountain Songs/Vamos Publishing/sixsteps Music/worshiptogether.com songs. Für D, A, CH: SCM Hänssler, Holzgerlingen/Universal Music Publishing, Berlin.
2. Stadt, Land, Welt, Text: Markus Wäsch, Melodie: Oliver Stehmann © 2011 SCM Hänssler, Holzgerlingen.
3. No Longer Slaves, Text und Melodie: Brian Johnson, Jonathan David Helser und Joel Case © 2014 Bethel Music Publishing.
   Für D, A, CH: Small Stone Media Germany, Köln.
4. KFW. https://www.kfw-entwicklungsbank.de/Internationale-Finanzierung/KfW-Entwicklungsbank/News/News-Details_543232.html (letzter Abruf 24. 11. 2021).
5. KFW. https://www.kfw-entwicklungsbank.de/Internationale-Finanzierung/KfW-Entwicklungsbank/%C3%9Cber-uns/News/News-Details_611264.html (letzter Abruf 24. 11. 2021).
6. Er weckt mich alle Morgen, Text: Jochen Klepper (1903–1942), Melodie: Rudolf Zöbeley © (Melodie) mundorgel verlag, Lindlar.

Florida Zimmermann, Andrea Specht

Durchbrecherin
Mein langer Weg nach Hause – mitten durch Terror, Selbstablehnung und Zerbruch

Kindheit und Jugendzeit zwischen radikalisierten Muslimen und einer fürsorglichen Pflegefamilie in Deutschland und der Schweiz – Florida Zimmermann lebt eine Ambivalenz: außen fröhliche Christin, innerlich zerrissen. Das ist ihre ehrliche Geschichte – vom langen Weg nach Hause zu Gott und zur inneren Heilung.

Gebunden, 13,5 × 21,5 cm, 248 S.,
inkl. 8-seitigem Bildteil und Leseband
Nr. 395.924, ISBN 978-3-7751-5924-1
Auch als E-Book

Maïmouna Obot

Mein Leben für die Hexenkinder
Berufen zu den verstoßenen Kindern Nigerias

In Nigeria werden sogenannte Hexenkinder gequält und ausgestoßen. Maïmouna Obot macht sich auf nach Nigeria, um den Kindern zu helfen. Und um ihnen eine neue Geschichte zu geben, die überall gehört wird – voller Hoffnung, Träume und Glaube an eine gute Zukunft.

Gebunden, 13,5 × 21,5 cm, 264 S.,
inkl. 8-seitigem Bildteil und Leseband
Nr. 396.093, ISBN 978-3-7751-6093-3
Auch als E-Book

SCM
Hänssler